本书是国家社科基金重点项目"人工智能技术背……力建设研究"（项目号：22AZD072）的支持成果

2021
中国海外网络
传播力建设报告

THE REPORT OF CHINESE OVERSEAS NETWORK
COMMUNICATION IN 2021

张洪忠　方增泉　周　敏◎编著

联合发布方
北京师范大学新媒体传播研究中心
中国日报网、光明网
北京师范大学教育新闻与传媒研究中心
北京师范大学新闻传播学院国际传播策略与效果评估研究中心

经济管理出版社
ECONOMY & MANAGEMENT PUBLISHING HOUSE

图书在版编目（CIP）数据

2021 中国海外网络传播力建设报告/张洪忠，方增泉，周敏编著 . —北京：经济管理出版社，2022. 6
ISBN 978 - 7 - 5096 - 8465 - 8

Ⅰ.①2… Ⅱ.①张… ②方… ③周… Ⅲ.①网络传播—研究报告—中国—2021 Ⅳ.①G206. 2

中国版本图书馆 CIP 数据核字（2022）第 088579 号

组稿编辑：杜 菲
责任编辑：杜 菲
责任印制：黄章平
责任校对：董杉珊

出版发行：经济管理出版社
　　　　　（北京市海淀区北蜂窝 8 号中雅大厦 A 座 11 层　100038）
网　　　址：www. E - mp. com. cn
电　　　话：(010) 51915602
印　　　刷：唐山昊达印刷有限公司
经　　　销：新华书店
开　　　本：787mm×1092mm/16
印　　　张：16
字　　　数：359 千字
版　　　次：2022 年 6 月第 1 版　　2022 年 6 月第 1 次印刷
书　　　号：ISBN 978 - 7 - 5096 - 8465 - 8
定　　　价：98. 00 元

课题组成员

总负责人： 张洪忠　方增泉　周　敏

课题组参与人员：

《2021 中国大学海外网络传播力建设报告》

课题组成员：祁雪晶　陈　肯　秦　月　王美力
　　　　　　杨禧美　刘会珠　宋依璇

数据处理：苏世兰

《2021 中央企业海外网络传播力建设报告》

课题组成员：狄心悦　赵秀丽　张诗悦　符冬妮
　　　　　　杨雅云　陈欣悦　王子依

数据处理：苏世兰

《2021 中国城市海外网络传播力建设报告》

课题组成员：刘绍强　杨志鹏　姜桐桐　蔡华丽
　　　　　　胡语芯　何欣雨　陈的宁

数据处理：苏世兰

联合发布方：

北京师范大学新媒体传播研究中心

中国日报网

光明网

北京师范大学教育新闻与传媒研究中心

北京师范大学新闻传播学院国际传播策略与效果评估研究中心

序

张洪忠　北京师范大学新闻传播学院

这是我们团队连续八年开展海外网络传播力研究的成果，报告发布了 7 年（有一年没有公开发布）。八年时间里海外网络生态有了变化，我们对海外网络传播力也有了新的认识，2021 年细心的朋友会发现我们的模型有了一些变化。

一是"海外"一词在 2021 年研究报告中的外延有扩展，考察对象数据来源于非国内注册成立的海外网络公司，除之前的 Google、Wikipedia、Twitter、Facebook、Instagram、YouTube 外，2021 年增加了近年成长性最好的社交网络平台 TikTok。

二是年度报告将"网络传播力"概念延展为四个层次，并将关注点从第一层次开始向第二层次转移。第一个层次是"在场"，即衡量一个机构在互联网场域中出现的体量大小，这是传播力最基础的部分；第二个层次是评价，即"在场"内容有没有得到网络空间的关注，得到的关注是正面还是负面的；第三个层次是承认，即互联网世界对一个机构传播内容的价值的承认程度，可能虽然不认同但承认，这是国际传播应该努力达到的现实目标；第四个层次是认同，这是国际传播的最高目标。年度报告前几年主要考察第一个层次的"在场"，少量、次要考察第二层次的"评价"。2021 年加大了第二层次的比重，特别是 Twitter、Facebook、Google 平台的正向传播量的指标设置和权重加大，并开始将一些指标的数据分析向第三层次靠拢。

三是算法做了调整，2021 年没有按照绝对值来计算，采用相对值的计算方法。为什么要调整呢？这是考虑相对值的呈现更直观，易于比较，这也是之前很多朋友提的意见；还有是指标在不断完善中，绝对值在纵向比较中的意义不大了。

八年时间里，我们始终坚持数据的中立性和客观性原则，每年在项目开展期间，我们坚持和考察对象"背靠背"，不受考察对象的影响。记得有两年我所工作的单位——北京师范大学在大学海外网络传播力排名中靠后，学校领导并没有责怪我们，还鼓励要坚持学术标准。在此特别感谢所有考察对象的理解和包容！

八年时间，从最早由我的实验室学生为主力完成项目，扩展到每一届北京师范大学新闻传播学院部分研一学生为主力参与这个项目，学生们通过这个项目获得学术训练，更为这个项目付出汗水，在此谢谢各位参与过这个项目的学生们！

八年的研究积累，我们发现了我国大学、中央企业、城市的海外网络传播的一些变化特征，在一定意义上这些特征是构成我国国际传播特征的一个缩影侧面，期待我们的工作能为推动我国国际传播起到一点微薄的作用。

目　录

第一章 2021中国大学海外网络传播力建设报告

摘 要

2021年5月31日，习近平总书记在中共中央政治局第三十次集体学习时强调，讲好中国故事，传播好中国声音，展示真实立体全面的中国，是加强中国国际传播的重要任务。要深刻认识新形势下加强和改进国际传播工作的重要性和必要性，下大气力加强国际传播能力建设。中国大学既是国际传播的重要主体，也是中国国际形象建设的有机组成部分。中国大学国际传播能力是"双一流"建设成效的重要体现。近年来，互联网成为信息传播的主阵地、主渠道。随着5G时代的到来，社交媒体、短视频广泛普及，成为跨文化、跨地域交流的主要传播方式。

本书研究团队选取了141所中国内地大学（涵盖全部"双一流"大学和原"211"大学）、43所中国港澳台大学作为研究对象，并以4所日韩大学、4所美国大学为参照分析，从Google、Wikipedia、Facebook、Twitter、Instagram、YouTube 6个平台采集数据进行分析。

2021年中国大学的海外网络传播力综合指数排名靠前的依次是：清华大学、北京大学、浙江大学、香港大学、香港城市大学、上海交通大学、香港中文大学、澳门大学、香港科技大学、北京外国语大学。

2021年中国内地大学的海外网络传播力综合指数排名靠前的依次是：清华大学、北京大学、浙江大学、上海交通大学、北京外国语大学、复旦大学、华东师范大学、中国美术学院、天津大学、中国科学技术大学。

研究发现，2021年中国大学海外网络传播力具有以下特征：

1. 内地大学社交平台建设力度加强，社交平台账号活跃度显著提升。21所高校新增注册YouTube账号，79所大学拥有YouTube账号，相较上年增长11.3%；Facebook账号平均粉丝数量较上年增加35.74%；Twitter平台年发文量高于100条的高校数量较上年增加53.33%。Instagram平台平均年发文量较上年增加59.38%。

2. 内地大学海外网络传播力综合指数基本呈正态分布，排名靠前的大学之间传播力差距缩小。内地大学海外网络传播力综合指数的不均衡状态比较突出，传播力指数低于50的高校占比63.12%，仍需进一步提升。2021年中国内地大学海外网络传播力排名靠前的高校之间的差距较上年明显缩小。

3. 与日韩及港澳台高校相比，清华大学和北京大学头部效应优势明显。研究将 4 年来内地大学海外网络传播力排名第 1 位的高校传播力指数与同年港澳台排名第 1 位、日韩和美国参照大学排名第 1 位的进行对比，发现内地排名第 1 位的高校传播力指数连续 4 年显著超过港澳台大学及日韩参照大学，但与美国参照大学相比仍有一定的差距。

4. 学术成果与文化议题成为大学海外网络传播亮点。通过分析 2021 年中国大学在各平台所发布的内容可以发现，大学的学术成果和文化议题受到更多关注和认可。中国大学通过学术成果发布建构正面形象，广受好评。中国大学努力讲好中国文化故事，将其放在国际文化语境中理解和阐释，提升了国际影响力。

5. 内地大学社交媒体账号注重具象化传播。内地大学在海外传播的过程中逐步转变"宏大叙事"模式，注重具体化、形象化、可触及化的传播模式，倾向于利用体验化、场景化、个体化叙事方式，从日常场景出发，让海外受众产生情感强链接，提升海外网络传播效果。内地大学在海外网络传播叙事方式、传播的艺术性与技术性、话语亲和力等方面仍有创新和提升空间。

6. 内地大学海外网络传播文化符号呈现复合多元化趋势。在社交媒体平台建设上，内地大学从单一文化符号走向复合多元文化符号结构。传统文化、多语言符号、艺术符号、建筑美学符号、人物符号等引发广泛的社会反响。例如，中国美术学院以艺术符号为主要内容呈现的短视频受到了海外受众的喜爱，视频播放量高达十万余次。

7. 内地大学社交媒体账号整体互动性有待提高。内地大学各平台的点赞量、转发量、评论量均较少。内地大学缺乏与受众进行互动的意识，互动方式单一，较少得到受众的回应。例如，有的大学年 Twitter 发文量超过 700 条，但评论和转发量均为个位数。与传播力较强的参照大学比较，内地大学在提高内容触及率、增强与受众之间的联系、运用各平台的互动功能等方面还有提升空间。

8. 内地大学在海外社交平台传播效果差异化显著，各社交媒体平台活跃度冷热不均。从 Twitter、Instagram、Facebook 和 YouTube 4 个海外社交平台来看，中国内地大学在 Facebook 平台上传播力指数均值最高，为 56.04；最低的是 Instagram 平台，传播力指数均值为 20.97。海外社交平台建设亟待进一步完善和优化，以提升中国大学海外网络传播的全球化、精准化和分众化表达，增强国际传播的亲和力和实效性。

一、背景

2021 年 5 月 31 日，习近平总书记在中共中央政治局第三十次集体学习时强调，讲好中国故事，传播好中国声音，展示真实立体全面的中国，是加强中国国际传播的重要任务。要深刻认识新形势下加强和改进国际传播工作的重要性和必要性，下大气力加强国际传播能力建设。中国大学既是国际传播的重要主体，也是中国国际形象建设的有机组成部分。

高等学校作为人才培养和学术创新的主要阵地，是国家综合软实力和核心竞争力的重要组成部分。中国在推进高等教育建设的大局中，不断强调高等学校的国际交流合作和国际影响力建设。2015 年 1 月，经中共中央审议、国务院批准同意，出台了《统筹推进世界一流大学和一流学科建设总体方案》，强调新时期高等教育要扩大国际影响力，提升国际竞争力。2018 年，教育部、财政部、国家发展改革委联合印发《关于高等学校加快"双一流"建设的指导意见》，进一步指导推进高校"双一流"建设，再次提到国际合作交流的总体要求。高等学校需大力推进高水平实质性国际合作交流，成为世界高等教育改革的参与者、推动者和引领者。2021 年，教育部、财政部、国家发展改革委联合印发《"双一流"建设成效评价办法（试行）》，指出国际交流合作评价需突出实效与影响，综合考察建设高校统筹国内、国外两种资源，提升人才培养和科学研究的水平以及服务国家对外开放的能力，加强多渠道国际交流合作，持续增强国际影响力的成效。

近年来，互联网成为信息传播的主阵地、主渠道。随着 5G 时代的到来，社交媒体、短视频广泛普及，成为跨文化、跨地域交流的主要传播方式，官方机构、社会组织、传统媒体均借助互联网进行国际传播。作为国家科技和发展重要名片之一，中国大学的海外网络传播力建设既是大学国际化水平的体现，也是新时期中国国际传播战略的重要组成部分。为更科学、更准确地评价中国大学的海外传播力建设状况，为中国大学以及中国国际传播提供更具针对性的参考，本报告选取 Google、Wikipedia、Twitter、Facebook、Instagram、YouTube 6 个平台作为中国大学海外网络传播力的分析维度，考察中国大学的海外传播力建设现状。

传播力可分为三个层次：一是"在场"，衡量标准是在互联网场域中的出现频率，其操作化定义是提及率；二是评价，即"在场"的内容是否引起评价以及评价的正面或负面效果；三是承认，即互联网世界对传播内容的价值认可程度。在多元文化背景下的大学海外传播环境中，"在场"是基础，只有在"在场"的前提下，才可能有后面的层次。而"评价"则是重点，直接影响着大学代表的形象。因此，本报告从第一层次的"在场"维度和第二层次的"评价"维度来考察中国大学在海外互联网世界中的传播力。

在研究设计中，本报告选取 141 所中国内地大学、43 所港澳台大学作为研究样本，通过抓取国际搜索网站和大型社交平台数据，设定具体的维度和指标进行比对分析，以期了解中国大学的海外网络传播力现状，以提高中国大学海外传播能力、完善中国海外网络传播体系建设，进而提升中国整体的国际传播实力。

二、方法

（一）平台介绍

为更科学、更准确地评价中国大学传播力建设的状况，为中国大学海外影响力提升以及为中国国际传播新格局建设提供更具针对性的参考，本报告选取 Google、Wikipedia、Twitter、Facebook、Instagram、YouTube 6 个平台作为中国大学海外网络传播力的考察维度，以量化研究中国大学的海外传播力现状。

Google 是全球最大的搜索引擎，提供 30 多种语言服务，在全球搜索引擎平台中占据主导地位，Google 是世界范围内英文新闻最大的集合渠道之一，涵盖全球主流媒体新闻报道。因此，以 Google 为平台分析中国大学海外报道的新闻内容和报道数量，具有较高的研究价值和可信度。

Wikipedia 既是基于多种语言写成的网络百科全书，也是一个动态的、可自由访问与编辑的全球知识体，拥有广泛的用户群体。Wikipedia 上英文词条完整性能够在一定程度上反映中国大学面向全球编辑和完善英文媒体资料的主动性和积极性。

Twitter 是极富典型性和代表性的全球性社交媒体平台，话题讨论多样，参与群体多元。Affde 于 2021 年 7 月的报告显示（数据来源：Hootsuite），Twitter 日活跃用户达 1.92 亿，受众覆盖世界多地。Twitter 为受众提供一个公共讨论平台，不同地理空间的信息都可以通过社交网络传播扩散，有着很强的国际影响力。国际网站 Alexa.com 显示，Twitter 影响力远远高于论坛、博客等其他自媒体平台，对 Twitter 中的中国大学自身建设和全平台传播数据进行统计，可在一定程度上反映中国大学在海外普通用户群体中的传播深度与传播广度。

Facebook 是以"熟人"社交模式主打的社交媒体平台，用户可以利用该平台发布各类内容，与拥有共同兴趣的好友交流讨论观点、分享网络信息。Facebook 的投资者报告显示，其已覆盖 200 多个国家和地区，每日有 17.3 亿用户访问 Facebook 平台，每月活跃用户达 27.01 亿。Facebook 的官方主页是大学宣传和吸引粉丝的重要阵地，其平台数据统计在一定程度上可以反映中国大学海外传播的触达范围、触达深度以及认同程度。

Instagram 不同于传统社交媒体，它更专注图片分享，主推图片社交，深受年轻人的欢迎。自问世以来，其用户数量一直保持高速增长，每月有超过 10 亿人次使用 Instagram，在海外青年群体中影响力较强。Instagram 的"Stories"版块是一特色功能，Affde 于 2021 年 9 月的报告显示，每天有 5 亿人次使用这一功能，这也是中国大学宣传的重要渠道。以 Instagram 为平台进行数据统计分析，能够从一个侧面了解国内大学的品牌影响力和在海外的多模态信息传播效果。

YouTube 是海外的主要视频网站，用户可在该平台自主上传和浏览全球范围的视频内容。平台每月有 20 亿活跃用户，每日用户超过 3000 万，每月有超过 30 亿次的搜索量，是全球规模最大和最有影响力的视频网站，深受不同群体用户的青睐。在 YouTube 平台上进行视频传播可以做到快速、大范围扩散，吸引不同国家用户成为我国国内高校粉丝。分析 YouTube 平台的数据在一定程度上可以反映中国大学借助视频形式进行跨文化传播和沟通的效果与能力。

（二）指标

本研究采用专家法设立指标和权重。

研究择取 Google、Wikipedia、Twitter、Facebook、Instagram、YouTube 6 个平台作为考察维度。各维度下设具体指标，各指标以不同权重参与维度评估，各维度以不同指标共同参与中国大学与参照大学海外网络传播力评估。

一级指标的 6 个维度共有二级指标 26 个，逐一赋予权重进行量化统计和分析，得出 184 所中国大学在海外网络传播力指数。

与 2020 年中国大学的海外网络传播力指标体系相比，本次报告在往年 Twitter 平台和 Facebook 平台"自有账号建设"维度的基础上增加了"正向传播量"指标，并采用专家法对指标体系进行调整。正如上文提及，网络传播力可分为在场、评价和承认三个层次。新增"正向传播量"维度，即是从评价维度考察中国高校在互联网英文世界中的传播力。对其考察，也主要是借助大数据挖掘分析法，即使用 Python 爬虫程序，以大学英文全称为关键词，检索、收集 Twitter 平台和 Facebook 平台相关数据，对所获取的信息进行正负面判断，得到各高校的正向传播量数据。具体指标体系权重如下。

表 1 指标体系权重分布　　　　　　　　　　　　　　　单位:%

维度	指标		权重	
指标维度				
Google	正向新闻数量		25	25
Wikipedia	词条完整性		2.5	10
	一年内词条被编辑的次数		2.5	
	一年内参与词条编辑的用户数		2.5	
	链接情况（What Links Here）		2.5	
Twitter	自有账号建设	是否有官方认证账号	1	18
		粉丝数量	3	
		一年内发布的内容数量	3	
		一年内最高转发量	3	
		一年内最多评论量	3	
	平台传播量	正向传播量	5	

维度	指标维度		权重	
		指标		权重
Facebook	自有账号建设	是否有官方认证账号	1	17
		好友数量	3.6	
		一年内发布的内容数量	3.7	
		一年内最高赞数	3.7	
	平台传播量	正向传播量	5	
Instagram		是否有官方认证账号	1	15
		粉丝数量	2.8	
		一年内发布的内容数量	2.8	
		一年内最多回复数量	2.8	
		一年内图文最高点赞量	2.8	
		一年内视频最高点击量	2.8	
YouTube		是否有官方认证账号	1	15
		订阅数量	4.6	
		一年内发布的内容数量	4.7	
		一年内最高点击量	4.7	

（三）算法

1. 数据整理

将非定量数据转化成定量数据，非定量数据所在指标分别为：Wikipedia 中的"词条完整性"；Twitter 中的"是否有官方认证账号"；Facebook 中的"是否有官方认证账号"；Instagram 中的"是否有官方认证账号"；YouTube 中的"是否有官方认证账号"；等等。

2. 计算各个指标的指数

$$x_j = \frac{\sum_{i=1}^{6} \beta_i y_{ij}}{\max_j \left(\sum_{i=1}^{6} \beta_i y_{ij} \right)} \times 100$$

其中，$x_j \in [0, 100]$：大学 j 的海外传播力综合得分。

β_i：任意一级指标的权重，$i = 1, 2, 3, 4, 5, 6$。

$$y_{1j} = \frac{\log\left(\frac{z_{1j}}{\max_j(z_{1j})} \times 10000 + 1 \right)}{\max_j \left(\log\left(\frac{z_{1j}}{\max_j(z_{1j})} \times 10000 + 1 \right) \right)}$$：大学 j 在 Google 的网络传播力得分，其中 z_{1j} 是

大学 j 在 Google 的正面数值。

$$y_{2j} = \frac{\log\left(1 + \sum_{k=1}^{4} \alpha_{2k}\left(\frac{z_{2j}^k}{\max_j(z_{2j}^k)} \times 100\right)\right)}{\max_j\left(\log\left(1 + \sum_{k=1}^{4} \alpha_{2k}\left(\frac{z_{2j}^k}{\max_j(z_{2j}^k)} \times 100\right)\right)\right)}$$：大学 j 在 Wikipedia 的网络传播力得

分，其中 z_{2j}^k 是大学 j 在 Wikipedia 任意二级指标上的数值，α_{2k} 为一级指标 Wikipedia 下任意二级指标的权重，$k = 1$，2，3，4。

$$y_{3j} = \frac{\log\left(1 + 100 \sum_{k=1}^{6} \alpha_{3k}\left(\frac{z_{3j}^k}{\max_j(z_{3j}^k)} \times 100\right)\right)}{\max_j\left(\log\left(1 + 100 \sum_{k=1}^{6} \alpha_{3k}\left(\frac{z_{3j}^k}{\max_j(z_{3j}^k)} \times 100\right)\right)\right)}$$：大学 j 在 Twitter 的网络传播力得

分，其中 z_{3j}^k 是大学 j 在 Twitter 任意二级指标上的数值，α_{3k} 为一级指标 Twitter 下任意二级指标的权重，$k = 1$，2，3，4，5，6。

$$y_{4j} = \frac{\log\left(1 + 100 \sum_{k=1}^{5} \alpha_{4k}\left(\frac{z_{4j}^k}{\max_j(z_{4j}^k)} \times 100\right)\right)}{\max_j\left(\log\left(1 + 100 \sum_{k=1}^{5} \alpha_{4k}\left(\frac{z_{4j}^k}{\max_j(z_{4j}^k)} \times 100\right)\right)\right)}$$：大学 j 在 Facebook 的网络传播力得

分，其中 z_{4j}^k 是大学 j 在 Facebook 任意二级指标上的数值，α_{4k} 为一级指标 Facebook 下任意二级指标的权重，$k = 1$，2，3，4，5。

$$y_{5j} = \frac{\log\left(1 + 1000 \sum_{k=1}^{6} \alpha_{5k}\left(\frac{z_{5j}^k}{\max_j(z_{5j}^k)} \times 100\right)\right)}{\max_j\left(\log\left(1 + 1000 \sum_{k=1}^{6} \alpha_{5k}\left(\frac{z_{5j}^k}{\max_j(z_{5j}^k)} \times 100\right)\right)\right)}$$：大学 j 在 Instagram 的网络传播力

得分，其中 z_{5j}^k 是大学 j 在 Instagram 任意二级指标上的数值，α_{5k} 为一级指标 Instagram 下任意二级指标的权重，$k = 1$，2，3，4，5，6。

$$y_{6j} = \frac{\log\left(1 + 100 \sum_{k=1}^{4} \alpha_{6k}\left(\frac{z_{6j}^k}{\max_j(z_{6j}^k)} \times 100\right)\right)}{\max_j\left(\log\left(1 + 100 \sum_{k=1}^{4} \alpha_{6k}\left(\frac{z_{6j}^k}{\max_j(z_{6j}^k)} \times 100\right)\right)\right)}$$：大学 j 在 YouTube 的网络传播力得

分，其中 z_{6j}^k 是大学 j 在 YouTube 任意二级指标上的数值，α_{6k} 为一级指标 YouTube 下任意二级指标的权重，$k = 1$，2，3，4。

（四）数据采集时间

本报告中 Google、Wikipedia、Twitter、Facebook、Instagram、YouTube 6 个维度 26 个二级指标的采集时间均为 2020 年 10 月 16 日至 2021 年 10 月 15 日，覆盖时间为一年整。

（五）研究对象

1. 中国大学

本报告选取 184 所中国大学作为研究对象，包括 141 所内地大学（涵盖全部"双一流"大学和原"211"大学）以及 43 所港澳台大学，试图对中国大学的海外网络传播力做全景分析。同时选择了 4 所日韩大学、4 所美国大学作为参照分析。

2017 年 9 月 21 日，教育部、财政部、国家发展改革委联合发布《关于公布世界一流大学和一流学科建设高校及建设学科名单的通知》[①]，在既有"985"工程、"211"工程大学名单基础上，正式确认世界一流大学和一流学科建设高校及建设学科名单，首批"双一流"建设名单中的大学共计 137 所。本报告在以往大学海外网络传播力研究的基础上，在原"211"工程大学名单中加入新增"双一流"建设的大学，最终共计研究 141 所中国内地大学。这些大学建设较为成熟或发展优势突出，代表了中国内地高等教育的领先水平，对其研究能一窥中国内地大学海外网络传播力发展的前沿现状。

研究选取 43 所入选 QS 亚洲 200 强的中国港澳台大学作为探究香港、澳门、台湾三地大学网络传播力发展现状的研究样本，具体而言，香港 7 所、澳门 1 所、台湾 35 所。这 43 所大学在亚洲大学排名中均表现较好，能代表港澳台地区高等教育的领先水平，选择其作为研究对象对了解中国港澳台大学海外网络传播力有重大意义。

2. 参照大学

为与亚洲其他国家大学进行海外网络传播力对比，选取入选 QS 亚洲 200 强排名、在其国家大学排名靠前的 4 所大学作为参照对象，具体是日本东京大学、日本京都大学、韩国首尔大学、韩国高丽大学。同时选取 4 所美国大学作为参照。这 4 所大学可以代表全球高等教育的顶尖水平，选择其作为样本对于研究中国大学的海外传播力具有重要参考价值，具体是哈佛大学、斯坦福大学、耶鲁大学、麻省理工学院。

在参照分析时，选择了海外网络传播力综合指数第一的斯坦福大学作为参照分析。因为绝对数值一直处于波动状态，所以在对比参考大学进行绝对数值的分析时，采用百分比的形式，并将斯坦福大学作为 1 进行比较。

表 2　大学名单及英文名称

中文名称	英文名称	中文名称	英文名称
安徽大学	Anhui University	天津工业大学	Tianjin Polytechnic University
北京大学	Peking University	天津医科大学	Tianjin Medical University
北京工业大学	Beijing University of Technology	天津中医药大学	Tianjin University of Traditional Chinese Medicine

---

① 资料来源：http://www.moe.gov.cn/srcsite/A22/moe_843/201709/t20170921_314942.html.

续表

中文名称	英文名称	中文名称	英文名称
北京航空航天大学	Beihang University	同济大学	Tongji University
北京化工大学	Beijing University of Chemical Technology	外交学院	China Foreign Affairs University
北京交通大学	Beijing Jiaotong University	武汉大学	Wuhan University
北京科技大学	University of Science and Technology Beijing	武汉理工大学	Wuhan University of Technology
北京理工大学	Beijing Institute of Technology	西安电子科技大学	Xidian University
北京林业大学	Beijing Forestry University	西安交通大学	Xi'an Jiaotong University
北京师范大学	Beijing Normal University	西北大学	Northwest University（China）
北京体育大学	Beijing Sport University	西北工业大学	Northwestern Polytechnical University
北京外国语大学	Beijing Foreign Studies University	西北农林科技大学	Northwest Agriculture and Forestry University
北京协和医学院	Peking Union Medical College	西藏大学	Tibet University
北京邮电大学	Beijing University of Posts and Telecommunications	西南财经大学	Southwestern University of Finance and Economics
北京中医药大学	Beijing University of Chinese Medicine	西南大学	Southwest University（China）
成都理工大学	Chengdu University of Technology	西南交通大学	Southwest Jiaotong University
成都中医药大学	Chengdu University of Traditional Chinese Medicine	西南石油大学	Southwest Petroleum University
大连海事大学	Dalian Maritime University	新疆大学	Xinjiang University
大连理工大学	Dalian University of Technology	延边大学	Yanbian University
第二军医大学	The Second Military Medical University	云南大学	Yunnan University
第四军医大学	The Fourth Military Medical University	长安大学	Chang'an University
电子科技大学	University of Electronic Science and Technology of China	浙江大学	Zhejiang University
东北大学	Northeastern University（China）	郑州大学	Zhengzhou University
东北林业大学	Northeast Forestry University	中国传媒大学	Communication University of China
东北农业大学	Northeast Agricultural University	中国地质大学（北京）	China University of Geosciences（Beijing）
东北师范大学	Northeast Normal University	中国地质大学	China University of Geosciences
东华大学	Donghua University	中国海洋大学	Ocean University of China
东南大学	Southeast University（China）	中国科学技术大学	University of Science and Technology of China
对外经济贸易大学	University of International Business and Economics	中国科学院大学	University of Chinese Academy of Sciences

续表

中文名称	英文名称	中文名称	英文名称
福州大学	Fuzhou University	中国矿业大学（北京）	China University of Mining and Technology – Beijing
复旦大学	Fudan University	中国矿业大学	China University of Mining and Technology
广西大学	Guangxi University	中国美术学院	China Academy of Art
广州中医药大学	Guangzhou University of Chinese Medicine	中国农业大学	China Agricultural University
贵州大学	Guizhou University	中国人民大学	Renmin University of China
国防科技大学	National University of Defense Technology	中国人民公安大学	People's Public Security University of China
哈尔滨工程大学	Harbin Engineering University	中国石油大学（北京）	China University of Petroleum – Beijing
哈尔滨工业大学	Harbin Institute of Technology	中国石油大学（华东）	China University of Petroleum
海南大学	Hainan University	中国药科大学	China Pharmaceutical University
合肥工业大学	HeFei University of Technology	中国音乐学院	China Conservatory of Music
河北工业大学	Hebei University of Technology	中国政法大学	China University of Political Science and Law
河海大学	Hohai University	中南财经政法大学	Zhongnan University of Economics and Law
河南大学	Henan University	中南大学	Central South University
湖南大学	Hunan University	中山大学	Sun Yat – sen University
湖南师范大学	Hunan Normal University	中央财经大学	Central University of Finance and Economics
华北电力大学（保定）	North China Electric Power University（Baoding）	中央美术学院	Central Academy of Fine Arts
华北电力大学	North China Electric Power University	中央民族大学	Minzu University of China
华东理工大学	East China University of Science and Technology	中央戏剧学院	The Central Academy of Drama
华东师范大学	East China Normal University	中央音乐学院	Central Conservatory of Music
华南理工大学	South China University of Technology	重庆大学	Chongqing University
华南师范大学	South China Normal University	澳门大学 *	University of Macau
华中科技大学	Huazhong University of Science and Technology	台湾大同大学 *	Tatung University
华中农业大学	Huazhong Agricultural University	东海大学 *	Tunghai University
华中师范大学	Central China Normal University	东吴大学 *	Soochow University（Taiwan）
吉林大学	Jilin University	逢甲大学 *	Feng Chia University

续表

中文名称	英文名称	中文名称	英文名称
暨南大学	Jinan University（China）	辅仁大学*	Fu Jen Catholic University
江南大学	Jiangnan University	高雄医学大学*	Kaohsiung Medical University
兰州大学	Lanzhou University	成功大学*	National Cheng Kung University
辽宁大学	Liaoning University	台湾东华大学*	National Dong Hwa University
南昌大学	Nanchang University	高雄科技大学*	National Kaohsiung First University of Science and Technology
南京大学	Nanjing University	台湾暨南国际大学*	National Chi Nan University
南京航空航天大学	Nanjing University of Aeronautics and Astronautics	台湾清华大学*	National Tsing Hua University
南京理工大学	Nanjing University of Science and Technology	台北大学*	National Taipei University
南京林业大学	Nanjing Forestry University	台北科技大学*	National Taipei University of Technology
南京农业大学	Nanjing Agricultural University	台湾大学*	National Taiwan University
南京师范大学	Nanjing Normal University	台湾海洋大学*	National Taiwan Ocean University
南京信息工程大学	Nanjing University of Information Science & Technology	台湾科技大学*	National Taiwan University of Science and Technology（Taiwan Tech）
南京邮电大学	Nanjing University of Posts and Telecommunications	台湾师范大学*	National Taiwan Normal University
南京中医药大学	Nanjing University of Chinese Medicine	阳明大学*	National Yang Ming University
南开大学	Nankai University	台湾交通大学*	National Chiao Tung University
内蒙古大学	Inner Mongolia University	阳明交通大学*	National Yang Ming Chiao Tung University
宁波大学	Ningbo University	云林科技大学*	National Yunlin University of Science and Technology
宁夏大学	Ningxia University	彰化师范大学*	National Changhua University of Education
青海大学	Qinghai University	台湾政治大学*	National Chengchi University
清华大学	Tsinghua University	台湾中山大学*	National Sun Yat – sen University
厦门大学	Xiamen University	中兴大学*	National Chung Hsing University
山东大学	Shandong University	中央大学*	National Central University
陕西师范大学	Shaanxi Normal University	中正大学*	National Chung Cheng University
上海财经大学	Shanghai University of Finance and Economics	岭南大学*	Lingnan University，Hong Kong
上海大学	Shanghai University	台北医学大学*	Taipei Medical University
上海海洋大学	Shanghai Ocean University	台湾淡江大学*	Tamkang University
上海交通大学	Shanghai Jiao Tong University	香港城市大学*	City University of Hong Kong

续表

中文名称	英文名称	中文名称	英文名称
上海体育学院	Shanghai University of Sport	香港大学 *	The University of Hong Kong
上海外国语大学	Shanghai International Studies University	香港浸会大学 *	Hong Kong Baptist University
上海音乐学院	Shanghai Conservatory of Music	香港科技大学 *	The Hong Kong University of Science and Technology
上海中医药大学	Shanghai University of Traditional Chinese Medicine	香港理工大学 *	The Hong Kong Polytechnic University
石河子大学	Shihezi University	香港中文大学 *	The Chinese University of Hong Kong
首都师范大学	Capital Normal University	亚洲大学 *	Asia University，Taiwan
四川大学	Sichuan University	元智大学 *	Yuan Ze University
四川农业大学	Sichuan Agricultural University	长庚大学 *	Chang Gung University
苏州大学	Soochow University	中国医药大学（台湾）*	China Medical University
太原理工大学	Taiyuan University of Technology	中华大学 *	Chung Hua University
天津大学	Tianjin University	中原大学 *	Chung Yuan Christian University

注：* 为港澳台地区大学。下同。

表3 参照大学名单及英文名称

日韩参照大学	
中文名称	英文名称
东京大学	The University of Tokyo
高丽大学	Korea University
京都大学	Kyoto University
首尔大学	Seoul National University
美国参照大学	
中文名称	英文名称
哈佛大学	Harvard University
斯坦福大学	Stanford University
耶鲁大学	Yale University
麻省理工学院	Massachusetts Institute of Technology

三、中国大学海外网络传播力综合指数

（一）中国大学海外网络传播力综合指数分布

本报告汇集中国 184 所大学，包括 141 所内地大学、43 所港澳台大学，在 Google、Wikipedia、Twitter、Facebook、Instagram 以及 YouTube 6 个不同海外网络平台上的建设信息，对此 6 个维度下 26 个具体指标进行统计，通过综合模型计算得出中国 184 所大学海外网络传播力综合指数总排名。

184 所中国大学海外网络传播力综合指数排名靠前的依次为清华大学、北京大学、浙江大学、香港大学、香港城市大学、上海交通大学、香港中文大学、澳门大学、香港科技大学、北京外国语大学。其中，内地 5 所、澳门 1 所、香港 4 所。

表 4　中国大学海外网络传播力综合指数

序号	学校名称	得分	序号	学校名称	得分
1	清华大学	100.00	19	中国科学技术大学	75.52
2	北京大学	98.12	20	山东大学	75.18
3	浙江大学	90.16	21	北京师范大学	74.97
4	香港大学*	88.86	22	上海大学	74.81
5	香港城市大学*	88.08	23	亚洲大学*	74.40
6	上海交通大学	87.62	24	南京航空航天大学	73.78
7	香港中文大学*	86.91	25	台北医学大学*	73.17
8	澳门大学*	83.54	26	香港理工大学*	72.40
9	香港科技大学*	82.41	27	上海外国语大学	70.09
10	北京外国语大学	81.73	28	长庚大学*	69.48
11	香港浸会大学*	81.53	29	武汉大学	69.18
12	成功大学*	81.17	30	上海海洋大学	69.12
13	岭南大学*	80.09	31	东华大学	68.50
14	复旦大学	80.07	32	高雄科技大学*	67.91
15	华东师范大学	79.16	33	逢甲大学*	67.67
16	中国美术学院	77.87	34	东海大学*	67.58
17	台湾大学*	77.71	35	元智大学*	67.57
18	天津大学	76.60	36	西北工业大学	66.98

序号	学校名称	得分	序号	学校名称	得分
37	辅仁大学＊	66.64	72	中国科学院大学	54.09
38	中央大学＊	64.95	73	华中科技大学	53.84
39	南开大学	64.40	74	北京理工大学	53.70
40	宁波大学	63.69	75	大连理工大学	53.63
41	电子科技大学	63.38	76	上海财经大学	53.39
42	同济大学	63.21	77	兰州大学	53.08
43	台北大学＊	62.90	78	对外经济贸易大学	53.02
44	中国石油大学（北京）	62.84	79	北京工业大学	52.93
45	台湾交通大学＊	62.78	80	云林科技大学＊	52.84
46	南京大学	62.73	81	西南财经大学	52.41
47	阳明大学＊	61.53	82	南京邮电大学	52.40
48	重庆大学	60.72	83	彰化师范大学＊	51.28
49	北京航空航天大学	60.39	84	中南大学	50.71
50	厦门大学	60.35	85	四川大学	50.57
51	哈尔滨工业大学	60.34	86	中国农业大学	50.41
52	台湾师范大学＊	59.77	87	石河子大学	50.23
53	台湾政治大学＊	59.62	88	湖南大学	50.22
54	中华大学＊	59.37	89	新疆大学	49.74
55	西安交通大学	59.16	90	台湾科技大学＊	49.67
56	台北科技大学＊	58.31	91	台湾海洋大学＊	49.51
57	中国人民大学	57.89	92	西南石油大学	49.43
58	台湾暨南国际大学＊	57.65	93	华中农业大学	49.39
59	中国医药大学＊（台湾）	57.42	94	苏州大学	49.38
60	台湾中山大学＊	57.20	95	南京信息工程大学	49.25
61	中正大学＊	56.82	96	江南大学	49.25
62	南京理工大学	56.47	97	阳明交通大学＊	48.80
63	南昌大学	56.35	98	北京中医药大学	48.77
64	台湾淡江大学＊	56.10	99	河海大学	48.75
65	台湾清华大学＊	56.08	100	华南理工大学	48.00
66	东吴大学＊	55.59	101	中国传媒大学	47.75
67	云南大学	54.85	102	中国海洋大学	47.69
68	郑州大学	54.33	103	高雄医学大学＊	47.57
69	中原大学＊	54.23	104	中国政法大学	47.14
70	中山大学	54.18	105	河南大学	47.10
71	上海音乐学院	54.15	106	北京协和医学院	46.99

续表

序号	学校名称	得分	序号	学校名称	得分
107	台湾东华大学＊	46.32	142	福州大学	39.55
108	北京体育大学	46.06	143	宁夏大学	39.41
109	西南交通大学	45.83	144	北京邮电大学	39.40
110	中兴大学＊	45.81	145	中国人民解放军空军军医大学	38.87
111	北京交通大学	45.67	146	南京中医药大学	38.64
112	吉林大学	45.57	147	陕西师范大学	38.30
113	贵州大学	45.41	148	西藏大学	38.17
114	中国药科大学	45.11	149	长安大学	37.71
115	南京师范大学	44.46	150	暨南大学	37.48
116	武汉理工大学	43.94	151	东南大学	37.44
117	广西大学	43.12	152	中央音乐学院	37.29
118	中央美术学院	42.91	153	太原理工大学	34.92
119	西安电子科技大学	42.71	154	中央民族大学	34.54
120	天津医科大学	42.58	155	东北农业大学	34.51
121	华南师范大学	42.55	156	东北林业大学	34.02
122	中国石油大学（华东）	42.24	157	中央戏剧学院	33.00
123	南京农业大学	42.22	158	南京林业大学	32.84
124	外交学院	42.00	159	延边大学	32.79
125	北京科技大学	41.90	160	合肥工业大学	32.52
126	湖南师范大学	41.79	161	河北工业大学	32.13
127	哈尔滨工程大学	41.69	162	广州中医药大学	31.90
128	海南大学	41.60	163	国防科技大学	31.26
129	北京化工大学	41.44	164	青海大学	30.72
130	安徽大学	41.04	165	中国矿业大学（北京）	30.29
131	中国地质大学（武汉）	40.99	166	成都中医药大学	30.16
132	四川农业大学	40.98	167	天津工业大学	29.87
133	华中师范大学	40.84	168	中国矿业大学（徐州）	29.50
134	首都师范大学	40.70	169	中国人民解放军海军军医大学	29.26
135	西南大学	40.67	170	东北师范大学	29.04
136	华东理工大学	40.50	171	西北大学	28.95
137	台湾大同大学＊	40.41	172	上海中医药大学	28.69
138	大连海事大学	40.36	173	中央财经大学	28.53
139	北京林业大学	40.31	174	辽宁大学	27.84
140	中南财经政法大学	39.88	175	西北农林科技大学	27.80
141	内蒙古大学	39.72	176	上海体育学院	27.75

续表

序号	学校名称	得分	序号	学校名称	得分
177	成都理工大学	26.56	181	中国人民公安大学	23.02
178	天津中医药大学	25.62	182	中国地质大学（北京）	19.79
179	东北大学	24.87	183	华北电力大学（北京）	12.84
180	中国音乐学院	23.65	184	华北电力大学（保定）	7.88

（二）中国内地大学海外网络传播力综合指数分布

141 所内地大学海外网络传播力综合指数排名靠前的依次为清华大学、北京大学、浙江大学、上海交通大学、北京外国语大学、复旦大学、华东师范大学、中国美术学院、天津大学、中国科学技术大学。其中，京津地区 4 所，其余 6 所均位于华东地区。

表 5　内地大学海外网络传播力综合指数

序号	学校名称	得分	序号	学校名称	得分
1	清华大学	100.00	23	同济大学	63.21
2	北京大学	98.12	24	中国石油大学（北京）	62.84
3	浙江大学	90.16	25	南京大学	62.73
4	上海交通大学	87.62	26	重庆大学	60.72
5	北京外国语大学	81.73	27	北京航空航天大学	60.39
6	复旦大学	80.07	28	厦门大学	60.35
7	华东师范大学	79.16	29	哈尔滨工业大学	60.34
8	中国美术学院	77.87	30	西安交通大学	59.16
9	天津大学	76.60	31	中国人民大学	57.89
10	中国科学技术大学	75.52	32	南京理工大学	56.47
11	山东大学	75.18	33	南昌大学	56.35
12	北京师范大学	74.97	34	云南大学	54.85
13	上海大学	74.81	35	郑州大学	54.33
14	南京航空航天大学	73.78	36	中山大学	54.18
15	上海外国语大学	70.09	37	上海音乐学院	54.15
16	武汉大学	69.18	38	中国科学院大学	54.09
17	上海海洋大学	69.12	39	华中科技大学	53.84
18	东华大学	68.50	40	北京理工大学	53.70
19	西北工业大学	66.98	41	大连理工大学	53.63
20	南开大学	64.40	42	上海财经大学	53.39
21	宁波大学	63.69	43	兰州大学	53.08
22	电子科技大学	63.38	44	对外经济贸易大学	53.02

续表

序号	学校名称	得分	序号	学校名称	得分
45	北京工业大学	52.93	80	中国石油大学（华东）	42.24
46	西南财经大学	52.41	81	南京农业大学	42.22
47	南京邮电大学	52.40	82	外交学院	42.00
48	中南大学	50.71	83	北京科技大学	41.90
49	四川大学	50.57	84	湖南师范大学	41.79
50	中国农业大学	50.41	85	哈尔滨工程大学	41.69
51	石河子大学	50.23	86	海南大学	41.60
52	湖南大学	50.22	87	北京化工大学	41.44
53	新疆大学	49.74	88	安徽大学	41.04
54	西南石油大学	49.43	89	中国地质大学（武汉）	40.99
55	华中农业大学	49.39	90	四川农业大学	40.98
56	苏州大学	49.38	91	华中师范大学	40.84
57	南京信息工程大学	49.25	92	首都师范大学	40.70
58	江南大学	49.25	93	西南大学	40.67
59	北京中医药大学	48.77	94	华东理工大学	40.50
60	河海大学	48.75	95	大连海事大学	40.36
61	华南理工大学	48.00	96	北京林业大学	40.31
62	中国传媒大学	47.75	97	中南财经政法大学	39.88
63	中国海洋大学	47.69	98	内蒙古大学	39.72
64	中国政法大学	47.14	99	福州大学	39.55
65	河南大学	47.10	100	宁夏大学	39.41
66	北京协和医学院	46.99	101	北京邮电大学	39.40
67	北京体育大学	46.06	102	中国人民解放军空军军医大学	38.87
68	西南交通大学	45.83	103	南京中医药大学	38.64
69	北京交通大学	45.67	104	陕西师范大学	38.30
70	吉林大学	45.57	105	西藏大学	38.17
71	贵州大学	45.41	106	长安大学	37.71
72	中国药科大学	45.11	107	暨南大学	37.48
73	南京师范大学	44.46	108	东南大学	37.44
74	武汉理工大学	43.94	109	中央音乐学院	37.29
75	广西大学	43.12	110	太原理工大学	34.92
76	中央美术学院	42.91	111	中央民族大学	34.54
77	西安电子科技大学	42.71	112	东北农业大学	34.51
78	天津医科大学	42.58	113	东北林业大学	34.02
79	华南师范大学	42.55	114	中央戏剧学院	33.00

续表

序号	学校名称	得分	序号	学校名称	得分
115	南京林业大学	32.84	129	上海中医药大学	28.69
116	延边大学	32.79	130	中央财经大学	28.53
117	合肥工业大学	32.52	131	辽宁大学	27.84
118	河北工业大学	32.13	132	西北农林科技大学	27.80
119	广州中医药大学	31.90	133	上海体育学院	27.75
120	国防科技大学	31.26	134	成都理工大学	26.56
121	青海大学	30.72	135	天津中医药大学	25.62
122	中国矿业大学（北京）	30.29	136	东北大学	24.87
123	成都中医药大学	30.16	137	中国音乐学院	23.65
124	天津工业大学	29.87	138	中国人民公安大学	23.02
125	中国矿业大学（徐州）	29.50	139	中国地质大学（北京）	19.79
126	中国人民解放军海军军医大学	29.26	140	华北电力大学（北京）	12.84
127	东北师范大学	29.04	141	华北电力大学（保定）	7.88
128	西北大学	28.95			

（三）参照分析

选取海外网络传播力综合指数内地排名第 1 位的清华大学、港澳台地区排名第 1 位的香港大学、日韩参照大学排名第 1 位的京都大学和美国参照大学排名第 1 位的哈佛大学进行比较可以发现，中国大学与日韩大学相比具有一定优势，而与美国大学相比仍存在一定差距。

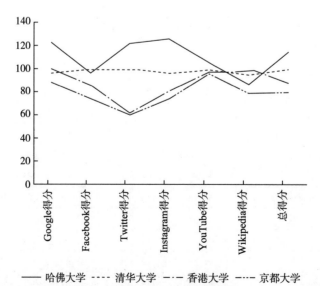

图 1　海外网络传播力综合指数参照分析

将中国大学海外网络传播力综合指数排名榜首的清华大学与 8 所参照大学进行对比，美国参照大学在总排名上优势明显。清华大学在 Google 的传播力排名居第 2 位，在 Wikipedia 的传播力排名居第 1 位，其余指标则与美国参照大学均有差距。

与日韩参照大学相比，清华大学、香港大学则各项指标均领先。在日韩参照大学中，高丽大学传播力位于总排名的第 67，低于中国 60 所大学。值得注意的是，居于 8 所参照大学中传播力末尾的高丽大学，2021 年的排名比上年下降了 37 名，这在一定程度上反映出中国高校海外传播力建设整体呈现上升态势。

四、维度一:中国大学Google传播力

本报告通过在 Google 搜索引擎的新闻检索，了解中国大学在国外英文网站上新闻出现的总体数量，并分析该新闻的正向报道数量，从而整体把握中国大学在海外的受关注程度与正向传播程度。

（一）中国大学 Google 传播力指数分布

Google 传播力维度采用正向新闻传播量指标进行评估。在 Google 的分类栏下，输入各大学官方英文名字（带双引号），并限定一年确定时间，检索各大学新闻数量并分析正面新闻数据情况。在正向新闻分析的过程中，共有 4 位编码员分别两两组合。通过对新闻内容进行等距抽样的信度分析，两组编码员的编码信度分别为 92.6% 和 93.2%，信度较好。根据算法得出 184 所中国大学的 Google 传播力指数。

Google 传播力指数排名靠前的中国大学依次为香港大学、清华大学、北京大学、香港科技大学、南京大学、浙江大学、香港城市大学、复旦大学、台湾大学、香港中文大学。此次排名中清华大学、北京大学分别居第 2 位、第 3 位，香港大学居首位，其传播力指数为 100.00。

表 6　中国大学 Google 传播力指数

序号	学校名称	得分	序号	学校名称	得分
1	香港大学 *	100.00	7	香港城市大学 *	90.85
2	清华大学	97.21	8	复旦大学	90.66
3	北京大学	96.58	9	台湾大学 *	87.90
4	香港科技大学 *	93.99	10	香港中文大学 *	87.79
5	南京大学	91.11	11	南京航空航天大学	85.69
6	浙江大学	91.09	12	香港浸会大学 *	85.09

序号	学校名称	得分	序号	学校名称	得分
13	中山大学	84.41	48	岭南大学*	66.60
14	中国科学技术大学	83.33	49	北京外国语大学	65.40
15	中国人民大学	82.80	50	华南师范大学	64.88
16	上海交通大学	81.62	51	北京理工大学	64.83
17	武汉大学	81.38	52	华南理工大学	64.73
18	北京协和医学院	80.22	53	台北医学大学*	64.23
19	华中科技大学	78.02	54	台湾淡江大学*	64.03
20	上海大学	78.00	55	中国传媒大学	63.88
21	天津大学	77.93	56	南京理工大学	63.84
22	厦门大学	77.65	57	中央美术学院	63.70
23	北京师范大学	77.13	58	郑州大学	63.58
24	香港理工大学*	76.92	59	兰州大学	63.30
25	四川大学	76.80	60	上海外国语大学	63.24
26	台湾政治大学*	76.77	61	云南大学	63.16
27	山东大学	76.20	62	武汉理工大学	62.69
28	澳门大学*	75.65	63	华东理工大学	62.42
29	华东师范大学	74.94	64	中国地质大学（武汉）	61.87
30	同济大学	74.68	65	台湾科技大学*	61.57
31	中国科学院大学	73.82	66	台湾师范大学*	61.38
32	南开大学	73.28	67	台湾中山大学*	60.94
33	对外经济贸易大学	72.75	68	南昌大学	60.70
34	中国医药大学（台湾）*	72.26	69	电子科技大学	60.63
35	中国农业大学	71.58	70	中国海洋大学	60.61
36	成功大学*	71.21	71	湖南大学	60.36
37	北京航空航天大学	71.16	72	东华大学	59.90
38	吉林大学	70.66	73	台湾交通大学*	59.90
39	外交学院	69.38	74	首都师范大学	59.56
40	中南大学	69.06	75	上海中医药大学	59.30
41	中国美术学院	68.88	76	北京工业大学	59.23
42	中国政法大学	68.43	77	上海音乐学院	59.04
43	哈尔滨工业大学	68.04	78	南京邮电大学	58.86
44	贵州大学	68.01	79	国防科技大学	58.47
45	中央大学*	67.30	80	上海财经大学	58.39
46	西安交通大学	66.76	81	广西大学	58.32
47	台湾清华大学*	66.60	82	天津医科大学	58.19

序号	学校名称	得分	序号	学校名称	得分
83	北京中医药大学	58.10	118	北京邮电大学	52.25
84	重庆大学	57.98	119	中国药科大学	52.25
85	中央财经大学	57.78	120	新疆大学	52.25
86	华中师范大学	57.58	121	高雄医学大学*	52.20
87	南京农业大学	57.49	122	中南财经政法大学	52.06
88	西南交通大学	57.49	123	上海体育学院	51.91
89	阳明交通大学*	57.28	124	中央音乐学院	51.91
90	台北大学*	56.88	125	台北科技大学*	51.88
91	中国人民解放军海军军医大学	56.65	126	江南大学	51.56
92	华中农业大学	56.63	127	上海海洋大学	51.38
93	北京体育大学	56.05	128	太原理工大学	51.38
94	西北工业大学	56.05	129	北京科技大学	51.01
95	宁波大学	55.93	130	北京林业大学	51.01
96	中央戏剧学院	55.65	131	亚洲大学*	50.42
97	长庚大学*	55.44	132	安徽大学	50.22
98	北京化工大学	55.31	133	中正大学*	50.02
99	陕西师范大学	55.22	134	西南财经大学	49.38
100	阳明大学*	55.18	135	福州大学	49.00
101	哈尔滨工程大学	54.96	136	辽宁大学	47.47
102	南京师范大学	54.88	137	河北工业大学	46.93
103	苏州大学	54.79	138	天津中医药大学	46.37
104	东北师范大学	54.39	139	中央民族大学	46.30
105	广州中医药大学	54.39	140	合肥工业大学	46.07
106	中兴大学*	54.36	141	湖南师范大学	46.07
107	中国石油大学（华东）	54.06	142	东北林业大学	45.46
108	西安电子科技大学	53.95	143	东海大学*	45.46
109	河南大学	53.67	144	河海大学	45.07
110	北京交通大学	53.37	145	南京信息工程大学	44.82
111	大连海事大学	53.37	146	中原大学*	44.82
112	辅仁大学*	53.37	147	中国人民解放军空军军医大学	43.76
113	大连理工大学	53.15	148	台湾东华大学*	43.39
114	海南大学	52.91	149	元智大学*	42.60
115	四川农业大学	52.58	150	南京林业大学	41.75
116	中国矿业大学（徐州）	52.58	151	石河子大学	41.75
117	南京中医药大学	52.42	152	台湾海洋大学*	39.82

续表

序号	学校名称	得分	序号	学校名称	得分
153	东南大学	39.27	168	彰化师范大学 *	33.55
154	内蒙古大学	39.27	169	青海大学	30.28
155	暨南大学	38.10	170	台湾暨南国际大学 *	30.28
156	西藏大学	38.10	171	成都理工大学	28.92
157	东北农业大学	37.46	172	西南大学	28.92
158	宁夏大学	37.46	173	中国矿业大学（北京）	28.92
159	中国人民公安大学	37.46	174	中国音乐学院	27.37
160	逢甲大学 *	37.46	175	台湾大同大学 *	27.37
161	云林科技大学 *	37.46	176	中华大学 *	25.57
162	西北农林科技大学	34.45	177	西南石油大学	23.40
163	延边大学	34.45	178	成都中医药大学	17.06
164	长安大学	34.45	179	西北大学	17.06
165	中国石油大学（北京）	34.45	180	东吴大学 *	17.06
166	中国地质大学（北京）	33.55	181	东北大学	11.59
167	高雄科技大学 *	33.55	182	天津工业大学	11.59

注：未列出大学的指数为 0。下同。

（二）中国内地大学 Google 传播力指数分布

Google 传播力指数排名靠前的内地大学依次为清华大学、北京大学、南京大学、浙江大学、复旦大学、南京航空航天大学、中山大学、中国科学技术大学、中国人民大学、上海交通大学。其中，3 所大学位于北京、5 所大学位于华东地区、1 所大学位于华中地区、1 所大学位于华南地区。

与 2020 年相比，2021 年 Google 传播力指数中华东地区的内地大学数量上升。上海中医药大学、南京航空航天大学、中国人民解放军海军军医大学、中国传媒大学排名上升最显著，均上升超过 60 个名次。

表 7 内地大学 Google 传播力指数

序号	学校名称	得分	序号	学校名称	得分
1	清华大学	97.21	6	南京航空航天大学	85.69
2	北京大学	96.58	7	中山大学	84.41
3	南京大学	91.11	8	中国科学技术大学	83.33
4	浙江大学	91.09	9	中国人民大学	82.80
5	复旦大学	90.66	10	上海交通大学	81.62

续表

序号	学校名称	得分	序号	学校名称	得分
11	武汉大学	81.38	46	武汉理工大学	62.69
12	北京协和医学院	80.22	47	华东理工大学	62.42
13	华中科技大学	78.02	48	中国地质大学（武汉）	61.87
14	上海大学	78.00	49	南昌大学	60.70
15	天津大学	77.93	50	电子科技大学	60.63
16	厦门大学	77.65	51	中国海洋大学	60.61
17	北京师范大学	77.13	52	湖南大学	60.36
18	四川大学	76.80	53	东华大学	59.90
19	山东大学	76.20	54	首都师范大学	59.56
20	华东师范大学	74.94	55	上海中医药大学	59.30
21	同济大学	74.68	56	北京工业大学	59.23
22	中国科学院大学	73.82	57	上海音乐学院	59.04
23	南开大学	73.28	58	南京邮电大学	58.86
24	对外经济贸易大学	72.75	59	国防科技大学	58.47
25	中国农业大学	71.58	60	上海财经大学	58.39
26	北京航空航天大学	71.16	61	广西大学	58.32
27	吉林大学	70.66	62	天津医科大学	58.19
28	外交学院	69.38	63	北京中医药大学	58.10
29	中南大学	69.06	64	重庆大学	57.98
30	中国美术学院	68.88	65	中央财经大学	57.78
31	中国政法大学	68.43	66	华中师范大学	57.58
32	哈尔滨工业大学	68.04	67	南京农业大学	57.49
33	贵州大学	68.01	68	西南交通大学	57.49
34	西安交通大学	66.76	69	中国人民解放军海军军医大学	56.65
35	北京外国语大学	65.40	70	华中农业大学	56.63
36	华南师范大学	64.88	71	北京体育大学	56.05
37	北京理工大学	64.83	72	西北工业大学	56.05
38	华南理工大学	64.73	73	宁波大学	55.93
39	中国传媒大学	63.88	74	中央戏剧学院	55.65
40	南京理工大学	63.84	75	北京化工大学	55.31
41	中央美术学院	63.70	76	陕西师范大学	55.22
42	郑州大学	63.58	77	哈尔滨工程大学	54.96
43	兰州大学	63.30	78	南京师范大学	54.88
44	上海外国语大学	63.24	79	苏州大学	54.79
45	云南大学	63.16	80	东北师范大学	54.39

序号	学校名称	得分	序号	学校名称	得分
81	广州中医药大学	54.39	111	湖南师范大学	46.07
82	中国石油大学（华东）	54.06	112	东北林业大学	45.46
83	西安电子科技大学	53.95	113	河海大学	45.07
84	河南大学	53.67	114	南京信息工程大学	44.82
85	北京交通大学	53.37	115	中国人民解放军空军军医大学	43.76
86	大连海事大学	53.37	116	南京林业大学	41.75
87	大连理工大学	53.15	117	石河子大学	41.75
88	海南大学	52.91	118	东南大学	39.27
89	四川农业大学	52.58	119	内蒙古大学	39.27
90	中国矿业大学（徐州）	52.58	120	暨南大学	38.10
91	南京中医药大学	52.42	121	西藏大学	38.10
92	北京邮电大学	52.25	122	东北农业大学	37.46
93	中国药科大学	52.25	123	宁夏大学	37.46
94	新疆大学	52.25	124	中国人民公安大学	37.46
95	中南财经政法大学	52.06	125	西北农林科技大学	34.45
96	上海体育学院	51.91	126	延边大学	34.45
97	中央音乐学院	51.91	127	长安大学	34.45
98	江南大学	51.56	128	中国石油大学（北京）	34.45
99	上海海洋大学	51.38	129	中国地质大学（北京）	33.55
100	太原理工大学	51.38	130	青海大学	30.28
101	北京科技大学	51.01	131	成都理工大学	28.92
102	北京林业大学	51.01	132	西南大学	28.92
103	安徽大学	50.22	133	中国矿业大学（北京）	28.92
104	西南财经大学	49.38	134	中国音乐学院	27.37
105	福州大学	49.00	135	西南石油大学	23.40
106	辽宁大学	47.47	136	成都中医药大学	17.06
107	河北工业大学	46.93	137	西北大学	17.06
108	天津中医药大学	46.37	138	东北大学	11.59
109	中央民族大学	46.30	139	天津工业大学	11.59
110	合肥工业大学	46.07			

（三）Google 传播力具体指标分析

Google 传播力维度有正向新闻传播量 1 个指标，其权重为 25%。正向新闻传播量是根据 Google 搜索引擎进行新闻搜索，并对新闻内容进行正负向区分，减去负面新闻，得出的正向新闻总数。

对于 Google 的正向新闻传播量，主要有以下发现：

第一，港澳台大学正向新闻平均条数大幅度高于内地大学。港澳台大学正向新闻平均数量为 477 条，内地大学正向新闻平均数量为 288 条。港澳台大学相比于内地大学，正向新闻平均数量高出 66 个百分点。内地大学在 Google 上的正向传播能力有待提升。

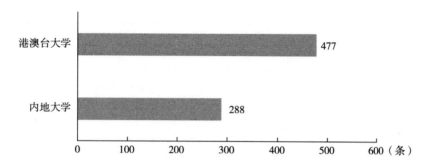

图 2　港澳台大学和内地大学正向新闻平均数量对比

第二，在正向新闻数量排名靠前的大学中，港澳台地区有 5 所，内地有 5 所，清华大学、北京大学分别居第 2 位和第 3 位。相较上年数据，排名靠前的大学里港澳台地区大学占比有所增加。

第三，从内地大学来看，正向新闻数量排名靠前的大学均为"世界一流大学建设高校"，清华大学、北京大学、南京大学正面新闻数量依次排名前三。北京大学、清华大学均高于 3500 条。

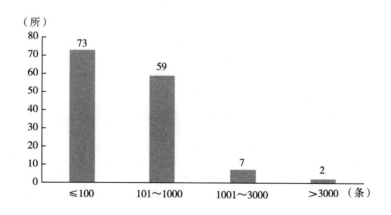

图 3　内地大学 Google 正向新闻数量分布统计

（四）参照分析

与海外参照大学相比，中国大学的 Google 传播力指数远低于美国参照大学。香港大学 Google 传播力指数高于日韩参照大学；内地大学排名第 1 位、第 2 位的清华大学、北京大学的 Google 传播力指数略低于东京大学，高于其他 3 所日韩参照大学。

在参照大学中，斯坦福大学 Google 传播力指数（124.45）比香港大学 Google 传播力指数（100.00）高出 24 个百分点，比清华大学 Google 传播力指数（97.21）高出 27 个百分点。而在日韩参照大学中，东京大学 Google 传播力指数最高，但低于香港大学；首尔大学、京都大学以及高丽大学的指数均低于清华大学、北京大学及香港科技大学。

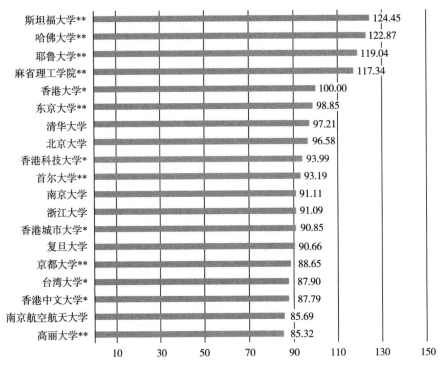

注：*为港澳台地区大学；**为参照大学。下同。

图 4　Google 传播力指数参照分析

（五）Google 传播力具体案例分析：上海中医药大学

与 2020 年 Google 传播力指数相比，上海中医药大学在内地大学排名中上升幅度最大，由 2020 年的 128 名上升为 2021 年的 55 名，进步 73 个名次。上海中医药大学在研究期间共有 Google 正向新闻 123 条，相较 2020 年正向新闻 76 条，增幅达 61.84%，正向传播量大幅度提升。

从上海中医药大学的正向新闻内容来看，2021 年上海中医药大学的新闻报道主题主要为前沿医学学术论文成果、重大医学研究突破以及与外国机构的研究合作。例如，多家媒体报道"上海中医药大学发现能够抑制冠状病毒的中医药材"、"中国和意大利团队合作在上海中医药大学建立中医研究所"、"中医药针灸领域新的学术成果"等。

Wiley Online Library

Pseudoephedrine and its derivatives antagonize wild and ...

... Innovation Research Institute of Traditional Chinese Medicine (IRI), Shanghai University of Traditional Chinese Medicine, Shanghai, China.

2021年9月1日

D Dove Medical Press

Timosaponin AIII-based multifunctional liposomal delivery | IJN

1School of Pharmacy, Shanghai University of Traditional Chinese Medicine, Shanghai, People's Republic of China; 2School of Basic Medicine,...

2021年8月16日

图 5　上海中医药大学前沿医学学术论文成果（2021 年）

Yahoo Finance

Chinese Scientists and AntiCancer Inc. Discovery the Most Effective Weight-Loss Method

SAN DIEGO, August 09, 2021--A collaborative study between scientists at the Shanghai University of Traditional Chinese Medicine and AntiCancer Inc. of San...

2021年8月9日

BioSpectrum Asia

China discovers effective weight-loss method

It causes a decrease in metabolic-syndrome and inflammation biomarkers. image credit- shutterstock. A collaborative study between scientists at the Shanghai...

2021年8月9日

WION

China approves sale of traditional medicine products to treat Covid-19

China has approved three traditional Chinese medicine (TCM) products for sale to help treat Covid-19. The government's National Medical Products...

2021年3月5日

图 6　国际媒体针对上海中医药大学具有影响力医学研究成果的报道（2021 年）

Ecns.cn

Chinese, German researchers find 'promising' herbal therapy for moderate COVID-19

Clinical data showed that Shufeng Jiedu capsules, added to standard antiviral therapy, significantly reduced the clinical recovery time of COVID-19 and...

2020年11月9日

CD China Daily

Greater cooperation urged to benefit global health - Chinadaily.com.cn

China is able to make more innovative efforts to improve international exchanges and cooperation in public health for the benefit of mankind, experts said.

2020年10月20日

图 7　上海中医药大学与外国机构的研究合作（2021 年）

上海中医药大学 2020 年的新闻数据内容显示，报道主题主要为学术论文的发布与中医治疗的应用方向，新闻视线聚焦于"对中医药作为新型冠状病毒治疗选择"可能性的探讨。

通过近两年新闻内容对比分析发现，2020 年上海中医药大学提出的学术观点由于缺乏有力的成果性实验论证而饱受质疑，Google 中针对该议题的报道呈现负面态度趋势，存在多篇国外媒体对于针灸和草药疗法的质疑性与批驳性报道，2021 年这一趋势随着上海中医药大学有力的学术论文发布而有所减少。

图 8　上海中医药大学 Google 搜索下国际媒体对中医的质疑（2020 年）

总体来说，2021 年上海中医药大学在 Google 维度上正向传播力的大幅度提升在一定程度上得益于部分中医理论在国际医学领域的祛魅与澄清。这种祛魅与澄清的实现不是一蹴而就的，需要大学在学术研究上持续发力，推动中医达成在现代医学意义上的效用验证与理论突破，需要大学增加与国外机构的合作，建立更多中国学术的展示平台与中国声音的传播端口，以切实提升中国的国际声量与话语地位。

（六）Google 传播力小结

1. 学术影响力是 Google 维度下大学正向传播的主要内容

在对中国大学近一年的 Google 报道分析中发现，学术创新型成果、研究重大突破以及开办或参与国际性会议和论坛是中国大学在 Google 维度下正向形象的主要建构要素。例如，Google 维度传播力指数内地排名第 1 位的清华大学，其近一年的正向新闻数量为 4056 条，其中与学术话题有关的正向新闻数量为 1606 条，占比 39.6%，远高于其他类别的正向新闻数量占比。又如，内地排名第 70 位的华中农业大学，其近一年的正向新闻数量为 96 条，其中与学术话题有关的正向新闻数量为 91 条，占比 94.7%。

由此分析可知，在 Google 中，学术话题是国际媒体报道评价大学的最主要议题，也是提升 Google 维度下大学正向传播能力的主要手段之一。学术影响力的提升不仅在构建中国大学的正向国际形象中具有重要的作用，而且在推动大学合作发展乃至国家合作发展的方面具有深远的意义。

2. 社会舆论事件是影响大学 Google 正向传播力的重要因素

国内大学的舆情事件受国际媒体关注较多，呈现频次相对较高，舆情事件在国际媒体报道中易被放大处理。在分析中国大学近一年的 Google 报道中发现，负面新闻主要可分为负面人物类、负面社会舆论事件类以及学术不端类，其中"社会舆论事件"产生的负面新闻数量最多。

从整体数据的内容属性来看，社会舆论事件是影响大学 Google 正向传播力的重要因素，这相应地要求大学要加强舆情监控与管理，及时针对舆情事件进行发声，在最大程度上降低社会舆论事件后续造成的不良影响，减少国外媒体"借题发挥"的可能性。

五、维度二：中国大学Wikipedia传播力

Wikipedia 词条完整性在一定程度上反映了中国大学面向全球范围编辑和完善媒体资料的主动性和积极性，编辑频率和链接数量体现大学与用户之间沟通交流的互动程度。

（一）中国大学 Wikipedia 传播力指数分布

Wikipedia 传播力维度分为词条完整性、词条编辑和词条链接三个部分，具体由词条完整性、一年内词条被编辑的次数、一年内参与词条编辑的用户数、链接情况 4 个指标组成，分别进行统计，并对各项赋予权重，通过计算得出 184 所中国大学的 Wikipedia 传播力指数。

Wikipedia 传播力指数排名靠前的中国大学依次为香港大学、香港中文大学、台湾大学、香港理工大学、香港城市大学、阳明交通大学、清华大学、辅仁大学、台湾东华大学、北京大学。其中，内地大学 2 所、香港大学 4 所、台湾大学 4 所。香港大学位居首位，其传播力指数为 100.00。

表 8　中国大学 Wikipedia 传播力指数

序号	学校名称	得分	序号	学校名称	得分
1	香港大学 *	100.00	12	东海大学 *	93.70
2	香港中文大学 *	99.17	13	台湾政治大学 *	92.84
3	台湾大学 *	99.10	14	台湾中山大学 *	92.56
4	香港理工大学 *	98.85	15	台湾清华大学 *	92.46
5	香港城市大学 *	97.58	16	北京师范大学	92.26
6	阳明交通大学 *	96.50	17	香港科技大学 *	92.06
7	清华大学	95.81	18	台湾淡江大学 *	91.04
8	辅仁大学 *	95.31	19	复旦大学	90.22
9	台湾东华大学 *	95.20	20	东吴大学 *	90.19
10	北京大学	94.03	21	中正大学 *	89.96
11	台湾师范大学 *	93.80	22	中山大学	89.78

序号	学校名称	得分	序号	学校名称	得分
23	成功大学 *	89.48	58	国防科技大学	82.72
24	逢甲大学 *	89.37	59	北京理工大学	82.68
25	云林科技大学 *	89.29	60	彰化师范大学 *	82.51
26	岭南大学 *	88.93	61	华南师范大学	82.39
27	山东大学	88.50	62	台湾科技大学 *	82.28
28	澳门大学 *	88.35	63	西南交通大学	82.27
29	湖南大学	88.25	64	贵州大学	82.21
30	台北科技大学 *	87.79	65	天津大学	82.20
31	南开大学	87.74	66	中原大学 *	82.19
32	高雄科技大学 *	87.55	67	西安交通大学	82.13
33	暨南大学	87.46	68	云南大学	82.01
34	香港浸会大学 *	87.26	69	北京交通大学	82.00
35	湖南师范大学	87.08	70	台湾暨南国际大学 *	81.96
36	中央大学 *	86.92	71	大连理工大学	81.87
37	中兴大学 *	86.81	72	北京航空航天大学	81.87
38	台北大学 *	86.71	73	南京师范大学	81.81
39	南京大学	86.48	74	北京邮电大学	81.52
40	浙江大学	86.47	75	重庆大学	81.45
41	武汉大学	86.37	76	南京航空航天大学	81.44
42	台湾交通大学 *	86.32	77	华中科技大学	81.29
43	吉林大学	85.98	78	西北工业大学	81.28
44	上海交通大学	85.94	79	新疆大学	81.18
45	台湾海洋大学 *	85.65	80	河南大学	81.08
46	同济大学	85.52	81	中国政法大学	81.08
47	中国人民大学	85.47	82	东华大学	80.95
48	哈尔滨工业大学	85.12	83	中国农业大学	80.88
49	四川大学	84.70	84	中南大学	80.71
50	厦门大学	84.51	85	元智大学 *	80.48
51	郑州大学	83.95	86	上海音乐学院	80.47
52	亚洲大学 *	83.68	87	广西大学	80.43
53	中国科学技术大学	83.66	88	中华大学 *	80.40
54	北京协和医学院	83.47	89	台北医学大学 *	80.37
55	阳明大学 *	83.16	90	中国医药大学（台湾） *	80.30
56	东南大学	82.92	91	西北农林科技大学	80.25
57	华南理工大学	82.90	92	苏州大学	80.15

序号	学校名称	得分	序号	学校名称	得分
93	中央音乐学院	80.05	128	安徽大学	78.04
94	东北大学	80.04	129	南京农业大学	77.97
95	河北工业大学	80.02	130	大连海事大学	77.97
96	西安电子科技大学	79.93	131	西南财经大学	77.97
97	华东理工大学	79.71	132	合肥工业大学	77.95
98	中国传媒大学	79.70	133	海南大学	77.90
99	中央戏剧学院	79.66	134	北京科技大学	77.88
100	中国科学院大学	79.65	135	西南大学	77.87
101	华东师范大学	79.63	136	华中农业大学	77.83
102	中国美术学院	79.63	137	南京信息工程大学	77.83
103	上海海洋大学	79.59	138	中国海洋大学	77.80
104	北京外国语大学	79.50	139	首都师范大学	77.80
105	河海大学	79.38	140	武汉理工大学	77.77
106	中国药科大学	79.37	141	中国人民解放军海军军医大学	77.76
107	中国音乐学院	79.27	142	内蒙古大学	77.73
108	外交学院	79.07	143	华北电力大学（保定）	77.61
109	哈尔滨工程大学	79.06	144	华北电力大学（北京）	77.61
110	南京中医药大学	79.05	145	中南财经政法大学	77.58
111	江南大学	79.03	146	南京邮电大学	77.57
112	北京体育大学	79.02	147	台湾大同大学 *	77.56
113	成都理工大学	78.94	148	天津医科大学	77.51
114	电子科技大学	78.87	149	长安大学	77.47
115	上海大学	78.83	150	兰州大学	77.46
116	南京林业大学	78.80	151	中国人民解放军空军军医大学	77.10
117	高雄医学大学 *	78.52	152	中央财经大学	77.09
118	北京化工大学	78.51	153	中国人民公安大学	77.09
119	西藏大学	78.47	154	宁夏大学	77.04
120	华中师范大学	78.34	155	天津中医药大学	76.95
121	四川农业大学	78.26	156	上海财经大学	76.94
122	中央民族大学	78.25	157	中国矿业大学（北京）	76.84
123	陕西师范大学	78.22	158	北京中医药大学	76.79
124	太原理工大学	78.18	159	广州中医药大学	76.76
125	北京林业大学	78.12	160	西南石油大学	76.73
126	南京理工大学	78.06	161	福州大学	76.58
127	中央美术学院	78.04	162	长庚大学 *	76.56

序号	学校名称	得分	序号	学校名称	得分
163	天津工业大学	76.51	174	中国石油大学（北京）	74.26
164	上海外国语大学	76.50	175	对外经济贸易大学	74.22
165	北京工业大学	76.39	176	中国石油大学（华东）	73.48
166	宁波大学	76.35	177	东北林业大学	73.44
167	东北农业大学	76.13	178	东北师范大学	73.24
168	辽宁大学	76.06	179	青海大学	72.91
169	西北大学	76.01	180	成都中医药大学	72.42
170	上海体育学院	75.57	181	延边大学	72.07
171	中国地质大学（北京）	75.32	182	上海中医药大学	71.97
172	南昌大学	75.17	183	中国地质大学（武汉）	71.16
173	石河子大学	74.27			

（二）中国内地大学 Wikipedia 传播力指数分布

Wikipedia 传播力指数排名靠前的内地大学依次为清华大学、北京大学、北京师范大学、复旦大学、中山大学、山东大学、湖南大学、南开大学、暨南大学、湖南师范大学。其中，2 所位于中部地区、2 所位于华东地区、4 所位于华北地区、2 所位于华南地区。

表9 内地大学 Wikipedia 传播力指数

序号	学校名称	得分	序号	学校名称	得分
1	清华大学	95.81	14	吉林大学	85.98
2	北京大学	94.03	15	上海交通大学	85.94
3	北京师范大学	92.26	16	同济大学	85.52
4	复旦大学	90.22	17	中国人民大学	85.47
5	中山大学	89.78	18	哈尔滨工业大学	85.12
6	山东大学	88.50	19	四川大学	84.70
7	湖南大学	88.25	20	厦门大学	84.51
8	南开大学	87.74	21	郑州大学	83.95
9	暨南大学	87.46	22	中国科学技术大学	83.66
10	湖南师范大学	87.08	23	北京协和医学院	83.47
11	南京大学	86.48	24	东南大学	82.92
12	浙江大学	86.47	25	华南理工大学	82.90
13	武汉大学	86.37	26	国防科技大学	82.72

序号	学校名称	得分	序号	学校名称	得分
27	北京理工大学	82.68	62	中国美术学院	79.63
28	华南师范大学	82.39	63	上海海洋大学	79.59
29	西南交通大学	82.27	64	北京外国语大学	79.50
30	贵州大学	82.21	65	河海大学	79.38
31	天津大学	82.20	66	中国药科大学	79.37
32	西安交通大学	82.13	67	中国音乐学院	79.27
33	云南大学	82.01	68	外交学院	79.07
34	北京交通大学	82.00	69	哈尔滨工程大学	79.06
35	大连理工大学	81.87	70	南京中医药大学	79.05
36	北京航空航天大学	81.87	71	江南大学	79.03
37	南京师范大学	81.81	72	北京体育大学	79.02
38	北京邮电大学	81.52	73	成都理工大学	78.94
39	重庆大学	81.45	74	电子科技大学	78.87
40	南京航空航天大学	81.44	75	上海大学	78.83
41	华中科技大学	81.29	76	南京林业大学	78.80
42	西北工业大学	81.28	77	北京化工大学	78.51
43	新疆大学	81.18	78	西藏大学	78.47
44	河南大学	81.08	79	华中师范大学	78.34
45	中国政法大学	81.08	80	四川农业大学	78.26
46	东华大学	80.95	81	中央民族大学	78.25
47	中国农业大学	80.88	82	陕西师范大学	78.22
48	中南大学	80.71	83	太原理工大学	78.18
49	上海音乐学院	80.47	84	北京林业大学	78.12
50	广西大学	80.43	85	南京理工大学	78.06
51	西北农林科技大学	80.25	86	中央美术学院	78.04
52	苏州大学	80.15	87	安徽大学	78.04
53	中央音乐学院	80.05	88	南京农业大学	77.97
54	东北大学	80.04	89	大连海事大学	77.97
55	河北工业大学	80.02	90	西南财经大学	77.97
56	西安电子科技大学	79.93	91	合肥工业大学	77.95
57	华东理工大学	79.71	92	海南大学	77.90
58	中国传媒大学	79.70	93	北京科技大学	77.88
59	中央戏剧学院	79.66	94	西南大学	77.87
60	中国科学院大学	79.65	95	华中农业大学	77.83
61	华东师范大学	79.63	96	南京信息工程大学	77.83

续表

序号	学校名称	得分	序号	学校名称	得分
97	中国海洋大学	77.80	119	福州大学	76.58
98	首都师范大学	77.80	120	天津工业大学	76.51
99	武汉理工大学	77.77	121	上海外国语大学	76.50
100	中国人民解放军海军军医大学	77.76	122	北京工业大学	76.39
101	内蒙古大学	77.73	123	宁波大学	76.35
102	华北电力大学（保定）	77.61	124	东北农业大学	76.13
103	华北电力大学（北京）	77.61	125	辽宁大学	76.06
104	中南财经政法大学	77.58	126	西北大学	76.01
105	南京邮电大学	77.57	127	上海体育学院	75.57
106	天津医科大学	77.51	128	中国地质大学（北京）	75.32
107	长安大学	77.47	129	南昌大学	75.17
108	兰州大学	77.46	130	石河子大学	74.27
109	中国人民解放军空军军医大学	77.10	131	中国石油大学（北京）	74.26
110	中央财经大学	77.09	132	对外经济贸易大学	74.22
111	中国人民公安大学	77.09	133	中国石油大学（华东）	73.48
112	宁夏大学	77.04	134	东北林业大学	73.44
113	天津中医药大学	76.95	135	东北师范大学	73.24
114	上海财经大学	76.94	136	青海大学	72.91
115	中国矿业大学（北京）	76.84	137	成都中医药大学	72.42
116	北京中医药大学	76.79	138	延边大学	72.07
117	广州中医药大学	76.76	139	上海中医药大学	71.97
118	西南石油大学	76.73	140	中国地质大学（武汉）	71.16

（三）Wikipedia 传播力具体指标分析

Wikipedia 传播力指数权重占总体传播力指数权重的 10%，4 个指标权重均为 2.5%。其中，词条完整性包括是否存在词条、官方定义、历史发展、地址、部门结构、外部链接 6 个方面。

港澳台大学 Wikipedia 传播力指数平均值高于内地大学。具体来看，内地大学指数平均值为 79.32，港澳台大学指数平均值为 88.39。

对于词条完整性，169 所大学拥有完整的 6 项词条信息，其中内地大学占比 72.8%。余下的 23 所词条信息不完整的大学中仅有 3 所港澳台大学。在词条完整性维度中，中国矿业大学（徐州）无词条，词条缺失最严重。部门结构和历史发展维度缺失明显的，分别有 11 所和 10 所大学；历史发展维度的缺失相较于 2020 年有较明显的提高。

对于词条编辑，中国大学一年内平均编辑次数为 40 次，平均参与编辑用户数为 15

人，1 所大学无词条且未更新信息。一年内词条被编辑的次数排名前三的依次为阳明交通大学、台湾东华大学、香港理工大学；一年内参与词条编辑的用户数排名前三的依次为台湾大学、香港大学、台湾师范大学。台湾大学一年内参与词条编辑的用户数达 72 人次，港澳台大学的词条编辑数量显著高于内地大学。

对于链接情况，平均每所大学有 803 个词条链接。港澳台大学链接平均为 1042 条，高于内地大学（平均 730 条）。北京大学拥有最多词条链接，为 4206 条，其次为清华大学，为 3350 条。词条链接数量排名靠前的大学中有 6 所为港澳台大学。词条链接数量排名靠前的中国大学依次为北京大学、清华大学、香港大学、台湾大学、香港中文大学、香港城市大学、香港理工大学、台湾政治大学、复旦大学、中山大学。其中，有 5 所大学词条链接超过 3000 条。

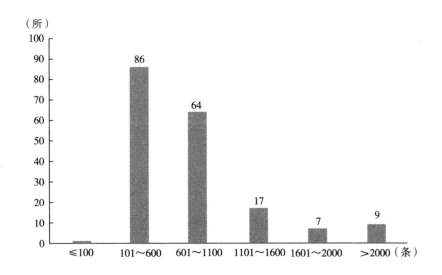

图 9　中国大学 Wikipedia 词条链接数量统计

（四）参照分析

将中国大学与 8 所参照大学进行对比分析，中国内地大学 Wikipedia 传播力指数普遍低于港澳台大学，但普遍高于日韩大学。

从 Wikipedia 传播力维度下各项指标来看，中国内地大学与港澳台大学之间的差异主要在链接情况上，日韩大学与中国大学主要在词条编辑情况上存在区别。耶鲁大学、麻省理工学院词条链接数量均超过 1000 条，而中国大学词条链接数量最多的为北京大学，为 4206 条，北京大学的词条链接数量是耶鲁大学的约 4 倍。日韩大学一年内词条被编辑的次数和一年内参与词条编辑的用户数均较少，均不过 30 条。相比之下，中国大学一年内词条被编辑的次数最高，达 265 次；一年内参与词条编辑的用户数最高，达到 72 人次。

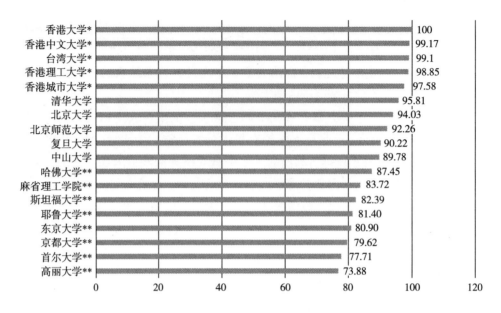

图 10　Wikipedia 传播力指数参照分析

（五）Wikipedia 传播力具体案例分析：复旦大学

复旦大学在中国大学海外网络传播力总排名中居于第 14 位，在中国大学 Wikipedia 传播力指数排名中居第 19 位，在内地大学 Wikipedia 传播力指数排名中居第 4 位。在词条完整性方面，复旦大学在所有指标上均有完整词条。在词条编辑方面，一年内词条被总编辑的次数排名居中国大学第 33 位，一年内参与词条编辑的用户数排名居中国大学第 35 位；在链接情况方面，词条链接数量达到 2164 个，居中国大学排名第 9 位。整体来看，复旦大学的 Wikipedia 海外网络传播力较强。

1. 重视校园历史文化宣传，词条内容较为丰富

从复旦大学的 Wikipedia 词条内容上看，其词条不仅完整度高，而且内容丰富，在校史沿革、机构设置等方面都不仅仅是笼统的介绍，而是尽量作完整的介绍。例如，在组织机构层面，复旦大学不仅具有院系所、科研机构等基础信息，而且展示了附属医院等能够彰显学校特色的机构信息、彰显复旦大学追求走向全球的"全球复旦"模块等内容。与其他大学相比，复旦大学在词条丰富性和特色化上表现突出。同时，复旦大学在校史介绍上也非常详细，不仅清晰地展示了建校以来的各个历史阶段，提供了校名在古籍中的渊源等，而且提供了能够展示学校历史和文化的标志性建筑的图片等多形式素材，较好地对外传播了学校深厚的历史文化底蕴。

2. 发挥 Wikipedia 平台优势，充分引入外部链接

复旦大学在 Wikipedia 平台上共拥有 2164 条外部链接，这些链接内容涉及所在地区、历史典故、知名校友、相关高校等众多方面。这为海外 Wikipedia 用户从多个方面、多种词条来源了解复旦大学的相关信息提供了良好的基础和较为通畅的渠道。同时，这也扩大

了 Wikipedia 平台关于复旦大学的共享知识的总量，从而能更好地为全球用户建构复旦大学的国际形象。

图 11　复旦大学部分图片

（六）Wikipedia 传播力小结

1. 中国大学 Wikipedia 主页词条内容建设呈现两极化

中国大学在 Wikipedia 上的词条完整性整体表现较好，但在发布内容多样性上差异较为明显。大多数内地大学在组织机构层面仅有院系信息，缺少能体现学校特色和办学能力的具体信息。例如，部分院校只介绍院系和实验室、附属学校的名称，不对具体的院系师资构成、实验室的科研能力和国家认可度、附属学校的师资和位置等作具体的阐述。同时，也有个别学校词条完整性有缺失，如成都中医药大学、东北林业大学等，这些高校与词条内容建设丰富完整的国内顶尖高校如清华大学、复旦大学、北京大学形成了明显对比。

2. 港澳台大学 Wikipedia 传播力强于内地大学

港澳台大学在 Wikipedia 等国外知名网站上的传播力迅速增长，如 2021 年中国大学 Wikipedia 传播力指数排名前三的（上海交通大学、清华大学、北京大学）均为内地大学，香港城市大学、香港大学分别居第 4 名和第 5 名。而 2021 年中国大学 Wikipedia 传播力指数排名前六的均为港澳台大学。同时，内地大学在词条链接数量等方面存在不足。具体来看，内地大学可以更加注重把握 Wikipedia 作为知识共享平台这一突出特征，进一步丰富主页内容、深入满足受众需求、选取更加能够彰显学校历史和文化魅力的个性信息加以展现。在此基础上，要注意建立更多的相关链接，为吸引更多人关注、获取和建设内地大学的词条信息提供便利。各高校还可以持续丰富完善关于大学对外交流状况的词条信息，增强内容的海外用户接近性，提升词条信息对海外群众的阐释力和吸引力。

六、维度三：中国大学Twitter传播力

Twitter 在自媒体平台上有着很强的国际影响力，在国际网站 Alexa.com 排名中，Twitter 影响力名列前茅。对 Twitter 平台中各大学的测量可评估其在全球社交网络中的传播影响力。

（一）中国大学 Twitter 传播力指数分布

Twitter 传播力维度由自有账号建设和平台传播量两部分组成。

自有账号建设部分包括是否有官方认证账号、粉丝数量、一年内发布的内容数量、一年内最高转发量、一年内最多评论数 5 个指标，操作方式是在 Twitter 网站官方页面输入各大学英文全称，筛选其是否有官方账号并统计其他数据。平台传播量部分则收集各大学在 Twitter 平台上所有正面报道的数量，操作方式是在全平台抓取含有大学英文名的所有报道，进行人工编码并统计。根据算法，得出 184 所中国大学的 Twitter 传播力指数。

Twitter 传播力指数排名靠前的中国大学依次为清华大学、北京大学、香港大学、香港城市大学、香港中文大学、澳门大学、北京外国语大学、香港科技大学、上海交通大学、浙江大学。其中，有 5 所内地大学，其余为港澳台大学。清华大学位居首位，其传播力指数为 100.00。

表 10　中国大学 Twitter 传播力指数

序号	学校名称	得分	序号	学校名称	得分
1	清华大学	100.00	8	香港科技大学 *	81.14
2	北京大学	94.36	9	上海交通大学	80.90
3	香港大学 *	87.49	10	浙江大学	80.78
4	香港城市大学 *	86.72	11	香港浸会大学 *	80.28
5	香港中文大学 *	85.57	12	成功大学 *	79.92
6	澳门大学 *	82.25	13	岭南大学 *	78.85
7	北京外国语大学	81.34	14	山东大学	78.36

序号	学校名称	得分	序号	学校名称	得分
15	复旦大学	78.10	50	西北工业大学	60.04
16	台湾大学*	76.51	51	中国石油大学（北京）	59.75
17	华中科技大学	76.39	52	中山大学	59.56
18	中国美术学院	73.62	53	中央戏剧学院	58.94
19	亚洲大学*	73.26	54	台湾师范大学*	58.85
20	台北医学大学*	72.04	55	台湾政治大学*	58.71
21	香港理工大学*	71.29	56	中华大学*	58.46
22	中国科学技术大学	71.19	57	南开大学	58.29
23	华东师范大学	71.03	58	北京理工大学	57.52
24	武汉大学	69.19	59	台北科技大学*	57.41
25	长庚大学*	68.41	60	哈尔滨工业大学	57.41
26	厦门大学	67.18	61	台湾暨南国际大学*	56.77
27	高雄科技大学*	66.87	62	中国医药大学*（台湾）	56.54
28	逢甲大学*	66.63	63	中山大学*	56.32
29	东海大学*	66.54	64	中国农业大学	56.28
30	元智大学*	66.52	65	福州大学	56.24
31	辅仁大学*	65.61	66	中正大学*	55.95
32	西南大学	65.25	67	台湾淡江大学*	55.24
33	中央大学*	63.95	68	台湾清华大学*	55.21
34	上海海洋大学	63.93	69	吉林大学	55.03
35	南京大学	63.87	70	东吴大学*	54.74
36	四川大学	63.78	71	天津大学	54.05
37	中国传媒大学	63.73	72	郑州大学	53.88
38	中国人民大学	63.41	73	河南大学	53.72
39	上海大学	63.09	74	中原大学*	53.40
40	北京航空航天大学	63.02	75	中央美术学院	53.34
41	西安交通大学	62.93	76	湖南大学	53.23
42	北京师范大学	62.30	77	中南大学	52.65
43	台北大学*	61.93	78	武汉理工大学	52.23
44	台湾交通大学*	61.81	79	云林科技大学*	52.03
45	中国科学院大学	61.57	80	兰州大学	50.83
46	同济大学	61.07	81	对外经济贸易大学	50.73
47	上海外国语大学	60.99	82	彰化师范大学*	50.49
48	重庆大学	60.88	83	西南交通大学	50.47
49	阳明大学*	60.58	84	华南理工大学	50.15

序号	学校名称	得分	序号	学校名称	得分
85	东华大学	50.08	120	新疆大学	42.46
86	北京协和医学院	49.70	121	东南大学	42.46
87	北京化工大学	49.60	122	中国矿业大学（徐州）	42.29
88	北京体育大学	49.47	123	电子科技大学	42.16
89	台湾科技大学*	48.90	124	安徽大学	42.16
90	台湾海洋大学*	48.75	125	河海大学	41.86
91	云南大学	48.73	126	宁波大学	41.86
92	大连理工大学	48.73	127	暨南大学	41.86
93	南昌大学	48.48	128	中国石油大学（华东）	41.84
94	阳明交通大学*	48.05	129	南京理工大学	41.70
95	北京科技大学	47.49	130	内蒙古大学	41.38
96	中国海洋大学	47.43	131	北京林业大学	41.21
97	上海音乐学院	47.01	132	华东理工大学	41.04
98	广西大学	47.01	133	贵州大学	40.88
99	外交学院	47.01	134	北京交通大学	40.35
100	高雄医学大学*	46.84	135	西安电子科技大学	40.09
101	南京农业大学	46.09	136	西北大学	39.98
102	华中师范大学	46.09	137	东北大学	39.82
103	南京师范大学	45.66	138	天津医科大学	39.80
104	台湾东华大学*	45.61	139	台湾大同大学*	39.79
105	江南大学	45.55	140	宁夏大学	39.41
106	海南大学	45.20	141	中国人民解放军空军军医大学	39.41
107	中兴大学*	45.10	142	中国药科大学	39.22
108	中央音乐学院	44.97	143	华南师范大学	39.02
109	首都师范大学	44.85	144	中南财经政法大学	39.02
110	中国音乐学院	44.85	145	上海财经大学	38.18
111	北京工业大学	44.24	146	中国人民解放军海军军医大学	38.18
112	南京航空航天大学	43.98	147	上海体育学院	37.73
113	国防科技大学	43.85	148	西南财经大学	37.62
114	中国地质大学（武汉）	43.59	149	陕西师范大学	37.56
115	华中农业大学	43.43	150	西藏大学	36.27
116	哈尔滨工程大学	43.34	151	北京邮电大学	36.01
117	东北师范大学	42.63	152	长安大学	35.74
118	湖南师范大学	42.62	153	东北农业大学	35.47
119	中国政法大学	42.61	154	北京中医药大学	35.18

序号	学校名称	得分	序号	学校名称	得分
155	合肥工业大学	35.18	170	南京中医药大学	29.75
156	大连海事大学	34.89	171	天津工业大学	28.77
157	四川农业大学	34.60	172	华北电力大学（北京）	27.12
158	中央民族大学	34.60	173	太原理工大学	26.51
159	上海中医药大学	34.60	174	延边大学	25.86
160	辽宁大学	34.41	175	成都理工大学	25.86
161	中央财经大学	32.97	176	苏州大学	23.66
162	天津中医药大学	32.97	177	西南石油大学	22.82
163	东北林业大学	32.62	178	南京邮电大学	21.90
164	南京信息工程大学	32.25	179	广州中医药大学	20.91
165	河北工业大学	31.48	180	中国地质大学（北京）	19.81
166	石河子大学	31.11	181	中国矿业大学（北京）	17.23
167	中国人民公安大学	31.07	182	西北农林科技大学	17.23
168	南京林业大学	30.65	183	成都中医药大学	13.85
169	青海大学	30.21			

（二）中国内地大学 Twitter 传播力指数分布

Twitter 传播力指数排名靠前的内地大学依次为清华大学、北京大学、北京外国语大学、上海交通大学、浙江大学、山东大学、复旦大学、华中科技大学、中国美术学院、中国科学技术大学。其中，华东地区有 4 所。

表 11　内地大学 Twitter 传播力指数

序号	学校名称	得分	序号	学校名称	得分
1	清华大学	100.00	12	武汉大学	69.19
2	北京大学	94.36	13	厦门大学	67.18
3	北京外国语大学	81.34	14	西南大学	65.25
4	上海交通大学	80.90	15	上海海洋大学	63.93
5	浙江大学	80.78	16	南京大学	63.87
6	山东大学	78.36	17	四川大学	63.78
7	复旦大学	78.10	18	中国传媒大学	63.73
8	华中科技大学	76.39	19	中国人民大学	63.41
9	中国美术学院	73.62	20	上海大学	63.09
10	中国科学技术大学	71.19	21	北京航空航天大学	63.02
11	华东师范大学	71.03	22	西安交通大学	62.93

序号	学校名称	得分	序号	学校名称	得分
23	北京师范大学	62.30	58	上海音乐学院	47.01
24	中国科学院大学	61.57	59	广西大学	47.01
25	同济大学	61.07	60	外交学院	47.01
26	上海外国语大学	60.99	61	南京农业大学	46.09
27	重庆大学	60.88	62	华中师范大学	46.09
28	西北工业大学	60.04	63	南京师范大学	45.66
29	中国石油大学（北京）	59.75	64	江南大学	45.55
30	中山大学	59.56	65	海南大学	45.20
31	中央戏剧学院	58.94	66	中央音乐学院	44.97
32	南开大学	58.29	67	首都师范大学	44.85
33	北京理工大学	57.52	68	中国音乐学院	44.85
34	哈尔滨工业大学	57.41	69	北京工业大学	44.24
35	中国农业大学	56.28	70	南京航空航天大学	43.98
36	福州大学	56.24	71	国防科技大学	43.85
37	吉林大学	55.03	72	中国地质大学（武汉）	43.59
38	天津大学	54.05	73	华中农业大学	43.43
39	郑州大学	53.88	74	哈尔滨工程大学	43.34
40	河南大学	53.72	75	东北师范大学	42.63
41	中央美术学院	53.34	76	湖南师范大学	42.62
42	湖南大学	53.23	77	中国政法大学	42.61
43	中南大学	52.65	78	新疆大学	42.46
44	武汉理工大学	52.23	79	东南大学	42.46
45	兰州大学	50.83	80	中国矿业大学（徐州）	42.29
46	对外经济贸易大学	50.73	81	电子科技大学	42.16
47	西南交通大学	50.47	82	安徽大学	42.16
48	华南理工大学	50.15	83	宁波大学	41.86
49	东华大学	50.08	84	河海大学	41.86
50	北京协和医学院	49.70	85	暨南大学	41.86
51	北京化工大学	49.60	86	中国石油大学（华东）	41.84
52	北京体育大学	49.47	87	南京理工大学	41.70
53	云南大学	48.73	88	内蒙古大学	41.38
54	大连理工大学	48.73	89	北京林业大学	41.21
55	南昌大学	48.48	90	华东理工大学	41.04
56	北京科技大学	47.49	91	贵州大学	40.88
57	中国海洋大学	47.43	92	北京交通大学	40.35

序号	学校名称	得分	序号	学校名称	得分
93	西安电子科技大学	40.09	117	辽宁大学	34.41
94	西北大学	39.98	118	中央财经大学	32.97
95	东北大学	39.82	119	天津中医药大学	32.97
96	天津医科大学	39.80	120	东北林业大学	32.62
97	宁夏大学	39.41	121	南京信息工程大学	32.25
98	中国人民解放军空军军医大学	39.41	122	河北工业大学	31.48
99	中国药科大学	39.22	123	石河子大学	31.11
100	华南师范大学	39.02	124	中国人民公安大学	31.07
101	中南财经政法大学	39.02	125	南京林业大学	30.65
102	上海财经大学	38.18	126	青海大学	30.21
103	中国人民解放军海军军医大学	38.18	127	南京中医药大学	29.75
104	上海体育学院	37.73	128	天津工业大学	28.77
105	西南财经大学	37.62	129	华北电力大学（北京）	27.12
106	陕西师范大学	37.56	130	太原理工大学	26.51
107	西藏大学	36.27	131	延边大学	25.86
108	北京邮电大学	36.01	132	成都理工大学	25.86
109	长安大学	35.74	133	苏州大学	23.66
110	东北农业大学	35.47	134	西南石油大学	22.82
111	北京中医药大学	35.18	135	南京邮电大学	21.90
112	合肥工业大学	35.18	136	广州中医药大学	20.91
113	大连海事大学	34.89	137	中国地质大学（北京）	19.81
114	四川农业大学	34.60	138	中国矿业大学（北京）	17.23
115	中央民族大学	34.60	139	西北农林科技大学	17.23
116	上海中医药大学	34.60	140	成都中医药大学	13.85

（三）Twitter 传播力具体指标分析

Twitter 传播力指数权重占总体传播力指数权重的 18%。自有账号建设部分权重为 13%，其中，是否有官方认证账号占比为 1%，粉丝数量、一年内发布的内容数量、一年内最高转发量、一年内最多评论数各占比 3%。平台传播量部分权重为 5%。

从是否有官方认证账号来看，仅有清华大学、北京大学、香港理工大学、中国美术学院、香港中文大学、岭南大学 6 所中国大学有官方认证账号，62 所中国大学拥有非官方认证账号，116 所中国大学没有 Twitter 账号。由此可见，中国大学整体 Twitter 平台建设仍处于较低水平。

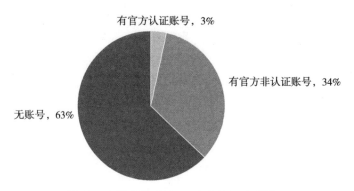

图 12　中国大学 Twitter 官方认证账号情况

从粉丝数量来看,各中国大学之间差异较大。最高为清华大学,共有 469501 位关注者。港澳台大学粉丝数量最多的是香港理工大学,有 18706 位关注者。大学账号粉丝数量越多,大学之间传播力差距越大。

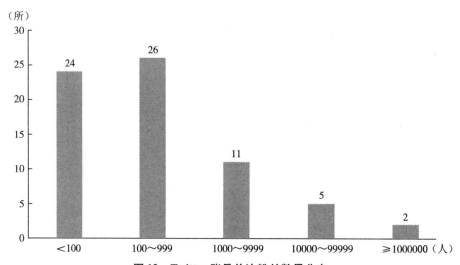

图 13　Twitter 账号关注粉丝数量分布

从一年内发布的内容数量来看,中国大学 Twitter 内容运营最活跃的是清华大学,一年发布了 1819 条内容,北京大学和北京外国语大学居后。整体来看,有 Twitter 账号的大学中,有 7 所大学一年内发文量超过 500 条,16 所大学发文量在 100~500 条,18 所大学在 2021 年发文数量低于 100 条。有 145 所中国大学 2021 年全年无 Twitter 发文。值得注意的是,2021 年哈佛大学在 Twitter 平台发文 1760 条、耶鲁大学发文 1531 条,在纳入国外大学的总榜单里,清华大学居发文量榜首。

从一年内最高转发量来看,中国大学内容最高转发量整体数值偏小,位居榜首的清华大学较第二名差距明显。3 所大学一年内容最高转发量超过 100 条,分别为清华大学 1535 条、北京大学 563 条、上海交通大学 152 条。

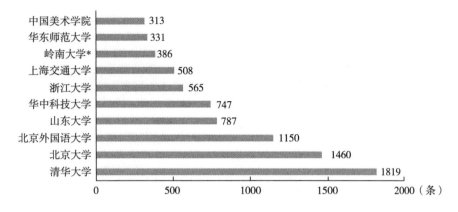

图 14　中国大学 Twitter 内容发布数量排名靠前分布

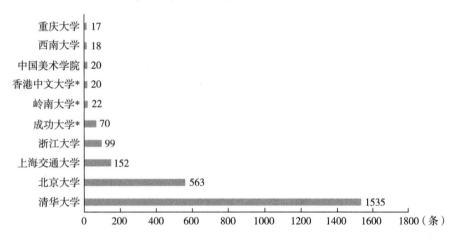

图 15　中国大学 Twitter 内容转发数量排名靠前分布

从一年内最多评论数来看，中国大学的 Twitter 内容最多评论数为清华大学，209 条，超过 10 条的大学有 4 所，除居榜首的清华大学外分别是北京大学（91 条）、上海交通大学（43 条）、浙江大学（41 条）。整体来看，中国大学的 Twitter 评论较少。

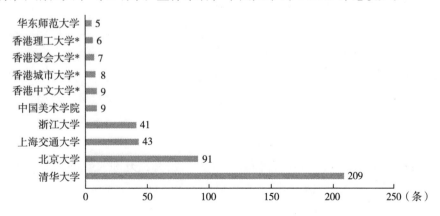

图 16　中国大学 Twitter 评论数量排名靠前分布

在 2021 年的指标体系中，Twitter 维度新增了正向传播量指标。从数据情况看，Twitter 全平台正向传播量超过 2000 条的只有 2 所大学，其中，清华大学为 3642 条、北京大学为 2228 条。超过 500 条的大学有复旦大学、中国科学技术大学、香港科技大学、中央大学、厦门大学、上海交通大学和南京大学。

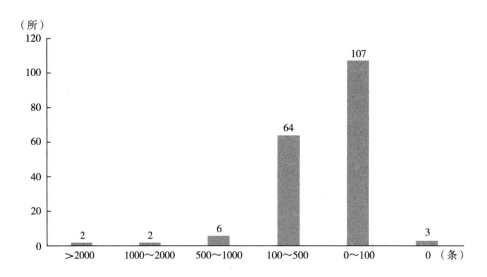

图 17　中国大学 Twitter 正向传播量情况

（四）参照分析

中国大学 Twitter 传播指数排名靠前的分别为清华大学、北京大学、香港大学和香港城市大学。与海外参照大学相比，中国大学 Twitter 建设总体领先于日韩大学，但与美国大学仍有差距。

相较日韩大学，中国大学在 Twitter 传播力建设方面有比较明显的优势。日韩大学中，Twitter 传播力指数最高的是京都大学，为 60.91，约为清华大学的 61%。在官方账号认证方面，中国和日韩大学各有 2 所大学得到认证。而在发文量、转发量、评论数和正向传播量指标上，清华大学和北京大学优势明显。

相较美国大学，中国大学 Twitter 传播力建设则呈现不足。从官方账号认证方面看，4 所美国参照大学均已得到认证。在其他指标上，哈佛大学在粉丝数量、最高评论数和正向传播量上均高于中国大学，斯坦福大学在最多转发量上居首位，清华大学则在发文量上居首位。

整体来看，中国大学在 Twitter 传播力建设方面仍有提升和完善的空间，具体包括完善官方认证、增强内容互动性和提高全平台讨论量等方面。各大学可以采取更加充分利用 Twitter 平台互动功能、持续做好做大内容输出以及有效吸收网民反馈等举措。

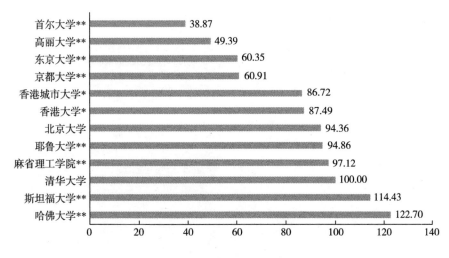

图18 Twitter 传播力指数参照分析

（五）Twitter 传播力具体案例分析：浙江大学

浙江大学在中国大学海外网络传播力指数排名中居第3位，在Twitter传播力指数排名中居第10位。在一年内发布的内容数量方面，2021年共发文565条，居中国大学第6位。在一年内最高转发量方面，居中国大学第4位，转发量最多的推文达到99条。在一年内最多评论量方面，居中国大学第4位，最多评论量达41条。其正向传播量共有494条，居中国大学第12位。整体来看，浙江大学的Twitter海外网络传播力处于中国大学前列。

1. 重视产出，内容讨论空间较大

从浙江大学官方账号的Twitter发布内容上看，其"高校账号"的定位非常明确，该账号更新频率为每天1~3条，发布内容主要聚焦在如新发明、新成果等科技类信息推广、学生活动、校园风景以及对于可持续世界、新冠肺炎疫情防控等热点事件的讨论。这些内容普遍具有高校特征，符合其主要受众的关切重心。浙江大学发布的推文大部分议题适于不同国家、不同年龄层的用户关注与思考。不少推文中都附上了讨论链接和思考问题，对于其关注者的吸引力较强。同时，具有一定的转发价值和评论空间。总体来看，浙江大学官方账号运营呈现活跃、积极的状态。

2. 贴合平台，善于使用互动功能

浙江大学官方Twitter账号运营者在推文中较为频繁地使用了感叹号、问号、各类表情包等增强话语接近性的符号，还积极使用了包括投票、内附链接、@好友、附带话题等Twitter提供的平台功能。这些做法为网友参与其推文互动提供了有效方式，在一定程度上为浙江大学较强的Twitter传播力提供了支撑。在比较中发现，浙江大学官方Twitter账号对于内容互动性的重视和推动是使其在Twitter转发量、评论数处于较高位置的重要因素。

图 19　浙江大学部分推文

4:05 PM · Aug 24, 2021 · Twitter for Advertisers.

98 Retweets　**3** Quote Tweets　**2,251** Likes

图 20　浙江大学推文中投票功能使用

（六）Twitter 传播力小结

1. 中国大学 Twitter 账号建设呈现"体量较大、关注度低"的特征

在发布内容数量方面，清华大学以 1819 条居发文量榜首，超过了包括哈佛大学、耶鲁大学在内的 8 所参照大学。不仅如此，在纳入国外大学的总榜单发文量靠前的大学中，中国大学占据了 5 个席位。从评论数和转发量等方面看，2021 年哈佛大学 Twitter 内容最高转发量达到 994 次，最多评论数达到 3072 条，斯坦福大学则分别为 3355 次和 2634 条。中国大学中仅清华大学 1 所高校最高转发量超过 600 次，最高评论数超过了 200 条。

对比可以发现，中国大学的 Twitter 账号建设呈现发布内容较多，而收到反馈和造成

影响较小的情况。这在一定程度上需要考虑中国大学 Twitter 内容话语体系的国际适用度、发布内容的讨论度等。基于此，各大学在 Twitter 平台的账号建设需要更加注意受众的多元化、议题的讨论度以及个性化风格的营造等。

2. Twitter 平台内容互动性建设较弱

Twitter 是全球影响力较大的社交平台之一，Twitter 平台的内容建设相对来说对互动性的要求较高。根据本报告，从转发量看，仅 3 所高校转发量超过 100 条；从最高评论数看，仅清华大学 1 所高校最高评论数超过 100 条。以华中科技大学为例，该高校 2021 年发文超过 700 条，而最高转发量仅 1 次，最多评论数仅 2 条。值得关注的是，有相似情况的大学并不在少数，这些大学推文内容大多以校园风景、校园活动和研究成果的推介为主，缺乏国际视野和互动空间。清华大学转发量、评论量均居中国大学榜首的则是一条关于清华大学学生杨倩夺得东京奥运会首金的推文。可以发现，"高校特色 + 国际议题"是提升 Twitter 传播力的重要路径之一。中国大学的 Twitter 互动建设还有较大的提升空间。在未来，中国大学在 Twitter 的账号建设应该更多考虑与国际叙事风格的贴近性，增强发布内容的互动性，从而吸引更多关注者以增强整体的 Twitter 传播力。在这方面，可以参考浙江大学广泛使用互动功能、多平台相互引流、积极建设讨论空间的经验。

七、维度四：中国大学Facebook传播力

作为全球用户量最大的社交软件，Facebook 成为大学信息传播的重要场所，是衡量大学海外传播力的重要指标。Facebook 2021 财年第三季度财报显示，Facebook 第三季度月活跃用户数为 29.1 亿，日活跃用户数为 19.3 亿，其用户数量仍在持续增长。

（一）中国大学 Facebook 传播力指数分布

Facebook 传播力维度由自有账号建设及平台传播量两部分组成。自有账号建设包括是否有官方认证账号、好友数量、一年内发布的内容数量、一年内最高赞数 4 个指标，通过在 Facebook 官网上精准搜索各大学英文名称和英文简称，筛选确定大学 Facebook 账号。平台传播量则收集各大学 Facebook 平台上所有正面报道的数量，进行人工编码并统计。根据算法，得出 184 所中国大学 Facebook 传播力指数。

Facebook 传播力指数排名靠前的中国大学依次为清华大学、北京大学、北京外国语大学、浙江大学、香港科技大学、澳门大学、东海大学、云南大学、逢甲大学、宁波大学。其中有 6 所内地大学、1 所香港大学、1 所澳门大学及 2 所台湾大学。清华大学位居榜首，其传播力指数为 100.00。

表 12　中国大学 Facebook 传播力指数

序号	学校名称	得分	序号	学校名称	得分
1	清华大学	100.00	36	华东师范大学	81.38
2	北京大学	97.64	37	高雄医学大学*	81.04
3	北京外国语大学	91.07	38	天津大学	80.58
4	浙江大学	89.81	39	天津工业大学	80.49
5	香港科技大学*	89.72	40	西藏大学	80.48
6	澳门大学*	89.68	41	成功大学*	80.28
7	东海大学*	89.66	42	东华大学	80.08
8	云南大学	87.43	43	香港浸会大学*	79.87
9	逢甲大学*	87.21	44	中国石油大学（北京）	79.80
10	宁波大学	86.80	45	岭南大学*	79.67
11	武汉大学	86.62	46	辅仁大学*	79.64
12	亚洲大学*	86.53	47	兰州大学	79.59
13	香港大学*	86.49	48	台湾科技大学*	79.24
14	香港城市大学*	86.41	49	台湾中山大学*	79.09
15	宁夏大学	86.09	50	阳明大学*	78.26
16	台湾交通大学*	85.70	51	西南大学	78.14
17	台湾政治大学*	85.61	52	元智大学*	78.08
18	中华大学*	85.27	53	湖南师范大学	77.90
19	石河子大学	85.21	54	重庆大学	77.87
20	香港理工大学*	85.09	55	四川农业大学	77.33
21	台湾清华大学*	84.91	56	长庚大学*	77.31
22	香港中文大学*	84.86	57	中央大学*	77.28
23	台北大学*	84.84	58	中国美术学院	77.04
24	南京大学	84.80	59	北京航空航天大学	76.46
25	台湾师范大学*	84.71	60	上海大学	75.82
26	山东大学	84.68	61	高雄科技大学*	75.68
27	中原大学*	83.47	62	台湾暨南国际大学*	75.47
28	台湾大学*	83.02	63	中国科学技术大学	75.26
29	上海交通大学	82.96	64	长安大学	74.08
30	内蒙古大学	82.76	65	中国人民解放军空军军医大学	73.70
31	南昌大学	82.34	66	安徽大学	73.30
32	中正大学*	82.03	67	天津医科大学	73.30
33	台北医学大学*	82.00	68	南京理工大学	72.88
34	西安交通大学	81.87	69	台北科技大学*	72.54
35	中国医药大学（台湾）*	81.68	70	上海海洋大学	72.46

续表

序号	学校名称	得分	序号	学校名称	得分
71	苏州大学	72.02	106	北京交通大学	63.60
72	中国人民大学	71.55	107	北京师范大学	63.46
73	北京科技大学	71.54	108	上海财经大学	62.74
74	大连海事大学	70.54	109	云林科技大学*	62.65
75	上海外国语大学	70.45	110	复旦大学	62.57
76	中兴大学*	69.76	111	东北农业大学	62.42
77	中国矿业大学（北京）	69.46	112	厦门大学	61.89
78	海南大学	69.45	113	大连理工大学	61.54
79	延边大学	69.45	114	西南石油大学	61.28
80	彰化师范大学*	69.37	115	华南师范大学	61.27
81	北京林业大学	68.86	116	武汉理工大学	61.27
82	华中科技大学	68.37	117	中国农业大学	61.27
83	南京信息工程大学	68.27	118	哈尔滨工业大学	59.99
84	哈尔滨工程大学	68.24	119	北京化工大学	59.98
85	中国传媒大学	68.23	120	西北工业大学	59.98
86	中国政法大学	68.23	121	北京体育大学	58.99
87	江南大学	67.56	122	华中农业大学	58.66
88	中南财经政法大学	67.45	123	成都中医药大学	58.58
89	南京航空航天大学	67.29	124	南开大学	58.52
90	南京师范大学	66.86	125	青海大学	58.52
91	广西大学	66.86	126	中国海洋大学	58.52
92	东吴大学*	66.30	127	台湾大同大学*	58.31
93	台湾淡江大学*	66.23	128	华中师范大学	56.98
94	中南大学	66.10	129	北京理工大学	56.87
95	中山大学	66.10	130	北京工业大学	56.84
96	台湾海洋大学*	66.10	131	电子科技大学	56.61
97	西南财经大学	66.03	132	阳明交通大学*	56.38
98	东南大学	65.33	133	首都师范大学	54.86
99	南京农业大学	65.33	134	陕西师范大学	54.85
100	北京邮电大学	65.29	135	中国石油大学（华东）	54.85
101	暨南大学	65.29	136	太原理工大学	52.64
102	上海音乐学院	64.71	137	中央美术学院	52.46
103	郑州大学	64.47	138	北京协和医学院	52.45
104	中国药科大学	64.42	139	北京中医药大学	52.43
105	同济大学	64.17	140	东北林业大学	52.42

序号	学校名称	得分	序号	学校名称	得分
141	福州大学	52.42	156	外交学院	44.90
142	贵州大学	52.42	157	西北农林科技大学	44.90
143	华东理工大学	52.42	158	新疆大学	44.90
144	南京林业大学	49.99	159	西南交通大学	37.65
145	西安电子科技大学	49.45	160	广州中医药大学	37.48
146	河海大学	49.44	161	成都理工大学	37.48
147	中国地质大学（武汉）	49.31	162	合肥工业大学	37.48
148	中央民族大学	49.30	163	台湾东华大学 *	28.20
149	中国矿业大学（徐州）	48.76	164	中国科学院大学	17.40
150	河南大学	44.98	165	吉林大学	15.78
151	南京中医药大学	44.96	166	四川大学	14.52
152	中央音乐学院	44.95	167	辽宁大学	10.27
153	西北大学	44.94	168	华南理工大学	4.90
154	对外经济贸易大学	44.90	169	中国音乐学院	2.62
155	南京邮电大学	44.90	170	河北工业大学	2.39

（二）中国内地大学 Facebook 传播力指数分布

Facebook 传播力指数排名靠前的内地大学依次为清华大学、北京大学、北京外国语大学、浙江大学、云南大学、宁波大学、武汉大学、宁夏大学、石河子大学、南京大学。

表 13　内地大学 Facebook 传播力指数

序号	学校名称	得分	序号	学校名称	得分
1	清华大学	100.00	13	内蒙古大学	82.76
2	北京大学	97.64	14	南昌大学	82.34
3	北京外国语大学	91.07	15	西安交通大学	81.87
4	浙江大学	89.81	16	华东师范大学	81.38
5	云南大学	87.43	17	天津大学	80.58
6	宁波大学	86.80	18	天津工业大学	80.49
7	武汉大学	86.62	19	西藏大学	80.48
8	宁夏大学	86.09	20	东华大学	80.08
9	石河子大学	85.21	21	中国石油大学（北京）	79.80
10	南京大学	84.80	22	兰州大学	79.59
11	山东大学	84.68	23	西南大学	78.14
12	上海交通大学	82.96	24	湖南师范大学	77.90

续表

序号	学校名称	得分	序号	学校名称	得分
25	重庆大学	77.87	60	南京农业大学	65.33
26	四川农业大学	77.33	61	北京邮电大学	65.29
27	中国美术学院	77.04	62	暨南大学	65.29
28	北京航空航天大学	76.46	63	上海音乐学院	64.71
29	上海大学	75.82	64	郑州大学	64.47
30	中国科学技术大学	75.26	65	中国药科大学	64.42
31	长安大学	74.08	66	同济大学	64.17
32	中国人民解放军空军军医大学	73.70	67	北京交通大学	63.60
33	安徽大学	73.30	68	北京师范大学	63.46
34	天津医科大学	73.30	69	上海财经大学	62.74
35	南京理工大学	72.88	70	复旦大学	62.57
36	上海海洋大学	72.46	71	东北农业大学	62.42
37	苏州大学	72.02	72	厦门大学	61.89
38	中国人民大学	71.55	73	大连理工大学	61.54
39	北京科技大学	71.54	74	西南石油大学	61.28
40	大连海事大学	70.54	75	华南师范大学	61.27
41	上海外国语大学	70.45	76	武汉理工大学	61.27
42	中国矿业大学（北京）	69.46	77	中国农业大学	61.27
43	海南大学	69.45	78	哈尔滨工业大学	59.99
44	延边大学	69.45	79	北京化工大学	59.98
45	北京林业大学	68.86	80	西北工业大学	59.98
46	华中科技大学	68.37	81	北京体育大学	58.99
47	南京信息工程大学	68.27	82	华中农业大学	58.66
48	哈尔滨工程大学	68.24	83	成都中医药大学	58.58
49	中国传媒大学	68.23	84	南开大学	58.52
50	中国政法大学	68.23	85	青海大学	58.52
51	江南大学	67.56	86	中国海洋大学	58.52
52	中南财经政法大学	67.45	87	华中师范大学	56.98
53	南京航空航天大学	67.29	88	北京理工大学	56.87
54	南京师范大学	66.86	89	北京工业大学	56.84
55	广西大学	66.86	90	电子科技大学	56.61
56	中南大学	66.10	91	首都师范大学	54.86
57	中山大学	66.10	92	陕西师范大学	54.85
58	西南财经大学	66.03	93	中国石油大学（华东）	54.85
59	东南大学	65.33	94	太原理工大学	52.64

序号	学校名称	得分	序号	学校名称	得分
95	中央美术学院	52.46	112	对外经济贸易大学	44.90
96	北京协和医学院	52.45	113	南京邮电大学	44.90
97	北京中医药大学	52.43	114	外交学院	44.90
98	东北林业大学	52.42	115	西北农林科技大学	44.90
99	福州大学	52.42	116	新疆大学	44.90
100	贵州大学	52.42	117	西南交通大学	37.65
101	华东理工大学	52.42	118	广州中医药大学	37.48
102	南京林业大学	49.99	119	成都理工大学	37.48
103	西安电子科技大学	49.45	120	合肥工业大学	37.48
104	河海大学	49.44	121	中国科学院大学	17.40
105	中国地质大学（武汉）	49.31	122	吉林大学	15.78
106	中央民族大学	49.30	123	四川大学	14.52
107	中国矿业大学（徐州）	48.76	124	辽宁大学	10.27
108	河南大学	44.98	125	华南理工大学	4.90
109	南京中医药大学	44.96	126	中国音乐学院	2.62
110	中央音乐学院	44.95	127	河北工业大学	2.39
111	西北大学	44.94			

（三）Facebook 传播力具体指标分布

Facebook 传播力指数权重占总体传播力指数权重的 17%。自有账号建设部分的权重为 12%，其中，是否有官方认证账号占比 1%，好友数量占比 3.6%，一年内发布的内容数量、一年内最高赞数各占比 3.7%。平台传播量部分权重为 5%。

从官方认证账号来看。共有 13 所中国大学 Facebook 账号获得官方认证，分别是北京大学、清华大学、浙江大学、澳门大学、东海大学、台北大学、台湾师范大学、香港城市大学、香港大学、香港科技大学、香港理工大学、香港中文大学、元智大学。其中，3 所内地大学、10 所港澳台大学。

从好友数量方面来看。中国大学账号平均好友数量为 48460。关注人数超过均值的大学共 19 所，占比约为 10.3%。19 所大学中，10 所内地大学、9 所港台大学。本项指标排名靠前的中国大学依次为清华大学、北京大学、浙江大学、南京航空航天大学、中国美术学院、天津大学、北京航空航天大学、北京外国语大学、台湾师范大学、台湾大学。主页好友数量在 100000 人次以上（包括 100000）的大学共 9 所，约占总体的 11%。主页好友数量在 10000~100000 人次（包括 10000）的大学共 32 所，约占总体的 40%。主页好友数量在 1000~10000 人次（包括 1000）的大学共 40 所，约占总体的 49%。

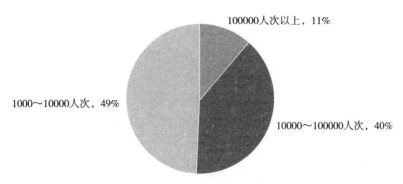

图 21 中国大学 Facebook 账号好友数量分布

从一年内发布的内容数量来看，中国大学年均发布内容 82 条，内容发布数量在平均数以上的大学共 45 所，占比约 24.5%，其中 14 所为内地大学、31 所为港澳台大学。本项指标中排名靠前的中国大学依次为清华大学、澳门大学、北京大学、浙江大学、台湾交通大学、北京外国语大学、台湾大学、高雄科技大学、上海交通大学、辅仁大学。其中，5 所内地大学、5 所港澳台大学。

从一年内最高点赞量来看，中国大学一年内最高点赞量平均为 1025 次，最高点赞量在平均值以上的大学共 21 所，占比约 11.4%，其中 6 所内地大学、15 所港澳台大学。内容获赞数排名靠前的中国大学依次为清华大学、北京大学、高雄医学大学、台湾交通大学、中国医药大学（台湾）、东海大学、上海交通大学、中华大学、上海海洋大学、高雄科技大学。

从正向传播量来看，中国大学一年正向传播量平均为 23 次，正向传播量在平均值以上的大学共 65 所，占比约 35.3%，其中 37 所内地大学、28 所港澳台大学。正向传播量排名靠前的中国大学依次为北京外国语大学、香港科技大学、北京大学、云南大学、逢甲大学、宁波大学、武汉大学、宁夏大学、台湾政治大学、石河子大学，其中 7 所内地大学、3 所港澳台大学。正向传播量在 50 次以上（包括 50 次）的大学共 31 所，在 20～50 次（包括 20 次）的大学共 37 所，在 20 次以下的大学共 116 所。

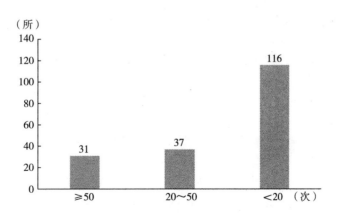

图 22 中国大学 Facebook 正向传播量分布

（四）参照分析

清华大学 Facebook 传播力指数排名位列中国大学之首（指数为 100.00），超过日韩参照大学中排名第一的东京大学（指数为 89.54）。在中国大学中，Facebook 主页好友数量最多者为清华大学（关注人数为 3458229），相较 2020 年增长 41.39%，远超日韩参照大学中关注人数第一的首尔大学（关注人数为 212250）。中国大学 Facebook 账号发布消息最多的是清华大学（一年内发布消息 1650 条），远超日韩参照大学中排名第一的京都大学（一年内发布消息 264 条）。

对比美国参照大学，头部的北京大学、清华大学的 Facebook 平台传播力指数与斯坦福大学的指数之间仅有微弱的差距，已经超越哈佛大学、耶鲁大学、麻省理工学院，对比 2020 年，Facebook 平台传播力指数有了实质性的提升和进步。整体而言，中国大学 Facebook 平台传播力指数与国外大学之间的差距正在缩小。

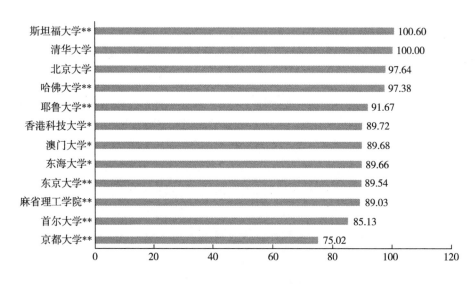

图 23　Facebook 传播力指数参照分析

（五）Facebook 传播力具体案例分析：北京外国语大学

北京外国语大学在 2021 年中国大学中的 Facebook 传播力指数排名第 3 位，与 2020 年的第 134 位相比进步明显。在各项维度的表现上，北京外国语大学好友数量为 138216，一年发布内容 601 条，最高赞数为 3801 次，正向传播量为 100 次，各项数据都在中国大学中名列前茅。北京外国语大学维持着每天更新内容的频率，保持着高活跃度。

北京外国语大学在国际交流和海外传播方面具有得天独厚的优势，不仅拥有丰富的国际教学资源，而且拥有开阔的国际视野和包容开放、多元共存的心态。北京外国语大学充分利用自己的优势特色，捕捉当下受到世界关注的热点话题，加快海外传播的步伐。

在传播形式方面，北京外国语大学多采用图片、视频作为呈现形式，很少有纯文字的内容，符合当今以视觉效果为主的传播趋势。所发布的图片经过精心的挑选和修饰，富有感染力和吸引力；视频长度在 5 分钟以内，简洁明了，互动性强；图片与视频的结合给受众带来视觉、听觉等多种感官的共同体验与享受。例如，北京外国语大学在 2021 年 7 月 1 日发布了一则天津之旅 Vlog，以学生的视角展示天津的自然风光和人文景观，获得了 117 次的赞和收藏以及 1009 次的播放，达到在受众端良好的传播效果，使受众可以通过北京外国语大学这一对外传播的窗口了解中国的风土人情。

图 24　北京外国语大学 Facebook 平台视频帖子截图

在传播的内容方面，北京外国语大学发布的内容以校园的日常生活、美丽景色以及学校的活动庆典为主，语言轻快，富有青春活力。食堂的美食、学生的返校、有趣的社团活

图 25　北京外国语大学 Facebook 平台图文帖子截图（1）

动都是其分享主题。例如，北京外国语大学在 2021 年 9 月 24 日发布了一则学生在操场上举行课外活动的内容，获赞 110 次，展示出学生蓬勃向上的精神风貌和丰富多彩的校园生活。

作为一所拥有众多留学生的外语类高校，北京外国语大学担负着及时传达国际论坛、国际交换、出国留学等信息的职能，因此在 Facebook 平台上所发布的许多内容围绕着国际交流与合作这一主题。例如，北京外国语大学在 2021 年 9 月 17 日发布了一则关于留学生入学信息的帖子，获赞 99 次，及时解答了外国学生入学时的问题与疑惑。

图 26　北京外国语大学 Facebook 平台图文帖子截图（2）

图 27　北京外国语大学 Facebook 平台图文帖子截图（3）

北京外国语大学在 Facebook 平台上还会举办一些文化创意主题活动，如"Let's learn Chinese idioms together!"学习中国成语的栏目，用英文解释中国成语的含义，在国际文化语境中理解中国文化。这一趣味学习活动从细微之处着手，增强受众对中国文化的兴趣，推动中华文化"走出去"，提高中国文化在海外的传播力和影响力。

（六）Facebook 传播力小结

1. Facebook 平台建设整体有所进步

与 2020 年和 2019 年的 Facebook 平台传播力指数相比，中国内地大学名次浮动较大，排名靠前中仅有清华大学、北京大学、浙江大学连续 3 年位列其中。与国外大学相比，中国大学 Facebook 平台传播力指数与国外大学之间的差距逐年缩小，在内容更新的频率以及内容的质量上都有所提升，平台活跃度提高，中国大学对于 Facebook 平台建设的重视程度有喜人进步。

2. 图片、视频成为大学海外传播的主流方式，表现形式丰富

综观各所大学在 Facebook 上发布的内容，大多以图片和视频作为载体，图片和视频的传播方式在碎片化的时间范围内可表达内容最多，受众可以通过图片和视频迅速、直接地获得想要了解的信息。大学在 Facebook 上推送的视频大多以短视频为主，包括以学生为视角制作的 Vlog 系列视频、以学校为视角介绍学校举办的相关活动等，也有相当一部分视频内容突破了宣传学校本身的框架，利用短视频的形式记录中国的时代风貌，从大学的角度讲述中国故事、传播中国文化。此外，北京大学、清华大学等大学还在 Facebook 上进行学校活动的实时直播，且保持着较高的直播频率，进一步拉近与受众之间的距离，使全世界的受众直接、全面地了解中国大学，更具真实性、交互性与传播性，传播范围更广、传播速度更快、传播效果更佳。

3. 学术交流、文化传播类内容受到欢迎，中国大学在 Facebook 上打造出一张海外传播新名片

中国大学在 Facebook 平台上发布关于学术研究的最新进展，以开放包容的心态听取来自全世界的声音，与海内外的学者共同探讨、共同进步。北京大学推出"PKU Research"栏目，定期推送且及时更新学术成果，收到许多好评。除展示学术成果外，各大学也推送了许多文化传播的相关内容，如北京大学推出"Wisdom Wednesday"栏目、北京外国语大学推出"Let's learn Chinese idioms together!"栏目，旨在帮助国外的受众更深层次地理解中国文化，以文载道、以文传声、以文化人。大学以学术交流、文化传播两大领域作为切入口，围绕自身的学术性、文化性定位进行精准传播，全方位、立体化地塑造高校形象，致力于打造出一张张海外传播新名片，探索出一条提升海外传播力的新路径。

八、维度五：中国大学Instagram传播力

Instagram 用户来自世界上不同国家，是大学内容传播、话题讨论、形象塑造等的重要平台。以 Instagram 为平台进行数据统计分析，能够从一个侧面了解中国大学的品牌影响力和在海外的多模态信息传播效果。

（一）中国大学 Instagram 传播力指数分布

Instagram 传播力维度包括是否有官方认证账号、粉丝数量、一年内发布的内容数量、一年内最多回复数量、一年内图文最高点赞量、一年内视频最高点击量 6 个指标，按权重计算指标对应数据，得到 184 所中国大学 Instagram 传播力指数。

Instagram 传播力指数排名靠前的中国大学依次为北京大学、清华大学、上海交通大学、逢甲大学、浙江大学、北京外国语大学、香港浸会大学、香港中文大学、香港城市大学、岭南大学。其中，5 所内地大学、4 所香港地区大学、1 所台湾地区大学。北京大学位居首位，其传播力指数为 100.00。

表 14　中国大学 Instagram 传播力指数

序号	学校名称	得分	序号	学校名称	得分
1	北京大学	100.00	16	北京师范大学	76.41
2	清华大学	97.17	17	上海音乐学院	73.64
3	上海交通大学	92.51	18	华东师范大学	72.31
4	逢甲大学*	89.76	19	台北医学大学*	72.25
5	浙江大学	88.22	20	中国美术学院	71.56
6	北京外国语大学	86.54	21	南京航空航天大学	71.14
7	香港浸会大学*	85.44	22	亚洲大学*	70.79
8	香港中文大学*	83.10	23	天津大学	69.81
9	香港城市大学*	82.15	24	电子科技大学	67.59
10	岭南大学*	81.59	25	南昌大学	67.08
11	香港大学*	81.39	26	上海海洋大学	66.29
12	成功大学*	80.28	27	台湾政治大学*	65.87
13	香港科技大学*	78.60	28	对外经济贸易大学	65.52
14	澳门大学*	78.37	29	东海大学*	65.36
15	高雄科技大学*	76.66	30	西北工业大学	63.07

续表

序号	学校名称	得分	序号	学校名称	得分
31	元智大学＊	62.42	61	山东大学	38.43
32	辅仁大学＊	61.75	62	成都中医药大学	38.25
33	北京航空航天大学	60.95	63	湖南大学	37.83
34	上海大学	60.94	64	中国海洋大学	36.92
35	厦门大学	59.63	65	中国药科大学	36.01
36	华中农业大学	59.32	66	北京交通大学	35.66
37	长庚大学＊	58.98	67	西安电子科技大学	32.97
38	上海外国语大学	58.76	68	南开大学	32.53
39	台湾大同大学＊	58.61	69	中国医药大学（台湾）＊	31.57
40	中国石油大学（北京）	57.15	70	北京体育大学	30.04
41	郑州大学	56.93	71	南京大学	29.54
42	东华大学	56.61	72	中国人民大学	27.84
43	宁波大学	56.10	73	南京中医药大学	26.89
44	北京理工大学	55.83	74	中南大学	25.82
45	四川大学	54.50	75	中国石油大学（华东）	25.81
46	西安交通大学	53.99	76	台湾科技大学＊	23.46
47	中华大学＊	52.47	77	贵州大学	21.41
48	西南石油大学	52.23	78	中国农业大学	20.71
49	阳明大学＊	52.16	79	中央大学＊	18.11
50	复旦大学	51.16	80	南京师范大学	15.27
51	河南大学	50.24	81	中国政法大学	12.89
52	南京邮电大学	50.19	82	西北大学	11.98
53	台湾暨南国际大学＊	49.28	83	长安大学	11.61
54	西南交通大学	46.93	84	中国地质大学（武汉）	10.31
55	台湾大学＊	46.90	85	河海大学	8.83
56	中国科学技术大学	43.21	86	中山大学	8.67
57	东北大学	42.78	87	台湾淡江大学＊	8.67
58	云南大学	42.51	88	中兴大学＊	7.85
59	吉林大学	40.14	89	中正大学＊	3.76
60	兰州大学	40.10	90	大连海事大学	2.17

（二）中国内地大学 Instagram 传播力指数分布

Instagram 传播力指数排名靠前的内地大学依次为北京大学、清华大学、上海交通大学、浙江大学、北京外国语大学、北京师范大学、上海音乐学院、华东师范大学、中国美术学院、南京航空航天大学。南京航空航天大学和华东师范大学自 2020 年上榜以来，2021 年持续排名靠前。相比于 2020 年，北京外国语大学、上海音乐学院为 2021 年新进靠前的大学。北京大学、清华大学、上海交通大学连续两年的 Instagram 传播力指数排名变化较小。

表 15　内地大学 Instagram 传播力指数

序号	学校名称	得分	序号	学校名称	得分
1	北京大学	100.00	32	南京邮电大学	50.19
2	清华大学	97.17	33	西南交通大学	46.93
3	上海交通大学	92.51	34	中国科学技术大学	43.21
4	浙江大学	88.22	35	东北大学	42.78
5	北京外国语大学	86.54	36	云南大学	42.51
6	北京师范大学	76.41	37	吉林大学	40.14
7	上海音乐学院	73.64	38	兰州大学	40.10
8	华东师范大学	72.31	39	山东大学	38.43
9	中国美术学院	71.56	40	成都中医药大学	38.25
10	南京航空航天大学	71.14	41	湖南大学	37.83
11	天津大学	69.81	42	中国海洋大学	36.92
12	电子科技大学	67.59	43	中国药科大学	36.01
13	南昌大学	67.08	44	北京交通大学	35.66
14	上海海洋大学	66.29	45	西安电子科技大学	32.97
15	对外经济贸易大学	65.52	46	南开大学	32.53
16	西北工业大学	63.07	47	北京体育大学	30.04
17	北京航空航天大学	60.95	48	南京大学	29.54
18	上海大学	60.94	49	中国人民大学	27.84
19	厦门大学	59.63	50	南京中医药大学	26.89
20	华中农业大学	59.32	51	中南大学	25.82
21	上海外国语大学	58.76	52	中国石油大学（华东）	25.81
22	中国石油大学（北京）	57.15	53	贵州大学	21.41
23	郑州大学	56.93	54	中国农业大学	20.71
24	东华大学	56.61	55	南京师范大学	15.27
25	宁波大学	56.10	56	中国政法大学	12.89
26	北京理工大学	55.83	57	西北大学	11.98
27	四川大学	54.50	58	长安大学	11.61
28	西安交通大学	53.99	59	中国地质大学（武汉）	10.31
29	西南石油大学	52.23	60	河海大学	8.83
30	复旦大学	51.16	61	中山大学	8.67
31	河南大学	50.24	62	大连海事大学	2.17

（三）Instagram 传播力具体指标分析

Instagram 传播力指数权重占总体传播力指数权重的 15%。其中，是否有官方认证账号占比 1%，一年内发布的内容数量、粉丝数量、一年内图文最高点赞量、一年内视频最高点击量、一年内最多回复数量各占比 2.8%。

从是否有官方认证账号来看，有 90 所中国大学拥有 Instagram 账号，2021 年仍然只有清华大学、北京大学 2 所学校的 Instagram 账号经过官方认证，说明中国大学在 Instagram 传播力建设中仍然缺乏官方认证意识。同时，存在部分大学并无 Instagram 账号运营团队，仅为学生个人以高校名称注册，基本无信息发布的情况。

从一年内发布的内容数量来看，2021 年中国大学 Instagram 账号年均信息发布量 51 条，较 2020 年的 32 条有所上升，达到平均数的大学有 38 所，占比约 20.6%。2021 年 Instagram 大学账号年发布量为 0 的有 123 所大学，占比约 66.8%。账号发布信息数量排名靠前的中国大学依次为北京外国语大学、上海交通大学、清华大学、澳门大学、浙江大学、北京大学、高雄科技大学、成功大学、台北医学大学、华东师范大学。其中，6 所内地大学、3 所台湾地区大学、1 所澳门地区大学。排名前五中有 4 所内地大学，信息发布数量最多的是北京外国语大学，达到了 1125 条，平均每天发布 3 条信息，是大学中发布信息最多的，但是粉丝数量和点赞量较少。10 所大学发布数量平均为 463 条，较 2020 年有明显增长。

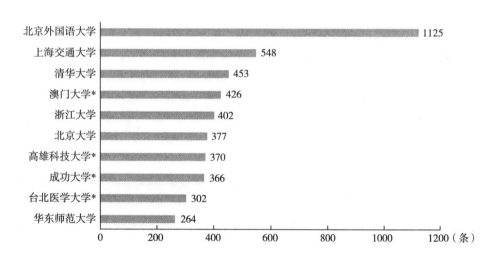

图 28　中国大学 Instagram 发布信息数量排名靠前分布

从粉丝数量来看，中国大学 Instagram 账号平均粉丝数量为 2080 人，粉丝数量在平均数以上的大学共 25 所，占比约 13.6%。该指标排名靠前的中国大学依次为上海交通大学、清华大学、北京大学、香港大学、香港中文大学、香港科技大学、香港浸会大学、浙江大学、香港城市大学、逢甲大学，其中 7 所大学同样在 2020 年排名靠前，较为稳定。

10 所大学粉丝数量平均为 27800 人，较 2020 年的 19314 人有较大增长。10 所大学间粉丝数量差异较大，居第 1 位的上海交通大学与居第 10 位的逢甲大学差值为 52000 人。

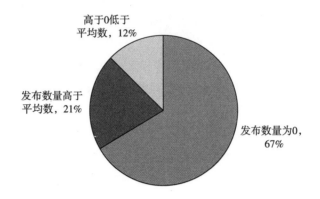

图 29　中国大学 Instagram 发布信息数量

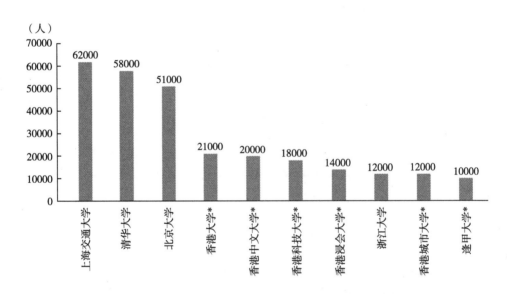

图 30　中国大学 Instagram 账号粉丝数量排名靠前分布

从一年内图文最高点赞量来看，中国大学 Instagram 账号单条内容平均最高点赞量为 532 次，获点赞量高于平均数的大学有 19 所，占比约 10.3%。该指标下排名靠前的中国大学依次为北京大学、清华大学、浙江大学、北京师范大学、上海音乐学院、上海交通大学、香港中文大学、香港城市大学、南京航空航天大学、成功大学。其中，7 所为内地大学、2 所为香港地区大学、1 所为台湾地区大学。10 所大学图文最高点赞量平均为 7972 次，较 2020 年的 4533 次有较大的增长。图文最高点赞量排名第 1 位的是北京大学发布的一条图文，达到 21000 次，清华大学发布的图文最高点赞量达到 20000 次。

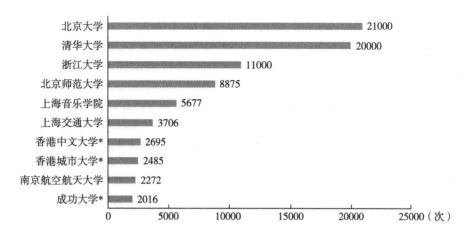

图 31 中国大学 Instagram 发布图文最高点赞量排名靠前分布

从一年内视频最高点击量来看，中国大学 Instagram 账号单条视频信息最高点赞量为 241000 次，是北京大学发布的视频。大学 Instagram 账号单条视频信息平均最高点击量为 3823 次，点击量在平均数之上的大学共 16 所，占比约 8.7%。在 90 所拥有 Instagram 账号的大学中，有 47 所大学 Instagram 账号发布过视频。该指标下排名靠前的中国大学依次为北京大学、香港浸会大学、岭南大学、浙江大学、香港大学、香港中文大学、上海交通大学、清华大学、成功大学、逢甲大学。10 所大学单条视频最高点击量平均为 63800 次，居第 1 位的北京大学与居第 10 位的逢甲大学差值为 227000 次。

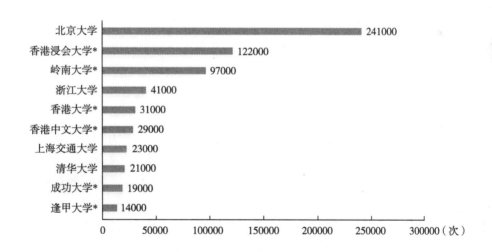

图 32 中国大学 Instagram 发布视频最高点击量排名靠前分布

从一年内最多回复数量来看，一年内，中国大学 Instagram 账号平均获回复 24 条。该指标下排名靠前的中国大学依次为逢甲大学、香港城市大学、上海交通大学、澳门大学、元智大学、香港浸会大学、香港中文大学、对外经济贸易大学、清华大学、北京大学。排名第 1 位的逢甲大学发布的一条抽奖类内容，回复量达到 2886 条。除前 8 所大学外，所有大学单条内容获回复数量均低于 50 条，开设 Instagram 账号的大学中有 61 所大学单条内容获得回复数量低于 10 条。

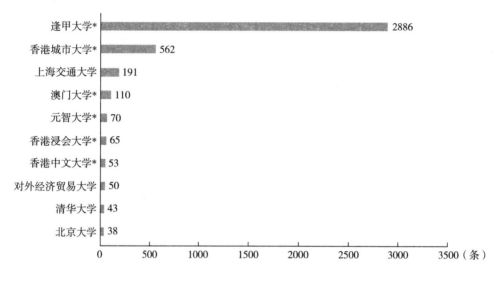

图 33 中国大学 Instagram 单条内容回复数量排名靠前分布

（四）参照分析

中国大学 Instagram 传播力指数最高为北京大学（指数为 100.00），高于日韩参照大学中排名第 1 位的首尔大学（指数为 93.56），与日韩大学相比，中国大学 Instagram 账号建设较好。北京大学、清华大学的 Instagram 传播力指数均高于首尔大学，排名第 3 位的上海交通大学（指数为 92.51）与首尔大学指数相差较小，远超日韩参照大学中的京都大学、东京大学、高丽大学。

粉丝数量方面，中国大学粉丝数量最多的是上海交通大学，为 62000 人次，超过日韩参照大学中粉丝数量最多的首尔大学（粉丝数量为 53000 人次）。发布内容数量方面，北京外国语大学最多，为 1125 条，远超日韩参照大学中发布内容数量最多的首尔大学（年发布内容 216 条），也远超该指标下美国参照大学中发布内容数量最多的麻省理工学院（年发布内容 288 条）。内容点赞量方面，北京大学单条图文最高点赞量均为 21000 次，是日韩参照大学中点赞量最高的首尔大学（最高点赞量为 6912 次）的 3 倍左右。视频最高点击量方面，北京大学单条视频最高点击量最多，为 241000 次，是该指标下日韩参照大学中排名第 1 位的首尔大学（视频最高点击量为 23000 次）的 10 倍左右，也超过该指标下美国参照大学中排名第 1 位的哈佛大学（视频最高点击量为 156000 次）。互动评论方面，逢甲大学单条内容最高回复量最多，为 2886 条，略高于该指标下美国参照大学中排名第 1 位的斯坦福大学（回复数量为 2818 条），远超日韩参照大学中的首尔大学（回复数量为 501 条）。

与美国参照大学相比，中国大学 Instagram 平台建设仍有很大不足。哈佛大学、斯坦福大学、耶鲁大学、麻省理工学院 4 所参照大学的 Instagram 传播力指数均高于北京大学和清华大学，且粉丝数量、图文最高点赞量、回复数量 3 个指标远高于北京大学和清华大学。哈佛大学粉丝数量为 1958000 人次、单条图文点赞数最高为 67000 次、回复数量为 841 条，均远高于中国 Instagram 传播力指数最高的北京大学的各项指标。

内地大学与港澳台大学 Instagram 平台建设差距正在不断缩小，并有赶超趋势。内地大学 Instagram 传播力指数排名第 1 位的北京大学（指数为 100.00）超过港澳台大学排名第 1 的逢甲大学（指数为 89.76）。北京大学单条视频点击量最高为 241000 次，远高于逢甲大学的 14000 次。在发布内容数量、粉丝数量、图文最高点赞量指标中，北京大学分别为 377 条、51000 人次、21000 次，高于逢甲大学的 136 条、10000 人次、1968 次。而在最高回复数量上，逢甲大学以 2886 条回复的数量远超北京大学的最高回复数量 38 条。

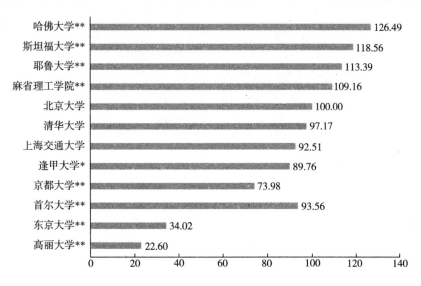

图 34 Instagram 传播力指数参照分析

（五）Instagram 传播力具体案例分析：北京大学

北京大学以传播力指数 100.00 居于中国高校 2021 年 Instagram 传播力指数与排名第 1 位。尽管与美国参照大学相比，北京大学粉丝数量并不占优势，但是北京大学发布视频中最高点击量达到 241000 次，远远高于国外参照大学。北京大学不仅是中国最早进行 Instagram 官方认证的 2 所高校之一，而且在 Instagram 平台上表现优异。

一年来，北京大学更新了 377 条消息，账号活跃度高，平均每天更新 1 条推文。北京大学发布的信息内容有校园标志性建筑风景、学生活动、学术资讯、传统文化、国际交流情况、校友成就等。北京大学在该平台上展示出自信大方的官方形象，在对北京大学进行多方面展示的同时，也反映着中国的伟大发展成就。例如，北京大学发布的关于王亚平作为中国首位执行出舱任务女航天员的图片信息时，获得了 1.5 万次的点赞量。

图 35　北京大学 Instagram 发布图文

北京大学注意到 Instagram 图片社交平台属性，在其主页上发布的图片内容多是经过精心构图、拍摄并进行后期处理的照片，除北京大学这一品牌优势外，照片本身也具有较强的吸引力。猫咪、大熊猫、鸳鸯、鸟雀等是北京大学主页中常常发布的信息，2 张小猫的照片曾分别获得2.1 万次和6 万次的获赞量。而获得24.1 万次视频点击量的视频则是1 条关于北大学子冬天在未名湖上嬉戏，进行各种冰上运动的视频。在这个视频中，体育运动作为一种世界共通的符号，以其更快、更高、更强的奥林匹克运动精神展示着北大学子的自信风姿。

但同时应该注意的是，北京大学发布信息后的评论量较低，与粉丝的互动、获得的反馈较少。北京大学发布信息中一般评论量都在 5 条以内，最高评论量也只有 38 条。在互动方面，北京大学可以借鉴逢甲大学评论区举行抽奖活动、用图片或视频形式积极与粉丝互动等做法，增强粉丝的反馈，建设更加真实立体的北京大学海外形象。

（六）Instagram 传播力小结

1. 内地大学发力，传播力排名有所提升

2021 年 Instagram 传播力指数排名靠前中有 5 所内地大学。从排名靠前的 20 所大学来看，内地大学与港澳台大学的数量变化不大，2020 年排名靠前的 20 所大学中，港澳台大

学占了 12 所，2021 年为 10 所。但是 2020 年港澳台大学集中分布在 3～12 名，2021 年则为 7～15 名。内地大学的传播力有所提升。内地大学在 Instagram 平台上的表现稳步前进，北京大学 2019 年时粉丝数量仅 5589 人次，2020 年时为 39000 人次，2021 年为 51000 人次，较 2020 年增加了 12000 人次。清华大学 2019 年粉丝数量 7761 人次，2020 年为 43000 人次，2021 年为 58000 人次。与 2020 年相比，内地大学的发布信息数量有所增加，账号更加活跃。2021 年中国大学平均发布图文信息数量为 51 条，较 2020 年的 38 条有所上升。而内地大学中发布图文信息量最多的北京外国语大学则表现更加明显，2020 年发布信息 587 条，2020 年发布信息 1125 条，平均每天发布 3 条图文信息。

表 16　2020 年与 2021 年 Instagram 传播力指数排名对比

2020 年	2021 年
清华大学	北京大学
北京大学	清华大学
香港浸会大学 *	上海交通大学
上海交通大学	逢甲大学 *
澳门大学 *	浙江大学
香港中文大学 *	北京外国语大学
香港城市大学 *	香港浸会大学 *
天津大学	香港中文大学 *
逢甲大学 *	香港城市大学 *
亚洲大学 *	岭南大学 *
香港科技大学 *	香港大学 *
中正大学 *	成功大学 *
香港大学 *	香港科技大学 *
中国美术学院	澳门大学 *
南京航空航天大学	高雄科技大学 *
浙江大学	北京师范大学
阳明大学 *	上海音乐学院
成功大学 *	华东师范大学
华东师范大学	台北医学大学 *
中华大学 *	中国美术学院

2. 选取公共符号，减少文化折扣

在 Instagram 平台建设上，各大学都表现出选取具有国际共通意义的公共符号进行展现的趋向。不少大学都选择发布猫咪、萌宠、风景图等具有公共审美意义的图片进行展示，并获得了较多好评。此外，大学在该平台上注重对运动场景的展现，如北京大学曾发布学生划船、滑雪、登山，举办运动会、操场锻炼等多个图文消息。浙江大学、复旦大学、上海交通大学都多次展现学子运动风采。运动作为一项全人类共同参与的活动，有全世界共通的精神内涵。大学运用"运动符号"进行国际传播；既是对学生勇于奋斗、敢于争先、充满朝气与活力的形象的表现，也是对大学本身不断追求进步形象的隐喻。

图36　北京大学发布学子运动图片

同时，大学为减少文化折扣，会选择经常发布和外国留学生相关的图文信息，释放出友好国际交流的信号，并以实际案例展示外国留学生在中国的生活、体验中国传统文化、获得奖励等场景。例如，北京大学曾经发布过外国留学生体验中国古代传统运动——投壶项目的图文信息。综观大学 Instagram 图文信息，各大学大量选择采用外国留学生在中国高校生活的图像展现形象，起到了较好的传播效果。

九、维度六：中国大学YouTube传播力

YouTube 是世界最大的视频网站，作为当前行业内最成功、实力最强大、影响力颇广的在线视频服务提供商，YouTube 的系统每天要处理上千万个视频片段，为全球成千上万的用户提供高水平的视频上传、分发、展示、浏览服务。2021 年 4 月，谷歌表示，YouTube 每月登录用户超过 20 亿人次。同时，YouTube 作为世界第二大搜索引擎，全球每月独立访问者达到 10 亿人次，每天 40 亿浏览量，已经逐渐发展成为一个集合专业新闻报道与用户原创内容的平台。

（一）中国大学 YouTube 传播力指数分布

YouTube 传播力维度包括是否有官方认证账号、订阅数量、一年内发布的内容数量、

一年内最高点击量4个指标。按不同权重计算指标对应数据，得出184所中国大学You-Tube传播力指数分布情况。

YouTube传播力指数排名靠前的中国大学依次为清华大学、复旦大学、上海交通大学、香港中文大学、台湾大学、香港浸会大学、岭南大学、香港理工大学、亚洲大学、台湾交通大学。其中3所内地大学、4所香港地区大学、3所台湾地区大学。2020年排名前3的大学均为港台大学，而2021年中国大学YouTube传播力指数排名的前三甲都被内地大学占据，由此可见内地大学传播力进步明显。清华大学位居首位，其传播力指数为100.00。

中国大学对YouTube平台的使用有所进步，但仍存在很大的增长空间。79所大学拥有YouTube账号，占比约43.0%，相较2020年增长11.3%，21所大学新增注册YouTube账号。在YouTube传播力维度中，中国大学平均指数为38.10，超过平均指数的大学共27所，占比14.7%。

表17 中国大学YouTube传播力指数

序号	学校名称	得分	序号	学校名称	得分
1	清华大学	100.00	22	台湾清华大学*	94.65
2	复旦大学	98.51	23	高雄科技大学*	94.00
3	上海交通大学	98.19	24	云林科技大学*	93.81
4	香港中文大学*	98.07	25	阳明交通大学*	93.45
5	台湾大学*	97.96	26	中华大学*	92.43
6	香港浸会大学*	97.85	27	东吴大学*	92.29
7	岭南大学*	97.57	28	天津大学	92.14
8	香港理工大学*	97.35	29	中央大学*	92.00
9	亚洲大学*	97.18	30	上海外国语大学	91.86
10	台湾交通大学*	97.03	31	华东师范大学	91.86
11	澳门大学*	96.98	32	阳明大学*	91.83
12	香港城市大学*	96.90	33	台湾中山大学*	91.49
13	台北医学大学*	96.83	34	辅仁大学*	91.39
14	成功大学*	96.81	35	台北大学*	91.34
15	香港大学*	96.52	36	台湾暨南国际大学*	91.20
16	北京大学	96.52	37	上海海洋大学	89.89
17	逢甲大学*	96.28	38	西南财经大学	89.74
18	中国美术学院	96.04	39	台湾东华大学*	89.03
19	香港科技大学*	95.78	40	哈尔滨工业大学	89.02
20	浙江大学	95.39	41	西北工业大学	88.93
21	台湾师范大学*	94.70	42	中原大学*	88.68

序号	学校名称	得分	序号	学校名称	得分
43	东华大学	88.36	63	南京信息工程大学	80.63
44	台北科技大学*	87.99	64	中正大学*	80.46
45	同济大学	87.42	65	北京工业大学	80.26
46	中国科学技术大学	87.11	66	电子科技大学	80.07
47	北京外国语大学	87.09	67	武汉大学	79.65
48	南京航空航天大学	87.01	68	南京理工大学	79.57
49	元智大学*	86.93	69	山东大学	79.09
50	重庆大学	86.35	70	北京师范大学	78.94
51	中国石油大学（北京）	86.23	71	河海大学	76.87
52	华南理工大学	86.20	72	石河子大学	76.72
53	长庚大学*	86.10	73	南开大学	73.24
54	东海大学*	86.10	74	北京中医药大学	70.48
55	上海大学	85.89	75	苏州大学	69.35
56	中国科学院大学	85.32	76	宁波大学	69.23
57	西南石油大学	85.23	77	湖南大学	68.50
58	上海财经大学	84.95	78	南京邮电大学	66.80
59	新疆大学	83.44	79	江南大学	53.40
60	彰化师范大学*	80.86	80	河北工业大学	38.83
61	台湾海洋大学*	80.82	81	高雄医学大学	38.83
62	大连理工大学	80.63			

（二）中国内地大学 YouTube 传播力指数分布

YouTube 传播力指数排名靠前的内地大学依次为清华大学、复旦大学、上海交通大学、北京大学、中国美术学院、浙江大学、天津大学、上海外国语大学、华东师范大学、上海海洋大学。

表 18　内地大学 YouTube 传播力指数

序号	学校名称	得分	序号	学校名称	得分
1	清华大学	100.00	7	天津大学	92.14
2	复旦大学	98.51	8	上海外国语大学	91.86
3	上海交通大学	98.19	9	华东师范大学	91.86
4	北京大学	96.52	10	上海海洋大学	89.89
5	中国美术学院	96.04	11	西南财经大学	89.74
6	浙江大学	95.39	12	哈尔滨工业大学	89.02

序号	学校名称	得分	序号	学校名称	得分
13	西北工业大学	88.93	29	北京工业大学	80.26
14	东华大学	88.36	30	电子科技大学	80.07
15	同济大学	87.42	31	武汉大学	79.65
16	中国科学技术大学	87.11	32	南京理工大学	79.57
17	北京外国语大学	87.09	33	山东大学	79.09
18	南京航空航天大学	87.01	34	北京师范大学	78.94
19	重庆大学	86.35	35	河海大学	76.87
20	中国石油大学（北京）	86.23	36	石河子大学	76.72
21	华南理工大学	86.20	37	南开大学	73.24
22	上海大学	85.89	38	北京中医药大学	70.48
23	中国科学院大学	85.32	39	苏州大学	69.35
24	西南石油大学	85.23	40	宁波大学	69.23
25	上海财经大学	84.95	41	湖南大学	68.50
26	新疆大学	83.44	42	南京邮电大学	66.80
27	大连理工大学	80.63	43	江南大学	53.40
28	南京信息工程大学	80.63	44	河北工业大学	38.83

（三）YouTube 传播力具体指标分析

YouTube 传播力指数权重占总体传播力指数权重的 15%，其中，是否有官方认证账号占比 1%、订阅数量占比 4.6%，一年内发布的内容数量、一年内最高点击量各占比 4.7%。

从是否有官方认证账号来看，79 所大学拥有尚未获得官方认证的 YouTube 账号，其他 105 所大学未注册 YouTube 账号。

从订阅数量来看，79 所大学 YouTube 账号订阅数量平均为 1504 人次。订阅数量排名靠前的中国大学依次为清华大学、上海交通大学、香港中文大学、台湾大学、亚洲大学、台湾交通大学、香港浸会大学、台北医学大学、香港理工大学、逢甲大学。其中，8 所港澳台大学、2 所内地大学。

从一年内发布的内容数量来看，57 所大学 YouTube 账号曾发布视频。发布内容数量排名靠前的中国大学依次为复旦大学、成功大学、清华大学、香港大学、浙江大学、北京大学、澳门大学、中国美术学院、上海交通大学、阳明交通大学。其中，4 所港澳台大学、6 所内地大学。

从一年内最高点击量来看，79 所大学 YouTube 账号一年内单条内容最高点击量平均为 10218 次。单条视频最高点击量排名靠前的中国大学依次为清华大学、岭南大学、香港浸会大学、香港城市大学、中国美术学院、香港理工大学、澳门大学、成功大学、台湾大学、香港大学。其中，8 所港澳台大学、2 所内地大学。

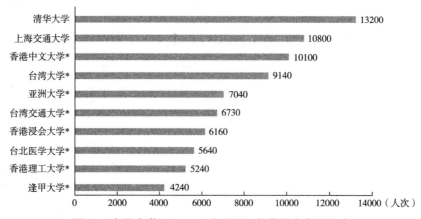

图37　中国大学 YouTube 账号订阅数量排名靠前分布

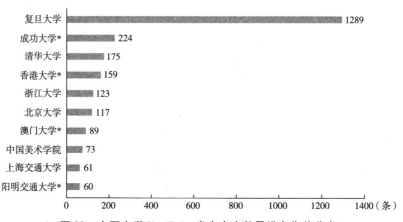

图38　中国大学 YouTube 发布内容数量排名靠前分布

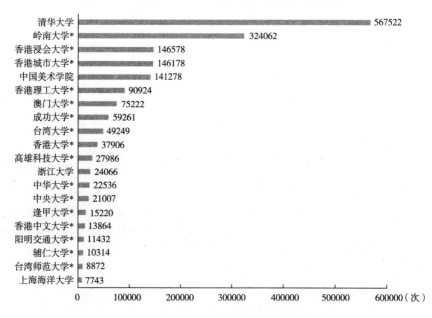

图39　中国大学 YouTube 单条视频点击量排名靠前分布

（四）参照分析

中国大学 YouTube 传播力指数排名第 1 位的清华大学指数为 100.00，一年内发布视频数量、最高视频点击量均超过日韩参照大学中排名第 1 位的首尔大学（指数为 99.54）。在年发布视频数方面，清华大学 2021 年发布视频 175 条，高于日韩参照大学。在单条视频最高点击量方面，清华大学为 567522 次，远超日韩参照大学中最高点击量排名第 1 位的首尔大学（点击量为 332585 次）。在 YouTube 传播力维度下，在包含 8 所参照大学的 192 所大学中，排名靠前中有 10 所港澳台大学，仅清华大学、复旦大学和上海交通大学 3 所内地大学，但这 3 所内地大学排名均在港澳台大学之前，说明内地头部大学 YouTube 传播力发展迅速，其他内地大学仍有待提升。

与美国参照大学相比，中国大学在 YouTube 传播力建设上有所差距。在中国大学与美国参照大学 YouTube 传播力指数的对比中，4 所美国大学排名均在中国大学之前。美国参照大学中，麻省理工学院和哈佛大学 YouTube 账号得到官方认证，中国大学均不具有官方认证账号。哈佛大学订阅数量达 183 万人次，远超清华大学的 1.32 万人次。

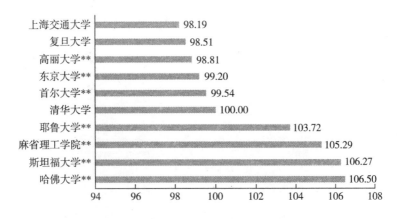

图 40 YouTube 传播力指数参照分析

内地大学 YouTube 平台建设与港澳台大学的差距正在逐步缩小，头部大学进步明显。中国大学 YouTube 传播力指数排名前三均为内地大学。中国大学 YouTube 账号订阅数量分布情况中，内地大学占据排名前两席。发布内容数量方面，复旦大学一年内共发布视频 1289 条，为内地大学最多。清华大学单条视频最高点击量为 567522 次，远超港澳台大学。以上说明在 YouTube 平台上，内地头部大学与港澳台大学的传播力差距正在逐步缩小，甚至有些已经反超港澳台大学。中国大学 YouTube 传播力排名靠前的 10 所大学中，清华大学、复旦大学和上海交通大学 3 所内地大学位列前三，其余 7 所均为港澳台大学，内地头部大学优势明显，其他内地大学仍有进步空间。

（五）YouTube 传播力具体案例分析：清华大学

在中国 184 所大学 YouTube 传播力指数排名中，清华大学成绩亮眼，表现稳定，连续 3 年的 YouTube 传播力指数排名进入中国大学排名前十且持续进步（2019 年排第 6 位，2020 年排第 5 位，2021 年排第 1 位）。2021 年中国大学 YouTube 传播力指数排名中，清华大学以 100.00 分高居榜首。清华大学 YouTube 账号订阅数量达 13200 人次，是中国大学中 YouTube 账号订阅数量最多的高校。其单条视频最高点击量 567522 次，远高于其他中国大学。

清华大学在 YouTube 平台共发布 175 条视频，其内容主要集中于以下三个方面：首先是介绍校园环境、风景建筑、基础设施的视频。从清华大学历史悠久的第三教学楼到设计精巧的新清华学堂，从初雪后的银装素裹到金秋十月的静谧和谐，从极富典雅气质的艺术博物馆到烟火气息浓重的清华食堂，这些视频清晰地勾画出了清华校园的整体情况，向海外网友展现了中国大学的开放包容。其次是记录学校重要新闻、重大事件、学生活动等的视频。2021 年 6 月，清华大学在 YouTube 平台首次介绍了第一位虚拟学生"华智冰"，相关视频在 YouTube 平台获得了 1.3 万次观看，不少网友表示"震撼"、"不可思议"。这些视频作为清华的"大事记"不仅起到记录历史的作用，在塑造清华形象方面也具有重要意义。最后是清华大学教师的讲座视频，此类视频致力于输出清华大学教师的学术观点，展现清华大学在学术科研、教育教学等方面的实力。

图 41　清华大学虚拟学生"华智冰"视频截图

（六）YouTube 传播力小结

1. 内地大学 YouTube 平台建设整体滞后，部分大学账号建设严重缺失

2021 年，中国 141 所内地大学中共有 44 所注册了 YouTube 账号，注册率仅为

31.21%，远低于港澳台大学注册率（86.05%）及国外参照大学注册率。中国内地大学YouTube账号均未获得官方认证，参照大学中的哈佛大学、麻省理工学院拥有经过官方认证的YouTube账号。内地大学YouTube账号订阅数量最多的大学为清华大学，拥有13200人次的订阅者，但其订阅数量远低于参照大学。

　　拥有YouTube账号的44所内地大学的平均发文量为46.77条，仅为参照大学发文量的59.02%；平均点赞量为17300次，低于港澳台大学平均点赞量（29442次），远低于参照大学平均点赞量（182644次）。

　　由此可见，中国内地大学YouTube平台建设整体滞后，在订阅数量、发文量、最高点击量方面与港澳台大学及参照大学都有一定的差距。此外，141所内地大学中有97所大学未注册YouTube账号，平台建设严重缺失。

　　2. 国际化视频更受YouTube用户青睐

　　本报告涵盖的192所大学中，YouTube平台单条视频点击量最高的为清华大学，视频点击量567522次，远超其他大学。该视频是清华大学师生为庆祝中国共产党成立100周年，用多种语言演唱的《国际歌》。截止到2021年10月15日，这条视频在YouTube平台获得了56万次观看量，2万次点赞量，众多网友在评论区互动留言。单条视频最高点击量排名第2位的中国大学为岭南大学，视频点击量324062次。该视频聚焦岭南大学的全球文科学士课程，详细介绍了此类课程的开设原因、主讲教授、核心课程、合作大学、目的意义等，体现了岭南大学在加强国际教学合作、开拓学生国际视野方面做出的努力。由此可见，拥有国际化叙事的视频在YouTube平台的传播力更强。

图42　清华大学视频截图

中国大学在进行海外平台账号建设时应有针对性、有策略、有重点地进行对外传播，传播内容应适应海外受众的接受心理、接受习惯，生产优质传播内容，加强自身形象的塑造；要努力讲好中国故事，承载中国理念，塑造高校品牌，打造国际化形象。

图 43　岭南大学视频截图

十、案例分析

（一）六大平台合力，矩阵传播展现全面清华：清华大学海外网络传播力案例分析

在 2021 年中国大学海外网络传播力指数排名中，清华大学传播力指数为 100.00，第 5 次位居榜首，与美国参照大学的差距较小，远远高于日韩参照大学的海外传播力指数。清华大学作为世界一流大学，海外传播力水平较高，具有较强的国际知名度和世界影响力，在不同海外平台上都有优异的表现。

就六大平台传播力表现而言，清华大学在 Facebook、Twitter、YouTube 位列中国大学第一；在 Google、Wikipedia 位列内地大学第一；在 Instagram 平台仅次于北京大学，位列中国大学第二。清华大学海外传播力平台建设较为全面，在六大平台均有较好的表现，形成了较为完善的传播矩阵，全方位塑造自己的海外形象。

1. 新闻与 Wikipedia 展现全面正向传播

在 Google 英文搜索引擎的 News 分类下检索一年内清华大学相关新闻数量，搜索结果为 4160 条，其中正向新闻有 4056 条，在中国内地大学中是正向新闻量最多、整体呈现较强的正面形象。

清华大学的 Wikipedia 词条中官方定义、历史发展、地址、部门结构、外部链接等要素内容信息齐全，词条链接高达 3350 条，在中国大学中排名居第 2 位；年编辑次数 147 次，在内地大学中排名居第 1 位，补充完善信息较多；一年内参与词条编辑用户数达 30 人次。清华大学 Wikipedia 词条信息完善，受众可以通过 Wikipedia 获取清华大学的全面信息，Wikipedia 详细地介绍了其历史发展过程，并将大学发展与国家发展成就综合展现。Wikipedia 对清华大学学部院系、知名校友、研究生院、学生社团等都有完整的记录。在全面展现学科结构后，还就其中部分院系进行了详细介绍。每年更新的清华大学研究成果和各类高校排名也都及时更新在 Wikipedia 中展现清华大学的综合学术水平。

图 44 清华大学 Wikipedia 截图

2. 官方认证专业运营，社交平台展现多彩清华

清华大学的海外社交网络平台运营成效显著，Twitter、Facebook、Instagram 三大社交平台账号均获得官方认证，Facebook、Twitter、YouTube 传播力指数排名均居中国大学第 1 位，Instagram 传播力指数排名为中国大学第 2 位。在这 4 个海外社交平台上，清华大学的粉丝数量较多，账号活跃度高，定期发布相关内容，并获得较多海外粉丝点赞互动。

就获得官方认证的三大平台而言：截至 2021 年 10 月，其 Twitter 账号拥有 469501 名粉丝，是 Twitter 平台拥有最多粉丝的内地大学。Facebook 账号好友数量为 3458229 人，相较 2020 年（2445875 人）增长了 141.39%，远超日韩参照大学，在本报告全部大学中排名第 3 位，仅次于斯坦福大学和哈佛大学。Instagram 平台粉丝数量为 58000 人，相较 2020 年（43000 人）增长了 134.9%。

图 45　清华大学 Facebook 主页

清华大学一年内发布 Twitter 信息 1819 条、Facebook 信息 1650 条，均在中国大学中发布数量排名居第 1 位，均远超美国和日韩参照大学。尽管其好友数量低于哈佛大学和斯坦福大学，但是清华大学发布的信息最高点赞量却以高达 42396 次居第 1 位，远超其他大学。Instagram 平台一年内清华大学账号发布信息 453 条，与 2020 年发布数量（421 条）相差不大，账号活跃度高，发文频率稳定。

YouTube 传播力指数排名中清华大学在中国大学中居第 1 位。截至 2021 年 10 月，订阅数量 13200 人，视频发布量 174 条，最高点击量 567522 次，但尚未进行官方认证。

图 46　清华大学 Instagram 官方账号及简介

四大海外社交平台中，清华大学均力图多方面展现自身形象。发布信息包括清华大学校园风景、学生活动、学术会议演讲、国际交流等多展现其开放兼容的校园文化。清华大学将自身校园建设与国家文化传承、科技发展水平相结合，向世界展现其科技创新能力，关于清华大学首个虚拟学生"华智冰"的相关信息大获好评。无论是图片社交还是视频社交，清华大学均有优异表现。

（二）高频率更新，学科特色融入国际传播：北京外国语大学海外网络传播力案例分析

北京外国语大学 2021 年在海外网络传播力表现上进步较大，2020 年在国内大学排名中居第 34 位，2021 年在中国大学排名中居前十，在内地大学海外网络传播力排名中居第 5 位。纵观北京外国语大学这一年的表现可以发现，在社交平台进步明显，而其他方面表现有所缺陷。

1. 社交平台账号活跃度高，内容输出量大

北京外国语大学在三大社交平台均有较大的内容输出量，注重内容建设和发布。在 Instagram 平台上以高达 1125 条信息量排名居第 1 位，且远远超过美国和日韩参照大学。Facebook 上发布内容数量达到 601 条，数量次于清华大学（1650 条）、北京大学（694 条）和浙江大学（636 条），且与后两者数量差距较小。在 Twitter 平台上，发布内容数量达到 1150 条，次于清华大学（1819 条）和北京大学（1460 条）。

在发布内容上，北京外国语大学作为外国语类高等院校，注重以国际视野展现自身形象，尤其重视对海外交流部分的展现。就 Instagram 平台发布的内容来看，有很多是校内留学生的日常学习生活和获奖表现。同时，校内学生人物摄影、丰富多彩的学生活动都展现了北京外国语大学兼容并蓄、自由开放的校园。在社交平台上，北京外国语大学发布内容更多偏向学生日常学习生活，食堂美食和校园美景出镜率高。

北京外国语大学还注重社交平台的信息传达作用，在 Facebook 平台上所发布的许多内容围绕着国际交流与合作这一主题。在该平台上进行国际交换与国际留学资讯的发布传

播。例如，北京外国语大学在 2021 年 9 月 17 日发布了一则关于留学生入学信息的帖子，及时解答外国学生入学时的问题与疑惑。

图 47 北京外国语大学 Instagram 平台发布内容

北京外国语大学在社交平台上注重中国传统文化的海外传播，善于利用自身优势特色，在国际语境中诠释中国传统文化，促进中国与世界的交流沟通。例如，北京外国语大学曾在 Facebook 平台和 Instagram 平台同时举办 "Let's learn Chinese idioms together!" 学习中国成语的文化创意活动，以英文解释中国成语，赋予中国传统文化以新意义，用碎片化形式增强海外受众对中国传统文化的兴趣，促进他们对中国文化的理解。

图 48 Instagram 平台发布中国成语内容

图 49　Facebook 平台发布中国成语内容

2. 新闻和百科建设欠缺，社交平台内容质量仍需提升

北京外国语大学由于国际知名度和 QS 排名不如中国传播力排名靠前的其他综合性大学，在 Google 平台新闻数量较少，仅为 216 条，但其负面率为 0，全部是正向传播。就 Wikipedia 建设而言，虽然其官方定义、历史发展、地址、部门结构、外部链接等要素齐全，但是一年内词条被编辑的次数仅为 13 次，仅有 8 人参与了编辑。Wikipedia 更新较少，且词条链接数量也较少，仅为 680 条。北京外国语大学总体传播力在内地大学排名第 5 位，其对比第 4 位上海交通大学链接词条 1482 条，第 6 位复旦大学链接词条 2164 条，差距十分明显。

在发布内容量较大的三大社交平台（Instagram、Facebook、Twitter）上，北京外国语大学的粉丝数量都较少。Instagram 上有 3338 名粉丝，Facebook 上有 138216 名好友，Twitter 上有 5837 名粉丝。YouTube 平台则只有 248 名粉丝，且一年来内容发布数量为 0。尽管北京外国语大学社交平台账号活跃度高，发布内容多，但是其内容质量仍需提升。其在 Instagram 平台发布的内容过于日常化。图片的构图、色彩、画面的呈现都不精美，并不符合 Instagram 图片社交注重图片精致、故事感的基调。该平台上，图文最高点赞量仅 418 次，视频最高点击量仅 725 次，传播效果并不理想。同时，北京外国语大学发布的内容并未形成体系化内容和独特风格，发布的消息较散乱，内容建设仍需要进一步整合。

北京外国语大学在海外社交平台上注重内容发布的数量，其内容数量具有极大优势。在社交媒体时代，频繁活跃的账号更容易使人亲近和点击，也能获得更好的传播力。北京外国语大学虽然粉丝数量较少，在内容建设上存在图片不精美，未能形成体系化、矩阵化，仅靠 Facebook、Instagram、Twitter 三大社交平台发布传播现象，但其作为中国重要的语言类大学，起着沟通国内国际的重要作用，在塑造兼容并蓄、博学笃行的学校形象，促进中国传统文化对外传播的过程中也有不少亮眼表现。

图 50　北京外国语大学 Instagram 平台发布内容

（三）互动优先，宏大叙事与日常生活叙事结合：浙江大学海外网络传播力案例分析

浙江大学 2021 年海外网络传播力指数为 90.16，居中国大学第 3 位，较 2020 年的第 11 位进步较大，有较为优异的海外传播表现。

浙江大学在社交平台上有较为优异的表现，粉丝（好友）数量均较高，粉丝数量是大学海外传播影响力的重要基础。就 Facebook 而言，浙江大学好友数量达到 253747 人，居国内大学排名第 3 位，超过日韩参照大学中好友数量最多的首尔大学（212250 人）。Twitter 粉丝数量达 25979 人，居中国大学排名第 3 位。Instagram 平台粉丝数量达到 12000 人，居内地大学排名第 4 位。

在 Facebook 平台上，浙江大学传播力指数为 89.81，居内地大学排名第 3 位，已经过官方认证，一年内发布信息数量为 636 条，账号活跃度高，更新频繁，且全部为正向传播信息，形象塑造较好。在 YouTube 平台上浙江大学传播力指数为 95.39，居内地大学排名第 6 位，发布视频数量和视频最高点击量均为内地大学排名第 3 位。在 Twitter 平台上，浙江大学以 80.78 的传播力指数排名中国大学第 3 位，一年来发布信息数量达到 565 条，正向传播量 494 条。在 Instagram 平台上，浙江大学传播力指数为 88.22，居内地大学排名第 4 位，一年内发布信息数量 402 条，账号活跃，几乎是日韩参照大学中发布信息数量最多的首尔大学（216 条）的 2 倍，也超过了美国参照大学中发布信息数量最多的麻省理工学院（288 条）。

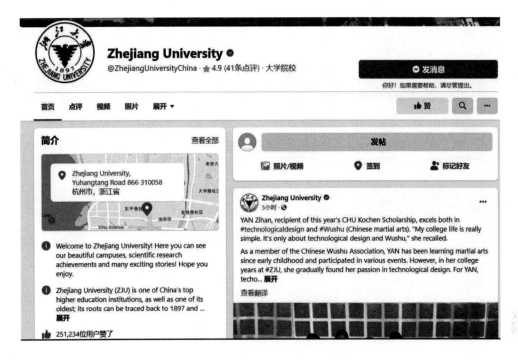

图 51 浙江大学 Facebook 主页

浙江大学在社交平台上发布的信息注重从学生日常生活叙事角度展示校园文化活动、校园学术氛围、高校人才培养等，通过展现浙大学子自信大方的形象来树立学校的形象，更具有接近性，容易让人产生亲近感。例如，在 Instagram 平台上发布的校园宣传短片点击量达到 41000 次，排名居中国大学第 2 位，同时点赞量达到 4237 次。该短片中，浙江大学将大学标志性建筑和学生学习生活细节场景结合，展现了浙江大学求是创新的独特魅力。同时在 Instagram、Twitter 等平台上也有大量关于学生参与运动、在各类活动中的优秀表现的图文视频，这些内容重视与粉丝的互动，且积极运用了投票、评论等平台互动功能。

图 52 浙江大学 Instagram 主页内容

图 53　浙江大学 Instagram 发布内容

在 YouTube 平台上同样注重结合生活日常叙事展现高校形象。YouTube 主页上视频分为 ZJU at a glance、explore ZJU、what's happening、cool tech、arts and culture、Dialogue@ ZJU 6 个板块。其中，explore ZJU 和 what's happening 均是从学生角度进行拍摄，展现学生眼中的浙大。YouTube 上播放量最高的浙江大学招生宣传片也是从一位拿到录取通知书的浙大学子视角进行叙事，讲述其从拿到录取通知书的喜悦到在浙江大学学习的知识、感受的文化氛围，从学生个体的层面展开而非选择宏大叙事，更具有亲近感和吸引力。

浙江大学综合海外网络传播力 2020 年、2021 年排名均居内地大学第 3 位，2021 年反超众多港澳台大学，从中国大学排名第 11 位上升到第 3 位。浙江大学在 6 个平台维度榜单均位列前十，通过对近 7 年的内地大学传播力综合指数排名整理发现，浙江大学 6 次上榜，表现力较佳。浙江大学社交平台账号整体较为活跃，内容比较优质，在社交平台上发布的图文视频皆经过精心挑选，并进行后期处理，内容质量较高，对其自身形象建设和中国海外传播起到了重要作用。但值得注意的是，除 Facebook 平台上浙江大学账号进行了官方认证外，其余社交平台均无官方认证。而且其在 Wikipedia 上部分内容更新迟滞，整体内容较为简略。综合来看，浙江大学可以更多注意把握不同平台的传播特点和规律，综合利用其内容互动性强等突出优势，改善部分平台建设薄弱的短板，以实现更好效果的海外传播和形象塑造。

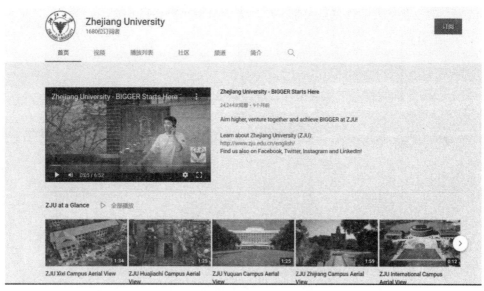

图54 浙江大学 YouTube 主页

十一、结论与分析

（一）清华大学、北京大学、浙江大学位居2021年中国大学海外网络传播力排名前三甲

2021年，中国大学的海外网络传播力综合指数排名靠前的依次是清华大学、北京大学、浙江大学、香港大学、香港城市大学、上海交通大学、香港中文大学、澳门大学、香港科技大学、北京外国语大学。

2021年，内地大学的海外网络传播力综合指数排名靠前的依次是清华大学、北京大学、浙江大学、上海交通大学、北京外国语大学、复旦大学、华东师范大学、中国美术学院、天津大学、中国科学技术大学。

内地大学海外网络传播力综合指数基本呈正态分布。内地141所大学海外传播力综合指数平均为46.84，超过平均值的有63所大学。综合指数大于60的有25所大学，占比17.73%；综合指数在30~60的共有96所大学，占比68.09%；其余20所大学指数小于30，占比14.18%。

（二）清华大学、北京大学、复旦大学连续7年进入排名前十，北京外国语大学、中国科学技术大学重返排名前十

对比近7年内地大学海外网络传播力指数排名靠前的发现：始终稳定在榜单靠前的大

学有清华大学、北京大学、复旦大学。浙江大学上榜次数超过 5 次。

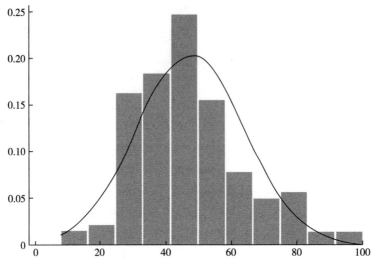

图 55　内地大学海外网络传播力综合指数正态分布

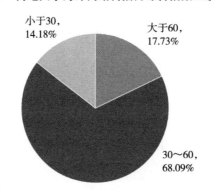

图 56　内地大学海外网络传播力指数分布

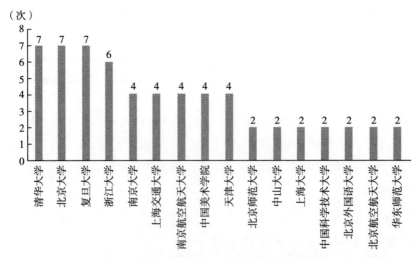

图 57　近 7 年内地大学海外网络传播力综合指数排名靠前的大学上榜次数

　　曾进入过内地大学海外网络传播力排名前十一次的大学有中国人民大学、上海财经大学、中国石油大学、东北大学、南开大学、厦门大学、对外经济贸易大学、四川大学、华中科技大学。2021 年内地大学海外网络传播力综合指数排名中，中国科学技术大学、北京外国语大学回归前十。

表 19　近 7 年内地大学海外网络传播力综合指数排名前十对比

排名	2014 年	2015 年	2017 年	2018 年	2019 年	2020 年	2021 年
1	清华大学	北京大学	清华大学	北京大学	清华大学	清华大学	清华大学
2	北京大学	清华大学	北京大学	清华大学	北京大学	北京大学	北京大学
3	中国人民大学	南开大学	南京大学	中国美术学院	中国美术学院	上海交通大学	浙江大学
4	北京师范大学	复旦大学	复旦大学	南京航空航天大学	浙江大学	浙江大学	上海交通大学
5	上海财经大学	浙江大学	浙江大学	南京大学	天津大学	南京航空航天大学	北京外国语大学
6	复旦大学	厦门大学	南京航空航天大学	浙江大学	南京航空航天大学	天津大学	复旦大学
7	中国石油大学	南京大学	上海交通大学	复旦大学	复旦大学	中国美术学院	华东师范大学
8	中山大学	上海交通大学	中国科学技术大学	天津大学	北京航空航天大学	复旦大学	中国美术学院
9	上海大学	中山大学	对外经济贸易大学	北京航空航天大学	北京师范大学	华中科技大学	天津大学
10	东北大学	上海大学	北京外国语大学	四川大学	南京大学	华东师范大学	中国科学技术大学

（三）内地大学社交平台建设力度加强，社交平台账号活跃度显著提升

　　将 141 所内地大学 2020 年和 2021 年的海外社交平台建设情况进行对比，发现内地大学在 YouTube、Facebook、Twitter、Instagram 等平台的账号注册数量、粉丝（好友）数量、发文量均有不同程度的提高，社交平台账号活跃度显著提升。2020 年 141 所内地大学中仅有 58 所注册了 YouTube 账号，2021 年共有 79 所大学拥有 YouTube 账号，21 所大学新增注册 YouTube 账号，相较 2020 年增长 11.3%；2021 年 Facebook 账号好友数量平均为 48460 人，相较 2020 年增加了 35.74%；2021 年 Twitter 平台有 7 所大学年发文量超过 500 条，16 所大学发文数量在 100～500 条，年发文量高于 100 条的高校共有 23 所，相较 2020 年增加 53.33%；2021 年 Instagram 账号信息发布量年均为 51 条，2020 年为 32 条，Instagram 平台平均年发文量较 2020 年增加 59.38%。

（四）与日韩及港澳台大学相比，清华大学和北京大学头部效应优势明显

将 4 年来内地大学海外网络传播力指数排名第 1 位的大学与同年日韩参照大学第 1 位、港澳台大学第 1 位进行对比，发现内地排名第 1 位的大学传播力明显超过港澳台大学及日韩参照大学，且优势明显。

将内地大学海外网络传播力指数排名第 1 位的大学与同年美国参照大学第 1 位进行对比，发现内地排名第 1 位的大学海外网络传播力与美国参照大学相比虽然仍有一定的差距，但呈显著缩小趋势，内地大学的海外网络传播力建设取得了明显进步。

表 20　2018～2021 年内地大学第 1 位与参照大学传播力指数比较　　单位：%

传播力指数相比	2018 年	2019 年	2020 年	2021 年
内地大学本年第一/内地大学本年第一	100	100	100	100
内地大学本年第一/美国参照大学本年第一	17.4	16.9	27.3	87.09
内地大学本年第一/日韩参照大学本年第一	265.6	245.4	270.3	120.81
内地大学本年第一/港澳台大学本年第一	183.0	236.1	274.3	112.54

（五）学术成果与文化议题成为大学海外网络传播亮点

通过分析 2021 年中国大学在各平台所发布的内容可以发现，大学的学术成果和文化议题受到更多关注和认可。Google 平台上，中国大学的学术创新成果发布、研究重大进展等学术性信息建构起各大学的正面形象，如上海中医药大学通过医学领域的前沿研究成果扭转了 2020 年面对国外媒体质疑的负面形象。Facebook、Instagram、YouTube 等社交平台上，各大学纷纷通过图文、直播等形式同步传播学术成果，其点赞量和评论数明显优于其他内容。

此外，各大学在文化传播层面推出系列主题活动并获得广泛好评，如在 Facebook 平台上，北京大学推出"Wisdom Wednesday"栏目，北京外国语大学推出"Let's learn Chinese idioms together！"栏目，讲好中国文化故事，将其放在国际文化语境中理解和阐释，提升了国际影响力。中国大学应围绕自身定位，以学术和文化作为切入点，推动中华文化走出去，打造国际传播特色。

（六）内地大学社交媒体账号注重具象化传播

内地大学在海外网络传播的过程中逐步转变宏大叙事模式，注重运用具体化、形象化、可触及化的传播方式，倾向于利用体验化、场景化、个体化叙事方式，从日常场景出发让海外受众产生情感强链接，提升海外网络传播效果。在 Facebook 上，北京大学、北京外国语大学等利用 Vlog 形式，以学生为第一视角，融合声音、画面、文字等视听手段，真实还原中国社会与中国大学场景，以场景化方式进行传播。这些作品受众可达性高，在

平台上获得了较高的关注度与互动量。

未来，中国大学在提升海外传播效果的过程中需要进一步创新对外传播的叙事方式，在融入中国文化内涵的同时，切实考虑如何提升传播的艺术性与技术性，使传播内容让国外受众乐于接受和易于理解，增强中国大学海外形象的亲和力与正向性。

（七）内地大学海外网络传播文化符号呈现复合多元化趋势

在社交媒体平台建设上，内地大学从单一文化符号走向复合、多元文化符号结构。传统文化、多语言符号、艺术符号、建筑美学符号、人物符号等引发广泛的社会反响。在 Instagram 平台上，不少大学都选择发布猫咪、萌宠、风景图等具有公共审美意义而非文化意义的图片进行展示，并获得了较多好评。在信息传达方面，中国大学不再是简单地把中文翻译成外文，而是用外国人能够理解的方式把我们的思想准确地表达。在 YouTube 平台上，清华大学发布多种语言演唱的《国际歌》，引发广泛的社会反响。中国美术学院以艺术视觉为符号的宣传视频受到了国外观众的喜爱，视频播放量高达 10 万余次。这些共同话语符号的使用，有效提升了对外话语的感召力与进入共通意义空间的宽容度。信息内容直达国际受众，有力抵消西方媒体"他塑"的噪音，消解认知上的价值偏误，扩大了中国大学在海外的话语声量。

（八）内地大学社交媒体账号整体互动性有待提高

目前来看，中国大学平台互动建设还有很大提升空间，体现在各平台的点赞量、转发量、评论量均较少。在 Twitter 平台上，内地仅 3 所大学转发量超过 100 次，清华大学最高评论数超过 100 条。在 Instagram 和 Facebook 平台上，内地大学的点赞量与港澳台大学和国外大学相去甚远。在 Instagram 平台上，内地大学最高点赞量平均为 559 次，港澳台大学最高点赞量平均为 443 次，国外参照大学最高点赞量平均为 18682 次。在 Facebook 平台上，中国内地大学最高点赞量平均为 620 次，港澳台大学最高点赞量平均为 2355 次，国外参照大学最高点赞量平均为 2703 次。虽然国外参照大学均为世界知名大学，但从中也可以看出，中国大学与国外大学在平台互动量上具有显著差距。

国内大学缺乏与受众进行互动的意识，互动方式单一，鲜少得到受众的回应。各大学在传播内容及形式上已有创新和突破，下一步应当考量如何提高内容触及率，进行有效传播。各大学可采取有奖问答、公开征集等新型互动方式增强与受众之间的联系，提升感召力和说服力，增强传播效果。

（九）内地大学在海外社交平台传播效果差异化显著，各社交媒体平台活跃度冷热不均

通过比较内地大学在 Twitter、Instagram、Facebook 和 YouTube 4 个海外社交平台上的传播力指数差异，发现内地大学在这 4 个社交媒体平台上的传播效果呈现出显著差异，活跃度冷热不均。内地大学的 Facebook 传播力指数均值最高，为 56.04；Instagram 传播力指

数均值最低，为 20.97。由此可见，内地大学 Facebook 传播效果最好，Instagram 传播效果最差。相较于 Instagram、YouTube 两个主要以图片和视频为载体的社交媒体平台，内地大学在 Facebook、Twitter 两个传统社交媒体平台上表现更好。下一步，内地大学应该重视 Instagram 和 YouTube 平台建设，迎合以图片和视频为主的视觉化传播趋势；进一步完善和优化 Facebook 和 Twitter 平台建设，提升中国大学海外网络传播的全球化、精准化和分众化表达，增强国际传播的亲和力和实效性。

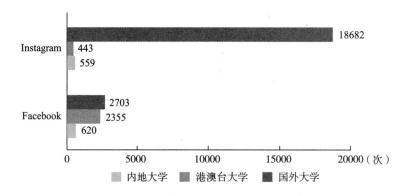

图 58　Instagram 和 Facebook 平台最高点赞量对比

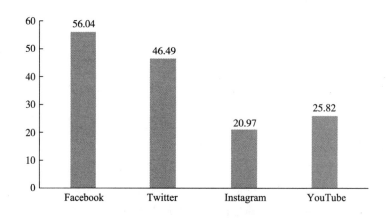

图 59　平台传播力指数差异

第二章 2021 中央企业海外网络传播力建设报告

摘 要

中央企业作为中国经济的重要名片，如何讲好中国故事，传播好企业声音，展示真实、立体、全面的中国经济发展现状，是加强我国国际传播能力建设的重要任务。

课题组选取了国务院国有资产监督管理委员会下属的 96 家中央企业作为研究对象，从集团层面开展研究，并选择《2020 年中国民营企业 500 强》榜单第 1 名的华为技术有限公司与《2020 年世界十大石油公司排名》第 1 名的荷兰皇家壳牌集团作为对比参照。报告选取 Google、Wikipedia、Facebook、Twitter、Instagram、YouTube 6 个平台，挖掘数据并开展分析。

研究发现：2021 年我国中央企业海外网络传播力具有以下特征：

1. 海外网络传播力综合指数排名靠前的中央企业依次为中国东方航空集团有限公司、中国中车集团有限公司、中国移动通信集团有限公司、中国南方航空集团有限公司、中国建筑集团有限公司、中国石油天然气集团有限公司、中粮集团有限公司、中国石油化工集团有限公司、中国电力建设集团有限公司、中国航空集团有限公司。

2. 中国移动通信集团有限公司、中国东方航空集团有限公司、中国南方航空集团有限公司、中国石油化工集团有限公司 4 家中央企业连续 6 年海外网络传播力综合指数排名靠前。

3. 中国建筑集团有限公司、中国石油天然气集团有限公司连续 3 年进步明显，2021 年均进入海外网络传播力综合指数榜单前列。

4. 中国东方航空集团有限公司、中国中车集团有限公司在 5 个维度中排名靠前。中国移动通信集团有限公司、中国石油天然气集团有限公司、中国南方航空集团有限公司、中国建筑集团有限公司在 4 个平台传播力指数排名中均靠前。

5. 基础建设与能源类中央企业海外网络传播力建设呈现逐步提升趋势。其中不仅包括连续 6 年排名靠前的中国石油化工集团有限公司，同时还有连续 3 年进步明显、2021 年共同进入榜单前列的中国建筑集团有限公司和中国石油天然气集团有限公司。它们在国际业务板块上都集中关注落实国家"一带一路"倡议，积极稳步推进全球化运营。

6. "To B"类中央企业海外平台全维度布局，"To C"类中央企业缺位社交媒体建设。例如，直接面向个体消费者（"TO C"）的航空类企业，在社交媒体维护上显得较为重视。而直接面向商业企业（"To B"）的机械制造类公司，在社交媒体平台上的企业宣传就相对薄弱。

7. 中央企业注重使用短视频与多样化互动方式，传播吸引力与互动性显著增强。**例如，中国东方航空集团有限公司在 Twitter、Instagram 和 YouTube 等平台中发布大量短视频内容，传播效果良好，转、评、赞指数较高，该企业的排名位于 2021 年综合指数排名第 1 位。**中国航空集团有限公司、中国东方航空集团有限公司、中国南方航空集团有限公司和中国移动通信集团有限公司等中央企业创新使用多种互动方式，建设效果显著。其中包括游戏互动、趣味提问、公开征稿和商业促销等。

8. 中央企业科技进步引发海外媒体与用户广泛关注。报告发现，当中央企业在某个领域取得重大技术突破时，常常在海外网络平台上引发系列报道和关注。其中不仅包括海外主流媒体、垂直类行业媒体，还包括海外社交平台用户的关注。例如，中国航天科技集团有限公司研制的"嫦娥五号"返回器携带月球样品安全着陆等航天科技成就，不仅引起了"SpaceNews"等媒体的相继报道，而且在 Twitter 平台中受到海外普通用户主动讨论，讨论关键词有"天问一号"、"嫦娥五号"、"长征三号"等。

9. 文化公益类内容助推中央企业传播力提升，但仍需探寻传播新符号。分析发现，一直以来，文化类和公益类内容更能吸引大众，创生大量海外用户的关注，取得较好的传播效果。例如，中国交通建设集团有限公司推出的"爱的形状"公益话题栏目，中国南方航空集团有限公司发布"中国点心"推文，中国东方航空集团有限公司发布的"我最喜欢的中国汉字"推文，均获得了广泛的关注。但企业过度依赖从传统文化中寻找传播的话题，忽视了探寻新颖的传播符号，缺少现代性的话语表达。

10. 中央企业社交媒体整体运营水平有所提高，但与参照企业对比在内容发布的质与量及粉丝互动方面进步空间仍较大。例如，Twitter 平台上所有中央企业账号平均粉丝数量相比 2020 年增长近 91%。但即使是中央企业中粉丝数量最多的中国东方航空集团有限公司，在对标参照企业时，也仅占壳牌集团的 27% 和华为技术有限公司的 2%，未来提升空间较大。

11. 中央企业在三大国外社交平台的入驻率发展趋于平缓，官方认证比例过低。对比近 4 年的数据发现，中央企业在 Twitter、Facebook、Instagram 三大国外社交平台的"入驻率"发展趋于平缓，进行官方认证的中央企业依然较少，仅在 Facebook 平台上有所发展。

一、背景

2021 年 5 月 31 日，习近平总书记就加强我国国际传播能力建设提出明确要求，强调必须加强顶层设计和研究布局，构建具有鲜明中国特色的战略传播体系，着力提高国际传播影响力、中华文化感召力、中国形象亲和力、中国话语说服力、国际舆论引导力。中央企业作为我国经济的重要名片，如何讲好中国故事，传播好中国声音，努力塑造可信、可爱、可敬的中国企业形象，是加强我国国际传播能力建设、提升我国国际传播综合影响力的重要组成部分。

2021 年 2 月 23 日，国务院新闻办举行国企改革发展情况新闻发布会。据介绍，中央企业在海外的资产有约 8 万亿元，在全球 180 多个国家和地区中拥有的机构和项目超过8000 个，海外员工达到 125 万人。"十三五"时期，中央企业实现的海外营业收入超过 24万亿元，利润总额接近 6000 亿元，对外投资收益率达到 6.7%。中央企业如何讲好中国故事，传播好企业声音，展示真实、立体、全面的中国经济发展现状，是加强我国国际传播能力建设的重要任务。

2021 年 1 月召开的中央企业宣传思想工作会议指出：过去一年中央企业抗疫宣传成效显著，重大主题宣传有声有色，社会主义核心价值观广泛弘扬，宣传思想工作在守正创新中取得新突破、在攻坚克难中迈出新步伐，为国资国企发展改革监管和党的建设营造了昂扬向上的良好氛围。进入"十四五"时期，中央企业应做强做优做大国有资本和国有企业、加快建设世界一流企业，为"十四五"开好局、起好步做出更大贡献。随着我国对外开放向纵深挺进，建设世界一流企业不仅要持续增强"工匠精神"硬实力，更要着力提升国际传播软实力。在海外网络平台"聚光灯"下的中央企业如何塑造良好的国际形象，如何更好地传播中国声音，这既是企业自身品牌文化建设问题，也是我国国际传播能力建设的实践要求。在疫情危机持续、全球局势复杂多变的背景下，中央企业的海外传播力建设取得了哪些成果，又面临哪些挑战，未来该如何建设一流企业，是中央企业海外传播建设以及新时代中国国际传播工作的重要课题。

本报告涉及两个核心概念：一是"海外"一词包含地理空间和虚拟空间的双重含义。地理空间维度是指考察对象数据来源于海外网站，是非国内注册成立的网络公司，包括Google、Wikipedia、Twitter、Facebook、Instagram、YouTube 6 个重要互联网平台。虚拟空间维度指网络空间的海外语言内容，限于可行性的要求，选择英语来分析。两个空间有重叠部分，如虚拟空间的英语有可能是从我国境内发出的，只是将英语内容呈现在地理空间的境外网站上。

二是将网络传播力概念理解为三个层次。一是"在场"，是衡量一个机构在互联网场域中出现的体量大小，这是传播力最基础的部分。没有"在场"，就谈不上任何传播力。二是评价，即"在场"内容有没有得到网络空间的关注，得到的关注是正面还是负面的。三是承认，即互联网世界对一个机构传播内容的价值承认程度，虽然不同意但承认，这是国际传播应该努力达到的现实目标。三个层次中，"在场"是基础，只有在"在场"前提下才可能有后面的层次。本报告从第一层次的"在场"和第二层次的"评价"两个维度考察我国中央企业在互联网英文世界中的传播力。

本报告选取 96 家中央企业作为研究样本，通过抓取国际搜索网站和大型社交平台数据，设定具体的维度和指标进行比对分析，以期了解我国企业海外网络传播力现状，提高企业海外网络传播能力，完善我国海外网络传播体系建设，进而提升中国的国际传播实力。

二、方法

（一）数据采集平台

为更科学、更准确地评价中央企业海外网络传播建设的状况，为中央企业国际化经营以及我国国际传播新格局建设提供更具针对性的参考，本报告选取 Google、Wikipedia、Twitter、Facebook、Instagram、YouTube 6 个平台作为中央企业海外网络传播力的考察维度，量化研究中央企业的海外网络传播力现状。

Google 是全球最大的搜索引擎，提供 30 余种语言服务，在全球搜索引擎平台中占据主导地位。Google 是世界范围内英文新闻最大的集合渠道之一，涵盖全球主流媒体的新闻报道，因此以 Google 为平台分析中央企业新闻内容和报道数量具有较高的研究价值和可信度。

Wikipedia 是基于多种语言写成的网络百科全书，也是一个动态的、可自由访问与编辑的全球知识体，拥有广泛的用户群体。Wikipedia 上英文词条完整性能够在一定程度上反映我国中央企业面向全球编辑和完善英文媒体资料的主动性和积极性。

Twitter 是极富典型性和代表性的全球性社交媒体平台，话题讨论多样，参与群体多元。Affde 2021 年 7 月的报告显示（数据来源：Hootsuite），Twitter 日活跃用户达 1.92 亿，受众覆盖世界多地。Twitter 为受众提供了一个公共讨论平台，不同地理空间的信息都可以通过社交网络传播扩散，有着很强的国际影响力。国际网站 Alexa.com 显示，Twitter 影响力远远高于论坛、博客等自媒体平台，对 Twitter 中的中央企业自身建设和全平台传播数据进行统计，可在一定程度上反映中央企业在海外普通用户群体中的传播深度与广度。

Facebook 是以"熟人"社交模式主打的社交媒体平台，用户可以利用该平台发布各类内容，与拥有共同兴趣的好友交流讨论观点、分享网络信息。Facebook 的投资者报告显示，Facebook 已覆盖 200 多个国家和地区，每日有 17.3 亿用户访问，27.01 亿月活跃用户。Facebook 的官方主页是企业宣传和吸引粉丝的重要阵地，其平台的数据统计在一定程度上可以反映中央企业海外传播的触达范围、触达深度以及认同程度。

Instagram 不同于传统社交媒体，它更专注图片分享，主推图片社交，深受年轻人欢迎。自问世以来其用户数量一直保持高速增长，每月有超过 10 亿人次使用 Instagram，在海外青年群体中影响力较强。Instagram 的"Stories"是一个特色功能，Affde2021 年 9 月的报告显示，每天有 5 亿人次使用这一功能，也是中国企业宣传的重要渠道。以 Instagram 为平台进行数据统计分析，能够从一个侧面了解中央企业的品牌影响力和在海外的多模态信息传播效果。

  YouTube 是海外主要视频网站，用户可在平台内自主上传和浏览全球范围的视频内容。YouTube 新闻报道，平台每月有 20 亿活跃用户，每日用户超过 3000 万人次，每月有超过 30 亿次的搜索量，是全球规模最大和最有影响力的视频网站，深受不同群体用户青睐。在 YouTube 平台上进行视频传播可以做到快速、大范围扩散，吸引不同国家用户成为企业品牌粉丝。分析 YouTube 平台的数据在一定程度上可以反映中央企业借助视频形式进行跨文化传播和沟通的效果与能力。

（二）指标

  本报告采用德尔菲法设立指标和权重。首先，选取 Google、Wikipedia、Twitter、Facebook、Instagram、YouTube 6 个平台作为考察维度；其次，对每个维度设立具体指标，通过赋予各项指标不同权重，计算评估我国中央企业的海外网络传播力综合指数。6 个维度共有二级指标 25 个，逐一赋予权重进行量化统计分析，得出 96 家中央企业的海外网络传播力综合指数得分。

表 1 指标体系权重分布   单位：%

维度	指标		权重	
Google	新闻数量（正面新闻）		25	25
Wikipedia	词条完整性		2.5	10
	一年内词条被编辑的次数		2.5	
	一年内参与词条编辑的用户数		2.5	
	链接情况（What Links Here）		2.5	
Twitter	自有账号建设	是否有官方认证账号	1	20
		粉丝数量	4	
		一年内发布的内容数量	4	
		一年内最高转发量	3	
		一年内最多评论数	3	
	平台传播量	正向传播量	5	
Facebook	是否有官方认证账号		1	15
	好友数量		5	
	一年内发布的内容数量		5	
	一年内最高点赞数		4	

维度	指标	权重	
Instagram	是否有官方认证账号	1	15
	粉丝数量	2.8	
	一年内发布的内容数量	2.8	
	一年内最多回复数量	2.8	
	一年内图文最高点赞数量	2.8	
	一年内视频最高点击量	2.8	
YouTube	是否有官方认证账号	1	15
	订阅数量	4.6	
	一年内发布的内容数量	4.7	
	一年内最高点击量	4.7	

相较于2020年中央企业的海外网络传播力指标体系，本次报告在往年"自有账号建设"维度平行增加了"平台传播量"维度，包括"正向传播量"指标，并采用专家法对指标体系进行调整。正如前文所述，"网络传播力"可分为"在场"、"评价"和"承认"三个层次。新增"正向传播量"维度，即是从"评价"维度考察我国中央企业在互联网英文世界中的传播力。而对其考察，也主要是借助大数据挖掘分析法，即使用 Python 爬虫程序，以企业英文全称为关键词，从海外社交媒体平台中检索、收集推文数据，并对获取的推文信息进行正负面判断。在研究进展阶段，Facebook 为平台转型发展删除部分历史数据，因此中央企业在 Facebook 平台中检索文本数量整体偏少且存在平台筛选现象，为保证结果的科学性与公平性，并未考察"Facebook 正向传播量"这一指标，只对 Twitter 平台正向传播量进行了挖掘分析。

（三）算法

中央企业海外网络传播力综合指数的测量是由各个筛选指标乘以相应系数加权后相加得到的，具体算法如下：

$$x_j = \frac{\sum_{i=1}^{6} \beta_i y_{ij}}{\max\limits_{j} \left(\sum_{i=1}^{6} \beta_i y_{ij} \right)} \times 100$$

其中，$x_j \in [0, 100]$：中央企业 j 的海外传播力综合得分。

β_i：任意一级指标的权重，$i = 1, 2, 3, 4, 5, 6$。

$$y_{1j} = \frac{\log\left(\frac{z_{1j}}{\max\limits_{j}(z_{1j})} \times 10000 + 1 \right)}{\max\limits_{j}\left(\log\left(\frac{z_{1j}}{\max\limits_{j}(z_{1j})} \times 10000 + 1 \right) \right)}$$：中央企业 j 在 Google 上的网络传播力得分，

其中 z_{1j} 是中央企业 j 在 Google 上的正面数值。

$$y_{2j} = \frac{\log\left(1 + \sum_{k=1}^{4} \alpha_{2k}\left(\frac{z_{2j}^k}{\max_j(z_{2j}^k)} \times 100\right)\right)}{\max_j\left(\log\left(1 + \sum_{k=1}^{4} \alpha_{2k}\left(\frac{z_{2j}^k}{\max_j(z_{2j}^k)} \times 100\right)\right)\right)} : 中央企业 j 在 Wikipedia 的网络传播力$$

得分，其中 z_{2j}^k 是中央企业 j 在 Wikipedia 任意二级指标的数值，α_{2k} 为一级指标 Wikipedia 下任意二级指标的权重，$k = 1, 2, 3, 4$。

$$y_{3j} = \frac{\log\left(1 + 100\sum_{k=1}^{6} \alpha_{3k}\left(\frac{z_{3j}^k}{\max_j(z_{3j}^k)} \times 100\right)\right)}{\max_j\left(\log\left(1 + 100\sum_{k=1}^{6} \alpha_{3k}\left(\frac{z_{3j}^k}{\max_j(z_{3j}^k)} \times 100\right)\right)\right)} : 中央企业 j 在 Twitter 的网络传播力$$

得分，其中 z_{3j}^k 是中央企业 j 在 Twitter 任意二级指标的数值，α_{3k} 为一级指标 Twitter 下任意二级指标的权重，$k = 1, 2, 3, 4, 5, 6$。

$$y_{4j} = \frac{\log\left(1 + 100\sum_{k=1}^{6} \alpha_{4k}\left(\frac{z_{4j}^k}{\max_j(z_{4j}^k)} \times 100\right)\right)}{\max_j\left(\log\left(1 + 100\sum_{k=1}^{6} \alpha_{4k}\left(\frac{z_{4j}^k}{\max_j(z_{4j}^k)} \times 100\right)\right)\right)} : 中央企业 j 在 Facebook 的网络传播$$

力得分，其中 z_{4j}^k 是中央企业 j 在 Facebook 任意二级指标的数值，α_{4k} 为一级指标 Facebook 下任意二级指标的权重，$k = 1, 2, 3, 4, 5, 6$。

$$y_{5j} = \frac{\log\left(1 + 1000\sum_{k=1}^{6} \alpha_{5k}\left(\frac{z_{5j}^k}{\max_j(z_{5j}^k)} \times 100\right)\right)}{\max_j\left(\log\left(1 + 1000\sum_{k=1}^{6} \alpha_{5k}\left(\frac{z_{5j}^k}{\max_j(z_{5j}^k)} \times 100\right)\right)\right)} : 中央企业 j 在 Instagram 的网络传$$

播力得分，其中 z_{5j}^k 是中央企业 j 在 Instagram 任意二级指标的数值，α_{5k} 为一级指标 Instagram 下任意二级指标的权重，$k = 1, 2, 3, 4, 5, 6$。

$$y_{6j} = \frac{\log\left(1 + 100\sum_{k=1}^{4} \alpha_{6k}\left(\frac{z_{6j}^k}{\max_j(z_{6j}^k)} \times 100\right)\right)}{\max_j\left(\log\left(1 + 100\sum_{k=1}^{4} \alpha_{6k}\left(\frac{z_{6j}^k}{\max_j(z_{6j}^k)} \times 100\right)\right)\right)} : 中央企业 j 在 YouTube 的网络传播$$

力得分，其中 z_{6j}^k 是中央企业 j 在 YouTube 任意二级指标的数值，α_{6k} 为一级指标 YouTube 下任意二级指标的权重，$k = 1, 2, 3, 4$。

（四）数据采集时间

本报告中 Google、Wikipedia、Twitter、Facebook、Instagram、YouTube 6 个维度 25 个二级指标的采集时间均为 2020 年 10 月 15 日至 2021 年 10 月 14 日，覆盖时间为一年整。

（五）分析对象选择

本报告选取了国务院国有资产监督管理委员会管辖的 96 家中央企业作为研究对象。相较于 2020 年公布的 97 家中央企业名单，2021 年经国务院批准，中央企业发生以下变更：原机械科学研究总院集团有限公司更名为中国机械科学研究总院集团有限公司；中国中化控股有限责任公司由原中国中化集团有限公司与中国化工集团有限公司联合重组而成；中国普天信息产业集团有限公司整体并入中国电子科技集团有限公司，成为其全资子企业；新增中国电气装备集团有限公司和中国卫星网络集团有限公司 2 家中央企业，中国西电集团有限公司整体划入中国电气装备集团。本研究从集团层面开展研究，只采集集团层面的相关数据，不对具体集团的子公司数据进行采集。

对中央企业的 Google、Wikipedia、Twitter、Facebook、Instagram、YouTube 6 个维度的考察，均使用其英文名称进行搜索，大部分企业的英文名称包含前缀 "China"，或使用中文名称的音译，如 "China Huaneng Group"（中国华能集团有限公司），因此其英文名称具有唯一性，可以直接对应到该企业；个别企业英文名搜索会存在无关信息混入的情况，我们通过人工筛选的方法以确定其准确网址。

表 2　中央直属企业名单及英文名称

中文名称	英文名称	缩写	中文名称	英文名称	缩写
中国移动通信集团有限公司	China Mobile Communications Group Co.，Ltd	CHINA MOBILE	中国民航信息集团有限公司	China Travel Sky Holding Company	TravelSky
中国电力建设集团有限公司	Power Construction Corporation of China	POWERCHINA	中国中钢集团有限公司	Sinosteel Group Corporation Limited	SINOSTEEL
中国东方航空集团有限公司	China Eastern Airlines Co.，Ltd	CEAH/CHINA EASTERN	中国信息通信科技集团有限公司	China Information Communication Technologies Group Corporation	CICT
中国中车集团有限公司	CRRC Corporation Limited	CRRC	中国保利集团有限公司	China Poly Group Corporation Limited	Poly Group
中国南方航空集团有限公司	China Southern Airlines Company Limited	CSAH/CHINA SOUTHERN	中国旅游集团有限公司〔香港中旅（集团）有限公司〕	China Tourism Group〔China National Travel Service Group Corporation Limited〕	CTS
中国建筑集团有限公司	China State Construction Engineering Corporation	CSCEC	中国大唐集团有限公司	China Datang Corporation Limited	CDT
中国石油化工集团有限公司	China Petrochemical Corporation	SINOPEC	国家开发投资集团有限公司	State Development & Investment Group Co Ltd	SDIC

续表

中文名称	英文名称	缩写	中文名称	英文名称	缩写
中国医药集团有限公司	China National Pharmaceutical Group Co.，Ltd.	SINOPHARM	中国通用技术（集团）控股有限责任公司	China General Technology (Group) Holding Co Ltd	GENERTEC
中国铁路工程集团有限公司	China Railway Engineering Group Limited	CREC	中国电子信息产业集团有限公司	China Electronics Corporation	CEC
中国航空集团有限公司	China National Aviation Holding Corporation Limited	AIR CHINA	鞍钢集团有限公司	Ansteel Group Corporation	ANSTEEL
中国第一汽车集团有限公司	China FAW Group Corporation	FAW	中国五矿集团有限公司	China Minmetals Corporation	MINMETALS
中国交通建设集团有限公司	China Communications Construction Company Limited	CCCC	中国兵器装备集团有限公司	China South Industries Group Co.，Ltd.	CSGC
中国石油天然气集团有限公司	China National Petroleum Corporation	CNPC	国家石油天然气管网集团有限公司	China Oil & Gas Pipeline Network Corporation	PipeChina
中国联合网络通信集团有限公司	China United Network Communications Group Co.，Ltd	CHINA UNICOM	中国盐业集团有限公司	China National Salt Industry Corporation	CNSIC
中国海洋石油集团有限公司	China National Offshore Oil Corporation	CNOOC	南光（集团）有限公司［中国南光集团有限公司］	Nam Kwong (Group) Company Limited	Nam Kwong
中国电信集团有限公司	China Telecommunications Corporation	CHINA TELECOM	中国铁路物资集团有限公司	China Railway Materials Group Corporation	CRM
中国远洋海运集团有限公司	China COSCO SHIPPING Corporation Limited	COSCO SHIPPING	中国化学工程集团有限公司	China National Chemical Engineering Group Corporation Limited	CNCEC
国家电力投资集团有限公司	State Power Investment Corporation Limited	SPIC	中国铁路通信信号集团有限公司	China Railway Signal & Communication Corporation Limited	CRSC
中粮集团有限公司	China National Cereals, Oils and Foodstuffs Corporation	COFCO	中国储备粮管理集团有限公司	China Grain Reserves Group Ltd. Company	SINOGRAIN

中文名称	英文名称	缩写	中文名称	英文名称	缩写
中国航空工业集团有限公司	Aviation Industry Corporation of China, Ltd.	AVIC	中国中煤能源集团有限公司	China National Coal Group Corp.	ChinaCoal
中国铝业集团有限公司	Aluminum Corporation of China	CHINALCO	中国华录集团有限公司	China Hualu Group Co., Ltd.	Hualu
中国有色矿业集团有限公司	China Nonferrous Metal Mining (Group) Co., Ltd	CNMC	国家能源投资集团有限责任公司	China Energy Investment Corporation	CHN ENERGY
国家电网有限公司	State Grid Corporation of China	SGCC	中国一重集团有限公司	China First Heavy Industries	CFHI
中国长江三峡集团有限公司	China Three Gorges Corporation	CTG	中国黄金集团有限公司	China National Gold Group Co., Ltd.	China Gold
中国核工业集团有限公司	China National Nuclear Corporation	CNNC	新兴际华集团有限公司	Xinxing Cathay International Group Co, . Ltd.	XXCIG
中国机械工业集团有限公司	China National Machinery Industry Corporation (Ltd)	SINOMACH	中国航空油料集团有限公司	China National Aviation Fuel Group Limited	CNAF
中国铁道建筑集团有限公司	China Railway Construction Group Co., Ltd.	CRCC	中国节能环保集团有限公司	China Energy Conservation and Environmental Protection Group	CECEP
中国建材集团有限公司	China National Building Material Group Co., Ltd.	CNBM	中国航空器材集团有限公司	China Aviation Supplies Holding Company	CASC
东风汽车集团有限公司	Dongfeng Motor Corporation	DFM	中国钢研科技集团有限公司	China Iron & Steel Research Institute Group	CISRI
中国船舶集团有限公司	China State Shipbuilding Corporation Limited	CSSC	中国诚通控股集团有限公司	China Chengtong Holdings Group Ltd.	CCT/CHINA CHENGTONG
中国广核集团有限公司	China General Nuclear Power Corporation	CGN	中国国际技术智力合作集团有限公司	China International Intellect-ech Group Co., Ltd.	CIIC
中国华能集团有限公司	China Huaneng Group Co., Ltd	CHINA HUANENG	中国融通资产管理集团有限公司	China Rong Tong Asset Management Group Corporation Limited	CRTC
中国能源建设集团有限公司	China Energy Engineering Co., Ltd	CEEC	中国农业发展集团有限公司	China National Agricultural Development Group Co., Ltd.	CNADC
哈尔滨电气集团有限公司	Harbin Electric Corporation	HE	有研科技集团有限公司	GRINM Group Corporation Limited	GRINM

中文名称	英文名称	缩写	中文名称	英文名称	缩写
中国航天科工集团有限公司	China Aerospace Science and Industry Corporation	CASIC	中国林业集团有限公司	China Forestry Group Corporation	CFGC
中国航天科技集团有限公司	China Aerospace Science and Technology Corporation	CASC	中国国际工程咨询有限公司	China International Engineering Consulting Corporation	CIECC
中国宝武钢铁集团有限公司	China Baowu Steel Group Corporation Limited	BAOWU	矿冶科技集团有限公司	BGRIMM Technology Group	BGRIMM
中国商用飞机有限责任公司	Commercial Aircraft Corporation of China, Ltd.	COMAC	中国煤炭地质总局	China National Administration of Coal Geology	CCGC
中国华电集团有限公司	China Huadian Corporation Ltd.	CHD	中国国新控股有限责任公司	China Reform Holdings Corporation Ltd.	CRHC
中国兵器工业集团有限公司	China North Industries Group Corporation Limited	NORINCO GROUP	中国安能建设集团有限公司	China Anneng Construction Group Co., Ltd	CHINA ANNENG
中国航空发动机集团有限公司	Aero Engine Corporation of China	AECC	中国冶金地质总局	China Metallurgical Geology Bureau	CMGB
中国建筑科学研究院有限公司	China Academy of Building Research	CABR	中国检验认证（集团）有限公司	China Certification & Inspection (Group)	CCIC
华润（集团）有限公司	China Resources (Holdings) Co., Ltd.	CRC	中国建设科技有限公司	China Construction Technology Consulting Co., Ltd	CCTC
中国东方电气集团有限公司	Dongfang Electric Corporation	DEC	中国煤炭科工集团有限公司	China Coal Technology & Engineering Group	CCTEG
招商局集团有限公司	China Merchants Group	CMG	中国卫星网络集团有限公司	China Satellite Network Group Co., Ltd	
中国电子科技集团有限公司	China Electronics Technology Group Corporation	CETC	中国中化控股有限责任公司	China Sinochem Holding Co., Ltd	Sinochem Holdings
中国南方电网有限责任公司	China Southern Power Grid Company Limited	CSG	中国机械科学研究总院集团有限公司	China Academy of Machinery Science and Technology Group	CAM
华侨城集团有限公司	Overseas Chinese Town Holdings Company	OCT Group	中国电气装备集团有限公司	China Electric Equipment Group Co., Ltd	

（六）参考系选择

本报告同时选择了《2020 年中国民营企业 500 强》榜单第 1 名的华为技术有限公司

（英文名称：Huawei Technologies Co., Ltd，缩写：HUAWEI）与《2020 年世界十大石油公司排名》第 1 名的荷兰皇家壳牌集团（英文名称：Royal Dutch /Shell Group of Companies，缩写：RDS）作为参照分析。因为绝对数值一直处于波动状态，所以在中央企业对比参考企业进行相对数值的分析时，采用百分比的形式，并将华为公司作为 1 进行比较。

三、中央企业海外网络传播力综合指数

（一）96 家中央企业海外传播力综合指数分布

本报告整理并汇集我国 96 家中央企业在 Google、Wikipedia、Twitter、Facebook、Instagram 和 YouTube 6 个维度 25 个指标数据，通过综合模型计算分析得出海外网络传播力综合指数。

在这 96 家企业中，综合指数得分最高的是中国东方航空集团有限公司（100.00），其后依次是中国中车集团有限公司（98.96）、中国移动通信集团有限公司（97.80）、中国南方航空集团有限公司（97.48）、中国建筑集团有限公司（95.10）。民航和通信类企业在海外网络传播力方面依然居于领先地位。

表 3　96 家中央企业海外网络传播力综合指数

序号	企业名称	得分	序号	企业名称	得分
1	中国东方航空集团有限公司	100.00	15	国家电网有限公司	64.80
2	中国中车集团有限公司	98.96	16	中国铁道建筑集团有限公司	64.59
3	中国移动通信集团有限公司	97.80	17	东风汽车集团有限公司	64.15
4	中国南方航空集团有限公司	97.48	18	中国铁路工程集团有限公司	63.69
5	中国建筑集团有限公司	95.10	19	中国交通建设集团有限公司	62.70
6	中国石油天然气集团有限公司	92.58	20	中国东方电气集团有限公司	62.57
7	中粮集团有限公司	83.93	21	中国海洋石油集团有限公司	62.26
8	中国石油化工集团有限公司	80.75	22	中国长江三峡集团有限公司	61.04
9	中国电力建设集团有限公司	80.53	23	哈尔滨电气集团有限公司	59.66
10	中国航空集团有限公司	77.47	24	中国远洋海运集团有限公司	58.92
11	中国电信集团有限公司	76.65	25	国家电力投资集团有限公司	57.62
12	中国联合网络通信集团有限公司	74.98	26	招商局集团有限公司	56.73
13	中国铝业集团有限公司	67.65	27	中国第一汽车集团有限公司	55.49
14	中国机械工业集团有限公司	66.61	28	中国核工业集团有限公司	54.72

续表

序号	企业名称	得分	序号	企业名称	得分
29	中国航天科技集团有限公司	54.26	62	中国一重集团有限公司	27.09
30	中国华电集团有限公司	51.92	63	中国兵器装备集团有限公司	25.93
31	中国航空工业集团有限公司	51.67	64	中国检验认证（集团）有限公司	24.61
32	华润（集团）有限公司	49.47	65	中国黄金集团有限公司	24.38
33	中国广核集团有限公司	47.10	66	中国华录集团有限公司	24.24
34	中国电子信息产业集团有限公司	47.09	67	中国旅游集团有限公司〔香港中旅（集团）有限公司〕	23.68
35	中国建材集团有限公司	47.08	68	中国诚通控股集团有限公司	22.97
36	中国华能集团有限公司	46.76	69	国家开发投资集团有限公司	22.94
37	中国中钢集团有限公司	46.45	70	中国节能环保集团有限公司	22.81
38	中国通用技术（集团）控股有限责任公司	45.97	71	南光（集团）有限公司〔中国南光集团有限公司〕	22.70
39	中国船舶集团有限公司	43.67	72	中国化学工程集团有限公司	22.66
40	中国大唐集团有限公司	43.22	73	中国国际技术智力合作集团有限公司	22.47
41	中国医药集团有限公司	43.10	74	中国储备粮管理集团有限公司	22.40
42	中国商用飞机有限责任公司	42.11	75	中国卫星网络集团有限公司	22.23
43	中国航天科工集团有限公司	41.62	76	矿冶科技集团有限公司	22.00
44	中国电子科技集团有限公司	40.52	77	中国建筑科学研究院有限公司	21.55
45	中国五矿集团有限公司	37.27	78	华侨城集团有限公司	20.98
46	中国兵器工业集团有限公司	37.21	79	有研科技集团有限公司	20.79
47	中国中化控股有限责任公司	37.05	80	中国铁路通信信号集团有限公司	20.03
48	中国宝武钢铁集团有限公司	36.42	81	中国冶金地质总局	16.87
49	中国航空器材集团有限公司	35.73	82	中国煤炭科工集团有限公司	16.03
50	中国能源建设集团有限公司	35.40	83	中国民航信息集团有限公司	15.27
51	国家石油天然气管网集团有限公司	35.06	84	中国铁路物资集团有限公司	14.71
52	鞍钢集团有限公司	34.94	85	中国农业发展集团有限公司	14.29
53	国家能源投资集团有限责任公司	34.83	86	中国航空油料集团有限公司	14.28
54	中国有色矿业集团有限公司	34.77	87	新兴际华集团有限公司	14.01
55	中国航空发动机集团有限公司	32.77	88	中国钢研科技集团有限公司	13.25
56	中国南方电网有限责任公司	32.16	89	中国建设科技有限公司	13.04
57	中国中煤能源集团有限公司	30.20	90	中国国新控股有限责任公司	12.24
58	中国林业集团有限公司	30.11	91	中国电气装备集团有限公司	11.09
59	中国国际工程咨询有限公司	28.63	92	中国融通资产管理集团有限公司	7.92
60	中国保利集团有限公司	27.59	93	中国安能建设集团有限公司	6.58
61	中国盐业集团有限公司	27.25			

注：未列出企业指数为0。下同。

（二）参照系比较

中央企业海外网络传播力综合指数排名第 1 位的是中国东方航空集团有限公司（传播力指数：100），但其仍低于参照企业华为技术有限公司（传播力指数：132.45）以及荷兰皇家壳牌集团（传播力指数：128.74）。

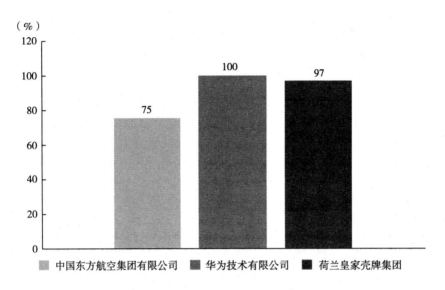

图 1 海外网络传播力综合指数参照

四、维度一:中央企业Google传播力

通过在 Google 搜索引擎的新闻检索，了解中央企业在国外英文网站上新闻出现的总体数量，以及正面新闻与负面新闻的占比，从而整体把握中央企业在海外的受关注程度。

（一）Google 传播力得分

Google 传播力指数维度包括 Google 新闻数量（正面新闻）1 个指标，占总指数权重的 25%。共有 7 位编码员对新闻内容进行分析，7 位编码员的信度为 90.6%，较为可信。

在 Google 英文搜索引擎的 News 分类下，采用输入双引号加中央企业英文全称的方法，即"中央企业英文全称"，限定搜索时间为 2020 年 10 月 15 日到 2021 年 10 月 14 日，得到各企业的新闻数量。通过内容分析，筛选负面新闻，从新闻总数中进行删减。

中央企业 Google 搜索的平均新闻量为 1078 条。其中 Google 搜索量最高的是中国移动通信集团有限公司，有 7840 条新闻信息。

1. Google 传播力指数得分分布

Google 传播力指数得分靠前的中央企业依次是中国移动通信集团有限公司、中国中车集团有限公司、中国联合网络通信集团有限公司、招商局集团有限公司、中国商用飞机有限责任公司。

表 4　中央企业 Google 传播力指数

序号	企业名称	得分	序号	企业名称	得分
1	中国移动通信集团有限公司	100.00	29	中国五矿集团有限公司	72.31
2	中国中车集团有限公司	99.62	30	中国船舶集团有限公司	72.02
3	中国联合网络通信集团有限公司	93.15	31	中国有色矿业集团有限公司	71.92
4	招商局集团有限公司	90.49	32	哈尔滨电气集团有限公司	70.51
5	中国商用飞机有限责任公司	89.37	33	中国宝武钢铁集团有限公司	70.20
6	中国航空器材集团有限公司	88.51	34	中国电信集团有限公司	69.25
7	中粮集团有限公司	88.48	35	中国第一汽车集团有限公司	69.08
8	中国航空集团有限公司	87.95	36	中国铁路工程集团有限公司	68.23
9	中国石油天然气集团有限公司	85.43	37	国家电力投资集团有限公司	68.03
10	东风汽车集团有限公司	85.10	38	中国兵器工业集团有限公司	67.83
11	中国铁道建筑集团有限公司	85.06	39	中国航天科工集团有限公司	67.50
12	中国东方航空集团有限公司	84.55	40	中国中钢集团有限公司	66.88
13	中国南方航空集团有限公司	84.00	41	中国电子科技集团有限公司	66.62
14	中国航空工业集团有限公司	83.98	42	中国南方电网有限责任公司	66.38
15	中国建筑集团有限公司	83.51	43	中国铝业集团有限公司	66.09
16	中国医药集团有限公司	82.67	44	中国石油化工集团有限公司	65.00
17	中国长江三峡集团有限公司	81.29	45	中国大唐集团有限公司	64.18
18	国家电网有限公司	80.61	46	中国建材集团有限公司	63.68
19	中国海洋石油集团有限公司	80.29	47	中国华能集团有限公司	62.90
20	中国交通建设集团有限公司	79.47	48	中国冶金地质总局	62.22
21	中国航天科技集团有限公司	76.00	49	中国华录集团有限公司	61.16
22	中国远洋海运集团有限公司	75.95	50	中国华电集团有限公司	60.56
23	中国电力建设集团有限公司	75.64	51	中国能源建设集团有限公司	60.19
24	鞍钢集团有限公司	74.25	52	国家石油天然气管网集团有限公司	59.96
25	中国核工业集团有限公司	73.63	53	中国国际技术智力合作集团有限公司	59.87
26	中国东方电气集团有限公司	73.62	54	中国中煤能源集团有限公司	59.62
27	中国电子信息产业集团有限公司	72.86	55	中国旅游集团有限公司〔香港中旅（集团）有限公司〕	58.68
28	中国广核集团有限公司	72.79	56	中国机械工业集团有限公司	58.42

续表

序号	企业名称	得分	序号	企业名称	得分
57	中国中化控股有限责任公司	58.33	75	中国国新控股有限责任公司	45.13
58	国家开发投资集团有限公司	58.05	76	矿冶科技集团有限公司	45.10
59	国家能源投资集团有限责任公司	57.88	77	中国盐业集团有限公司	41.79
60	中国航空发动机集团有限公司	55.08	78	中国检验认证（集团）有限公司	41.79
61	中国保利集团有限公司	53.33	79	南光（集团）有限公司[中国南光集团有限公司]	40.41
62	中国兵器装备集团有限公司	53.31	80	中国铁路通信信号集团有限公司	38.73
63	中国化学工程集团有限公司	53.09	81	中国诚通控股集团有限公司	37.51
64	中国储备粮管理集团有限公司	53.08	82	中国黄金集团有限公司	37.36
65	中国通用技术（集团）控股有限责任公司	49.83	83	中国节能环保集团有限公司	27.12
66	中国卫星网络集团有限公司	49.52	84	中国铁路物资集团有限公司	25.78
67	中国钢研科技集团有限公司	48.88	85	中国农业发展集团有限公司	25.78
68	华侨城集团有限公司	48.36	86	中国航空油料集团有限公司	24.28
69	有研科技集团有限公司	48.36	87	中国安能建设集团有限公司	24.28
70	中国建筑科学研究院有限公司	48.00	88	中国民航信息集团有限公司	20.35
71	中国国际工程咨询有限公司	47.03	89	中国煤炭科工集团有限公司	17.85
72	中国林业集团有限公司	46.40	90	中国电气装备集团有限公司	17.85
73	华润（集团）有限公司	46.28	91	中国建设科技有限公司	9.47
74	中国一重集团有限公司	45.24			

2. 参照系比较

中央企业 Google 传播力指数得分第 1 位的是中国移动通信集团有限公司（100.00），但与华为技术有限公司和荷兰皇家壳牌集团相比存在差异。华为技术有限公司的得分为 104.96，是中国移动通信集团有限公司的 1.05 倍；而荷兰皇家壳牌集团的得分为 110.84，是中国移动通信集团有限公司的 1.11 倍。

（二）Google 传播力案例分析

中国移动通信集团有限公司（以下简称中国移动）在 Google 传播力指数排名中居第 1 位，连续 3 年位居前列，表现突出且稳定（2019 年指数排名第 2 位，2020 年指数排名第 6 位）。在 Google 中搜索"CHINA MOBILE"，共得出 7840 条结果，经过抽样筛选，负面新闻比例为 8%，其新闻内容主要围绕企业发展和中美博弈展开。

其新闻报道中一部分描述和反映了中国移动借力 5G 技术，拥有庞大的用户群体，并产生了可观的收益。还有与爱立信公司、诺基亚公司、华为技术有限公司等企业合作，建设全球企业物联网连接，具有可持续发展动力。

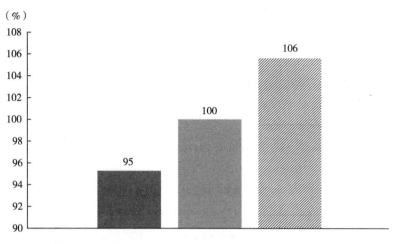

图 2　**Google** 传播力指数参照

图 3　中国移动在 **Google** 中检索的代表性新闻（1）

图 4　中国移动在 **Google** 中检索的代表性新闻（2）

　　另一部分则主要围绕美国政府对于中国通信类企业的制裁展开。描述中国移动等通信企业被拉入黑名单、被迫于纽交所摘牌退市以及所面临的相关危机等。大部分的新闻以描述情况为主，如《华尔街日报》对这一新闻进行了系列报道。同时，也有对美国政府这一行为持反对态度的媒体，如 *Financial Times* 表示这一行为不会给中国及其企业带来较大的负面影响。

WSJ Wall Street Journal

MSCI Drops Chinese Stocks on U.S. Blacklist

That means some of the largest stocks that could potentially have been affected by the order—such as China Mobile Ltd. , which has a roughly $117 billion...

2020年12月16日

WSJ Wall Street Journal

China Mobile to List in Shanghai as It Departs NYSE

In January, China Mobile shares fell to their lowest level since 2006, but they have since regained some ground. The Hong Kong listing has already enabled some...

2021年5月18日

FT Financial Times

Why Trump's attempt to delist China from US will backfire

China Mobile office in Beijing, on January 8 China Mobile, China Telecom, and China Unicom have substantial assets and revenues, financial backing by China,...

2021年1月12日

图5　中国移动在 Google 中检索的代表性新闻（3）

（三）Google 传播力小结

1. 中美博弈成为中央企业在海外主流媒体报道中的高频关联主题

在本报告调查的一年时间内，中美博弈涉及多家中央企业，成为影响中央企业海外传播力的重要因素。在 Google 中，中美博弈成为相关企业新闻报道的重要议题。例如，华为技术有限公司、中国移动通信集团有限公司、中国联合网络通信集团有限公司、中国航空工业集团有限公司等的新闻报道中都有涉及中美博弈的议题。

需要特别说明的是，由于这类事件属于政治博弈，与企业自身行为无关，并且该类新闻是基于某种政治倾向和社会立场，因此编码员在对这些新闻进行编码时不做负面判断。但在 Google 中，相关企业涉及这一主题的报道占比较高。

NYSE to Delist Chinese Telco Giants on U.S. Executive Order

China Mobile Ltd., China Telecom Corp Ltd., China Unicom Hong Kong Ltd. will be suspended from trading between Jan. 7 and Jan. 11, and proceedings to delist...

2020年12月31日

图 6　中美博弈在 Google 中检索的代表性新闻

2. 企业成效与技术进步助推中央企业获得广泛关注与肯定

中国中央企业在海外传播的过程中，其经济成效与技术进步是海外媒体关注的重点之一，其中，不少中央企业的技术突破引发广泛的关注与认可。

例如指数排名第 2 位的中国中车集团有限公司（以下简称中国中车）在 2021 年 7 月推出了时速 600 公里的超高速磁悬浮列车，这一消息引发海外媒体的广泛关注。例如，Global Times、Trains 等媒体相继发布相关新闻。

China's CRRC unveils first maglev train, capable of 373 mph

QINGDAO, China — Rail manufacturer CRRC has built its first maglev train, capable of a top speed of 600 kilometers per hour (373 mph).

2021年7月20日

World's speediest 600 km/h maglev rolls off assembly line in E ...

CRRC technicians spent 19 months developing the magnetic poles for whirlpool brakes on the maglev train, which can be recycled in an -25 C to 170 C environment...

2021年7月20日

图 7　中国中车在 Google 中检索的代表性新闻

航空航天类的中央企业，虽然受到美国政府的制裁，但其技术突破和科技成就有目共睹。例如，中国航天科工集团有限公司的"嫦娥五号"机器人探测器在月球悬挂国旗；第二次成功发射新型长征 A7 并推出 CH－817 微型监视和攻击垂直起降无人机等。这类成就获得了包括 SpaceNews 在内的多家海外媒体关注与报道。

SN SpaceNews

China successfully launches new Long March 7A on second ...

(CASC), the country's main space contractor, confirmed launch success 40 minutes later (Chinese). The payload was the Shiyan-9, or "experiment-9", technology...

2021年3月11日

图8 中国航空航天类中央企业在 Google 中检索的代表性新闻

五、维度二：中央企业Wikipedia传播力

Wikipedia 是一个基于多语言写成的网络百科全书，也是一个动态的、可自由访问的、允许全球用户参与编辑的全球知识体。Wikipedia 英文词条完整性在一定程度上反映中央企业面向全球完善媒体资料的主动性和积极性，编辑频率和链接数量体现企业与用户间的沟通交流情况。

（一）Wikipedia 传播力得分

Wikipedia 传播力指数维度包括 4 个指标，占总指数权重的 10%。其中，词条完整性、一年内词条被编辑的次数、一年内参与词条编辑的用户数、链接情况各占 2.5%。

中央企业 Wikipedia 词条普及率较高，词条完整性和编辑、链接情况较 2020 年有所增长，但整体编辑次数和参编人数仍偏低。其中，80 家中央企业有 Wikipedia 词条，词条普及率为 83.3%。词条平均编辑次数为 15 次，年平均参编用户数为 8 人。在链接方面，平均关联链接数为 130 条，2021 年的整体指标均较 2020 年有所上升。

1. Wikipedia 传播力得分分布

Wikipedia 传播力指数得分靠前的中央企业依次是中国南方航空集团有限公司、中国东方航空集团有限公司、中国第一汽车集团有限公司、中国移动通信集团有限公司、中国医药集团有限公司。

表5 中央企业 Wikipedia 传播力指数

序号	企业名称	得分	序号	企业名称	得分
1	中国南方航空集团有限公司	100.00	3	中国第一汽车集团有限公司	87.79
2	中国东方航空集团有限公司	97.31	4	中国移动通信集团有限公司	87.71

序号	企业名称	得分	序号	企业名称	得分
5	中国医药集团有限公司	85.81	38	哈尔滨电气集团有限公司	73.83
6	中国联合网络通信集团有限公司	85.72	39	中国储备粮管理集团有限公司	73.83
7	招商局集团有限公司	84.36	40	中粮集团有限公司	73.76
8	中国航天科技集团有限公司	83.55	41	中国五矿集团有限公司	73.50
9	东风汽车集团有限公司	83.29	42	中国铝业集团有限公司	73.28
10	中国海洋石油集团有限公司	83.19	43	华润（集团）有限公司	73.14
11	中国航空工业集团有限公司	82.79	44	中国一重集团有限公司	73.13
12	中国远洋海运集团有限公司	82.52	45	中国南方电网有限责任公司	73.08
13	中国兵器工业集团有限公司	82.46	46	中国融通资产管理集团有限公司	73.03
14	国家电网有限公司	81.77	47	鞍钢集团有限公司	72.93
15	中国石油天然气集团有限公司	81.76	48	中国建材集团有限公司	72.78
16	中国中车集团有限公司	81.55	49	国家能源投资集团有限责任公司	72.53
17	中国商用飞机有限责任公司	80.56	50	华侨城集团有限公司	72.52
18	中国中化控股有限责任公司	80.42	51	中国有色矿业集团有限公司	72.44
19	中国船舶集团有限公司	79.82	52	中国通用技术（集团）控股有限责任公司	72.38
20	中国电信集团有限公司	79.19	53	南光（集团）有限公司 〔中国南光集团有限公司〕	72.34
21	中国航天科工集团有限公司	79.12	54	中国航空器材集团有限公司	72.16
22	中国石油化工集团有限公司	78.82	55	中国华电集团有限公司	71.99
23	中国铁道建筑集团有限公司	78.46	56	中国中煤能源集团有限公司	71.89
24	中国核工业集团有限公司	77.93	57	中国民航信息集团有限公司	71.89
25	中国电子科技集团有限公司	77.24	58	中国保利集团有限公司	71.85
26	中国广核集团有限公司	76.68	59	中国中钢集团有限公司	71.77
27	中国建筑集团有限公司	76.66	60	中国黄金集团有限公司	71.59
28	中国宝武钢铁集团有限公司	76.14	61	中国电子信息产业集团有限公司	71.52
29	中国能源建设集团有限公司	75.58	62	中国交通建设集团有限公司	71.25
30	中国华能集团有限公司	75.47	63	新兴际华集团有限公司	71.23
31	中国长江三峡集团有限公司	75.18	64	中国铁路物资集团有限公司	71.19
32	中国航空发动机集团有限公司	75.12	65	中国盐业集团有限公司	71.04
33	中国东方电气集团有限公司	74.70	66	中国航空油料集团有限公司	70.92
34	中国航空集团有限公司	74.15	67	中国旅游集团有限公司 〔香港中旅（集团）有限公司〕	70.80
35	国家石油天然气管网集团有限公司	74.15	68	中国铁路通信信号集团有限公司	70.74
36	中国机械工业集团有限公司	74.13	69	有研科技集团有限公司	70.74
37	中国林业集团有限公司	74.06	70	中国华录集团有限公司	70.55

续表

序号	企业名称	得分	序号	企业名称	得分
71	中国化学工程集团有限公司	70.10	76	中国电力建设集团有限公司	67.80
72	中国兵器装备集团有限公司	69.84	77	中国国际工程咨询有限公司	67.79
73	国家电力投资集团有限公司	69.82	78	中国农业发展集团有限公司	67.25
74	中国诚通控股集团有限公司	68.84	79	中国节能环保集团有限公司	66.86
75	中国大唐集团有限公司	68.56	80	国家开发投资集团有限公司	66.31

2. 参照系比较

中央企业 Wikipedia 传播力指数排名得分第 1 的中国南方航空集团有限公司（100.00）低于华为技术有限公司（110.05）和荷兰皇家壳牌集团（101.88），华为技术有限公司的得分是中国南方航空集团有限公司的 1.1 倍，荷兰皇家壳牌集团的得分是中国南方航空集团有限公司的 1.0 倍。

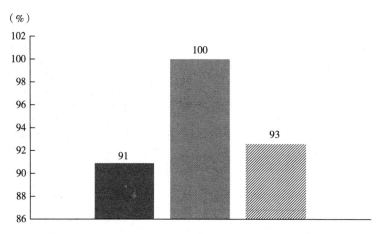

图 9 Wikipedia 传播力指数参照

（二）Wikipedia 传播力具体指标分析

对中央企业 Wikipedia 传播力的考察主要分为两个层面：一是词条完整性，主要通过是否包含官方定义、历史发展、地址和外部链接 4 项指标统计；二是中央企业英文 Wikipedia 词条在最近一年的受关注程度，主要通过被编辑次数和参与编辑的用户数以及各企业的 Wikipedia 英文词条与其他词条的链接情况体现。

在词条完整性方面，有 64 家中央企业的词条包含官方定义、历史发展、地址和外部链接 4 项指标，词条构建较为完善，占总体的 66.7%。

在词条编辑方面，中央企业的词条编辑次数和参编用户数总体偏少，不同企业差异较大。在词条编辑次数方面，除 2020 年破百的中国南方航空集团有限公司 2021 年仍然破百（192 次）外，中国东方航空集团有限公司（169 次）也突破 100 次，其他中央企业的年编辑次数仍小于 100 次。在参编用户数量方面，中国南方航空集团有限公司为 63 人，其他中央企业的词条编辑人数都在 50 人以下，总体水平较 2020 年有所下降。中央企业词条年平均编辑次数为 15 次，比 2020 年多 3 次，年平均参编用户数为 8 人，比 2020 年多 3 人。

词条编辑情况统计中 Wikipedia 传播力指数得分第 1 的中国南方航空集团有限公司，其编辑次数和参编用户数量均低于华为技术有限公司与荷兰皇家壳牌集团。在词条编辑次数方面，中国南方航空集团有限公司是华为技术有限公司的 72.7%，是荷兰皇家壳牌集团的 79.7%。在词条编辑人数方面，中国南方航空集团有限公司是华为技术有限公司的 31.7%，是荷兰皇家壳牌集团的 54.8%。

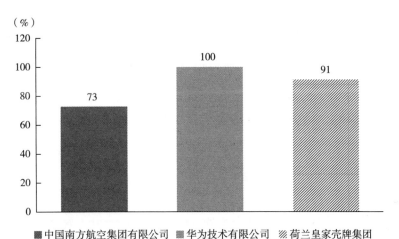

图 10 Wikipedia 编辑次数比较

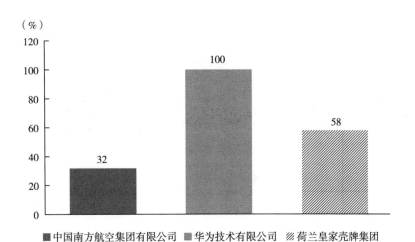

图 11 Wikipedia 参与编辑人数比较

在词条的链接方面，中央企业平均关联链接 130 条。中国东方航空集团有限公司的词条关联链接数（1169 条）最高，超过了参照企业，是华为技术有限公司的 121.3%，是荷兰皇家壳牌集团的 371.1%。

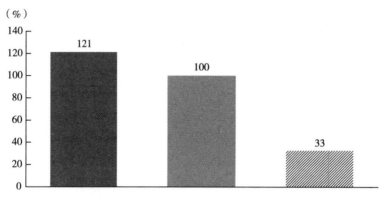

（％）

■ 中国东方航空集团有限公司　■ 华为技术有限公司　▨ 荷兰皇家壳牌集团

图 12　Wikipedia 链接情况比较

（三）Wikipedia 传播力案例分析

中国南方航空集团有限公司（以下简称南航）在 Wikipedia 传播力上整体表现较好。南航在 Wikipedia 平台上的建设与传播主要表现在以下几点：

第一，词条完整性方面：南航的 Wikipedia 词条较完整，除官方定义、历史发展、企业地址、外部链接等关键的企业信息介绍外，南航的内容介绍还囊括了文化、服务、机队、航点、评价、运营数据等类目，企业介绍全面丰富。

第二，词条编辑情况方面：最近一年内，南航在 Wikipedia 上的词条共被编辑 192 次，相较 2020 年增加 75 次，共有 63 位用户参与编辑，相较 2020 年增加 28 人，提升明显。一年内的编辑次数和参与编辑的用户数量直接影响中央企业 Wikipedia 传播力的总排行情况，反映出一个企业对于 Wikipedia 平台的更新和维护的积极程度。总体来看，南航对企业信息维护具有较高的主动性。

第三，词条链接方面：南航共被外部链接引用 1152 次，较 2020 年增加 331 次，在中央企业内排名位列第 2。企业的链接数量越多，表明其可以出现在更多的词条介绍中，南航对外交流互动频繁，具有更大的潜在传播影响力。

（四）Wikipedia 传播力小结

1. 中央企业在 Wikipedia 的传播力较 2020 年整体有小幅提升，但增长较缓

最近一年内，中央企业的传播力整体比 2020 年有所提升。词条完整性由 2020 年的 59.8% 上升至 66.7%。词条年平均编辑次数比 2020 年多 3 次，年平均参与编辑用户数量

比 2020 年多 3 人。在链接方面，平均关联链接数比 2020 年多 11 条，各项指标均较 2020 年有所上升。各项传播力指标都有增长，但幅度较小，总体上中央企业在 Wikipedia 上的建设提升较缓。

2. 部分企业传播力进步明显，部分企业表现稳定

有多家中央企业最近一年内在 Wikipedia 上的传播力进步明显。例如，在 2021 年的传播力指数得分靠前的中央企业中，中国第一汽车集团有限公司由 2020 年的第 15 名升至第 3 名；中国医药集团有限公司首次进入传播力排行榜，且位于第 5 名；招商局集团有限公司由第 26 名升至第 7 名；中国航天科技集团有限公司由第 18 名升至第 8 名；东风汽车集团有限公司由第 25 名升至第 9 名；中国海洋石油集团有限公司由第 32 名升至第 10 名。中国移动通信集团有限公司和中国联合网络通信集团有限公司表现较为稳定，依然排名靠前。

3. 部分中央企业忽视 Wikipedia 平台传播力建设

Wikipedia 上的企业信息关系到企业对外形象的塑造和传播，建设并维护好 Wikipedia 平台上的企业介绍，有助于提升中央企业的海外传播力。部分 2020 年没有检索到词条以及词条不完整的企业 2021 年数据依然不理想，可见，部分中央企业对维护 Wikipedia 平台的重视程度不足。例如，中国煤炭科工集团有限公司、机械科学研究总院集团有限公司等 13 家中央企业两年都未能搜索到相关数据。以中国国际工程咨询有限公司为例，2020 年未能在 Wikipedia 上搜索到该企业相关词条，2021 年该企业完善了维基平台上的词条，包括词条定义、历史发展、地址 3 项指标，但仍缺少外部链接，编辑次数和编辑用户数较少，Wikipedia 平台上的传播力排名为第 77 名，虽然相比 2020 年有所上涨（2020 年指标为 0，未进入排名），但建设力度仍亟待加强。

六、维度三：中央企业Twitter传播力

Twitter 作为全球最大的社交媒体平台之一，是一个开放的社交媒体平台，在多个国家和地区被网民广泛使用，是全球互联网平台访问量最大的 10 个网站之一，平台的数据统计在一定程度上可以反映中央企业在海外的影响力。

（一）Twitter 传播力得分

Twitter 传播力维度具体分为：自有账号建设和平台传播量两项。自有账号建设包括：是否有官方认证账户、粉丝数量、一年内发布的内容数量、一年内最高转发量、一年内最多评论数。Twitter 传播力维度权重占总指数权重的 20%，其中，是否有官方认证账号占 1%，粉丝数量、一年内发布的内容数量各占 4%，一年内最高转发量、一年内最多评论

量各占3%。

平台传播量的具体指标为正向传播量，权重占比为5%。在平台传播量的正负面判断上，共有7位编码员对新闻内容进行分析，7位编码员的信度为92.3%，较为可信。

总体来看，中央企业的Twitter传播力较弱，在调查的96家企业中，只有37家企业拥有Twitter账号，占总体的38.5%；仅有6家企业的账号经过官方认证，分别是中国石油化工集团有限公司、国家电力投资集团有限公司、中国航空集团有限公司（北美分号）、中国东方航空集团有限公司、中国南方航空集团有限公司和中国建筑集团有限公司。

1. Twitter传播力得分分布

Twitter传播力指数得分靠前的中央企业依次是中国东方航空集团有限公司、中国石油化工集团有限公司、中国南方航空集团有限公司、哈尔滨电气集团有限公司、中国建筑集团有限公司。

表6 中央企业Twitter传播力指数

序号	企业名称	得分	序号	企业名称	得分
1	中国东方航空集团有限公司	100.00	22	中国广核集团有限公司	72.69
2	中国石油化工集团有限公司	95.20	23	中国机械工业集团有限公司	71.77
3	中国南方航空集团有限公司	94.53	24	中国铝业集团有限公司	71.49
4	哈尔滨电气集团有限公司	92.36	25	中国船舶集团有限公司	71.35
5	中国建筑集团有限公司	91.89	26	中国电信集团有限公司	69.46
6	中国铁道建筑集团有限公司	91.84	27	中国联合网络通信集团有限公司	69.45
7	中国交通建设集团有限公司	90.98	28	中国航天科工集团有限公司	67.93
8	国家电力投资集团有限公司	89.07	29	中国第一汽车集团有限公司	67.50
9	中国航天科技集团有限公司	88.73	30	中国远洋海运集团有限公司	66.58
10	中国中车集团有限公司	88.58	31	中国华电集团有限公司	64.18
11	中国石油天然气集团有限公司	87.34	32	中国通用技术（集团）控股有限责任公司	64.13
12	中国大唐集团有限公司	84.70	33	中国航空集团有限公司	62.32
13	中国移动通信集团有限公司	83.93	34	招商局集团有限公司	61.25
14	国家电网有限公司	83.85	35	中国电子科技集团有限公司	58.58
15	中国铁路工程集团有限公司	82.47	36	中粮集团有限公司	57.13
16	中国建材集团有限公司	78.79	37	中国电子信息产业集团有限公司	56.30
17	中国长江三峡集团有限公司	78.66	38	东风汽车集团有限公司	56.19
18	中国海洋石油集团有限公司	77.36	39	中国医药集团有限公司	52.42
19	中国电力建设集团有限公司	76.60	40	国家能源投资集团有限责任公司	51.51
20	中国东方电气集团有限公司	76.52	41	中国建设科技有限公司	48.28
21	中国核工业集团有限公司	72.70	42	华润（集团）有限公司	47.65

续表

序号	企业名称	得分	序号	企业名称	得分
43	中国兵器工业集团有限公司	45.48	59	中国一重集团有限公司	31.78
44	矿冶科技集团有限公司	45.03	60	鞍钢集团有限公司	31.78
45	中国航空发动机集团有限公司	44.66	61	中国南方电网有限责任公司	28.74
46	中国五矿集团有限公司	44.66	62	中国中煤能源集团有限公司	28.74
47	中国航空工业集团有限公司	43.77	63	中国黄金集团有限公司	28.74
48	中国林业集团有限公司	43.77	64	中国国际技术智力合作集团有限公司	28.74
49	中国商用飞机有限责任公司	41.75	65	中国煤炭科工集团有限公司	28.74
50	中国能源建设集团有限公司	40.58	66	中国电气装备集团有限公司	28.74
51	中国卫星网络集团有限公司	40.58	67	中国保利集团有限公司	24.58
52	中国华能集团有限公司	39.29	68	中国诚通控股集团有限公司	24.58
53	中国国际工程咨询有限公司	39.29	69	中国检验认证（集团）有限公司	24.58
54	中国建筑科学研究院有限公司	39.29	70	南光（集团）有限公司 （中国南光集团有限公司）	17.95
55	中国盐业集团有限公司	37.82	71	中国航空器材集团有限公司	17.95
56	中国节能环保集团有限公司	37.82	72	中国兵器装备集团有限公司	17.95
57	中国宝武钢铁集团有限公司	34.41	73	中国中化控股有限责任公司	7.50
58	中国有色矿业集团有限公司	34.17	74	中国中钢集团有限公司	1.43

2. 参照系比较

将中央企业 Twitter 传播力指数得分第 1 的中国东方航空集团有限公司（100.00）与华为技术有限公司（139.7）和荷兰皇家壳牌集团（137.15）进行比较，中国东方航空集团有限公司的得分是华为技术有限公司得分的 71.6%，是荷兰皇家壳牌集团得分的 72.9%。

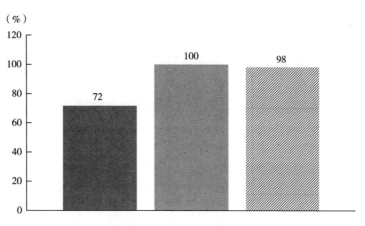

图 13　Twitter 传播力指数参照

（二）Twitter 传播力具体指标分析

在账号方面：96 家中央企业中有 38.5%（37 家）的企业拥有 Twitter 账号，6 家企业拥有 Twitter 官方认证账号。

在粉丝数量方面：中央企业 Twitter 账号平均粉丝数量为 8421 人，相比 2020 年增长近 91%。共有 15 家中央企业的粉丝数量在 10000 人以上，占总体的 15.6%，相比 2020 年增加了 6.3 个百分点。其中，粉丝数量较多的是中国东方航空集团有限公司和中国石油化工集团有限公司，均超过 10 万人。但是，中国东方航空集团有限公司与华为技术有限公司及荷兰皇家壳牌集团的 Twitter 粉丝数量相比仍差距较大。即中国东方航空集团有限公司的粉丝数量仅占荷兰皇家壳牌集团粉丝数量的 27% 和华为技术有限公司粉丝数量的 2%。

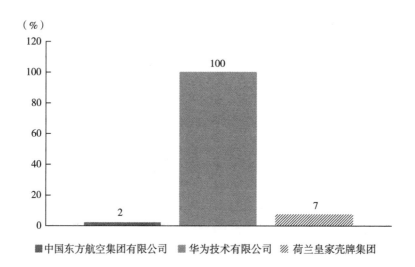

图 14　Twitter 账号粉丝量比较

在一年内发布的内容数量方面：中央企业 Twitter 账号一年内平均发布 51 条信息，相比 2020 年增长近 21%。有 32.3%（31 家）的企业一年内在 Twitter 上发布了内容，相比 2020 年增加了 8.6 个百分点。其中，中国东方航空集团有限公司发布的信息数量最多，但相比参照企业，其内容发布量也仅为华为技术有限公司的 10%。

在一年内最高转发量方面：有 3 家中央企业最高转发量超过 200 条，分别是中国铁道建筑集团有限公司、中国南方航空集团有限公司、哈尔滨电气集团有限公司。即使是最高转发量的中国铁道建筑集团有限公司的 273 条，相比于参照企业，也仅占华为技术有限公司的 11.5%、荷兰皇家壳牌集团的 3.4%。

在一年内最高评论数方面：中国东方航空集团有限公司在单条信息最高评论数的中央企业排名中位列第 1，评论数为 69 条。但相比于参照企业，仍然表现一般，占华为技术有限公司的 3.5%、荷兰皇家壳牌集团的 1%。

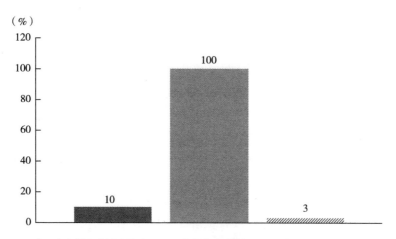

图 15　Twitter 一年内发布的内容数量比较

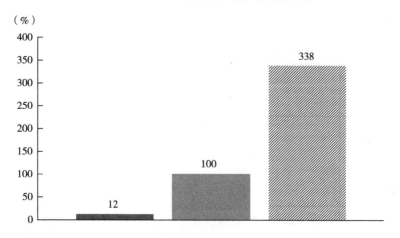

图 16　Twitter 一年内最高转发量比较

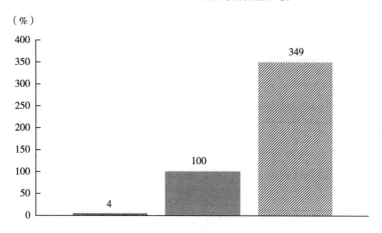

图 17　Twitter 一年内最多评论数比较

在正向传播量方面：96 家中央企业中有 71.9%（69 家）的企业有正向传播量数据。其中，整体正向传播量平均值为 38 条，有 9 家中央企业正向传播量超过 100 条。中国航天科技集团有限公司在正向传播量的中央企业排名中位列第 1，为 646 条，相比于参照企业，是华为技术有限公司的 132.6%、荷兰皇家壳牌集团的 10.8%。

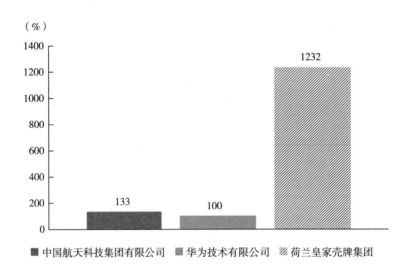

图 18　Twitter 正向传播量比较

（三）Twitter 传播力案例分析

1. 东航：粉丝数、发布内容与评论量均排名第 1 位

中国东方航空集团有限公司（以下简称东航）2021 年除继续保持粉丝数量排名第 1 位的佳绩，在一年发布的内容数量和最高评论数方面亦拔得头筹。具体来看，其粉丝数量相比 2020 年上涨超 6 万人次，粉丝数已达近 15 万人。共发布 720 条推文（相比 2020 年增长 70%）。最高评论数也从 2020 年的 11 条涨至 2021 年的 69 条。

（1）短视频特征：专题策划，制作精良。东航在社交媒体的对外传播过程中仍然保持 2020 年注重使用短视频形式展现自身形象的特点。在短视频的具体表达方式上，无论在脚本设计、画面构图还是在配音调色等方面都比 2020 年更加精美。图 19 所展示的企业宣传片中便以小女孩、女青年、男中年人三者之间的梦想为主线，贯穿东方航空助力实现每一份梦想，连接世界所有奇迹的正能量主题。三个故事线间平行发展，剪辑过渡自然，画面柔和温暖，符合东方航空企业价值观中"世界品味　东方魅力"的形象。

（2）互动形式：征集投稿，文化自信。在以影像表达为主的形式中，东航注重与受众的互动，会定期举行一些特定主题活动，借助与受众的互动展现真实广博的东方之美。图 20 所展示的活动便是在 2021 年 4 月 20 日时公开征集的 100 张中国美丽乡村的照片，并在 6 月 28 日进行展示，讲述了中国人民生活、工作、居住、教育和医疗保健方面的变化。

图 19　中国东航 Twitter 平台的推文截图

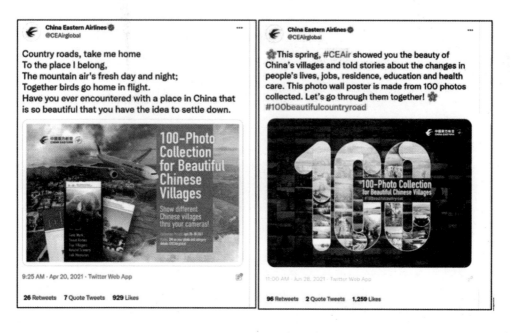

图 20　中国东航 Twitter 平台的推文截图

2. 中国交建和哈电集团：账号定位明确，建设效果显著

2021 年粉丝数量增长超过 5 万的中央企业有中国东方航空集团有限公司、中国交通建设集团有限公司（以下简称中国交建）和哈尔滨电气集团有限公司（以下简称哈电集团）。通过对二者 Twitter 账号运营的对比发现，二者间存在一个显著共同点：账号定位明确，注重使用短视频的方式记录介绍与自身企业具体业务相关的各个项目。

（1）中国交建：注重使用延时与航拍技术。2020 年 8 月刚刚创立 Twitter 账号的中国交建，粉丝数已达近 6.7 万人。从 2020 年的粉丝数排名第 8 位跃升至 2021 年的第 3 位。全年共发布推文 260 条，相比 2020 年增长 400%。

其短视频的典型特征为：注重使用延时与航拍技术，在不同视角切换中展现项目真实的建设过程。图 21 的视频中展现的便是中国交建团队首次使用"气旋法"在中国架设大桥主缆的过程。通过对施工进程的延时拍摄、施工全景与具体细节的航拍角度切换，再配以宏伟磅礴的背景音乐。在一个 1 分多钟的短视频中展现了中国交建的"中国速度"。

图 21 中国交建 Twitter 平台的推文截图

（2）哈电集团：以 10 秒内的极短视频展现项目风采。相比于 2020 年，哈电集团在 Twitter 上的运营有了极大提升。粉丝数量超 6.5 万人。从 2020 年的粉丝数排名第 11 位跃

升至2021年的第5位。全年共发布196条推文，一年内最高转发量204条，在中央企业中排名第3位。

其短视频的典型特征为：偏好使用1分钟乃至10秒以内的极短视频，展现发电厂项目的具体园区环境与规模。图22的视频便以时长6秒的方式，介绍了哈电集团2018年在巴基斯坦成功建成投产的一个发电厂项目，有效缓解了当地的电力短缺，促进了经济发展，展现了哈电集团"为世界提供动力，为人类带来光明"的企业宗旨。

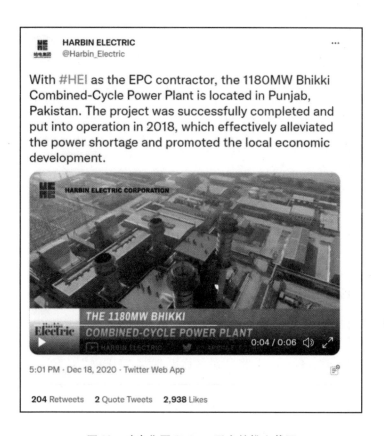

图22 哈电集团Twitter平台的推文截图

（四）Twitter传播力小结

Twitter平台的评价体系相比于往年仅有"自有账号建设"这一维度，2021年新增了"平台传播量"指标。通过对比单一"自有账号建设"维度时的排名和两个维度综合后的排名可以发现，在具体的排名位次上仍然有些许的变动。

其中变动较小的，如单一"自有账号建设"指标中排第7位的中国建筑集团有限公司在两个维度综合排名中为第5位。在单一"自有账号建设"维度中排第5位、第6位的中国铁道建筑集团有限公司和中国交通建设集团有限公司在两个维度综合排名中分别为第6位、第7位。而变动较大的则为在单一"自有账号建设"维度中排第38位（即没有开设 Twitter 账号）的中国航天科技集团有限公司，在两个维度综合排名中跃升至第 9 位。此案例也将在最后总结部分单独讨论。

表 7　部分中央企业在 Twitter 两种不同评价方式下的排名

排名	单一"自有账号建设"维度	两个维度综合
1	中国东方航空集团有限公司	中国东方航空集团有限公司
2	中国石油化工集团有限公司	中国石油化工集团有限公司
3	中国南方航空集团有限公司	中国南方航空集团有限公司
4	哈尔滨电气集团有限公司	哈尔滨电气集团有限公司
5	中国铁道建筑集团有限公司	中国建筑集团有限公司
6	中国交通建设集团有限公司	中国铁道建筑集团有限公司
7	中国建筑集团有限公司	中国交通建设集团有限公司
8	国家电力投资集团有限公司	国家电力投资集团有限公司
9	中国中车集团有限公司	中国航天科技集团有限公司
10	中国大唐集团有限公司	中国中车集团有限公司

七、维度四：中央企业Facebook传播力

2021 年 10 月 28 日，Facebook 将公司名称更改为"META"，打造专注于转向以虚拟现实为主的新兴计算平台。Facebook 首席执行官扎克伯格在 2021 年 7 月接受媒体采访时表示，Facebook 数年内将从"一家社交媒体公司变成一家元宇宙公司"，致力于实现无论是在会议室与同事交谈，还是在遥远的世界各地与朋友闲逛，人们都将通过进入虚拟环境来进行聚集和沟通，这必将在全球范围内产生深远影响。

（一）Facebook 传播力得分

Facebook 传播力指数维度中，各项指标权重如下：是否有官方认证账号占 1%，好友数量占 5%，一年内发布的内容数量占 5%，一年内最高点赞数占 4%。总体在中央企业的海外传播综合指数测量中占 15% 的比重。

中央企业在 Facebook 平台的认证状况相对较差，在 96 家中央企业中仅有 11 家企业拥有 Facebook 官方认证账号，但在企业总数减少了 1 家的前提条件下，相较于 2020 年新增了 5 家企业获得该平台官方账号。其中全部中央企业的平均粉丝好友量为 241492 人次，相较于 2020 年增加了 3 倍多，但其中仍有 50 家中央企业在 Facebook 并无好友。中国南方

航空集团有限公司的粉丝好友量为 11097414 人次，远远领先于其他企业。仅有 33 家企业在过去一年内发布了信息，其中同 2020 年一致，发布信息最多的依然是中国移动通信集团有限公司，共发布 544 条。而中国南方航空集团有限公司被"点赞"次数最高，收到 110000 个赞。

1. Facebook 传播力得分分布

Facebook 传播指数得分靠前的中央企业依次是中国南方航空集团有限公司、中国东方航空集团有限公司、中国移动通信集团有限公司、中国航空集团有限公司、中国建筑集团有限公司。

表 8　中央企业 Facebook 传播力指数

序号	企业名称	得分	序号	企业名称	得分
1	中国南方航空集团有限公司	100.00	24	中国核工业集团有限公司	64.68
2	中国东方航空集团有限公司	92.16	25	中国航空工业集团有限公司	64.05
3	中国移动通信集团有限公司	91.14	26	招商局集团有限公司	59.92
4	中国航空集团有限公司	89.08	27	中国远洋海运集团有限公司	55.48
5	中国建筑集团有限公司	87.81	28	中国中化控股有限责任公司	54.47
6	中国石油天然气集团有限公司	86.46	29	中国电子信息产业集团有限公司	45.21
7	中国华电集团有限公司	84.57	30	中国航天科技集团有限公司	32.80
8	中国交通建设集团有限公司	84.12	31	东风汽车集团有限公司	28.76
9	中国中车集团有限公司	83.60	32	中国煤炭科工集团有限公司	28.28
10	中国石油化工集团有限公司	82.18	33	中国建材集团有限公司	22.46
11	中国华能集团有限公司	79.82	34	中国铁道建筑集团有限公司	8.74
12	中粮集团有限公司	79.17	35	中国能源建设集团有限公司	4.66
13	华润（集团）有限公司	78.30	36	中国化学工程集团有限公司	4.06
14	中国第一汽车集团有限公司	77.35	37	中国黄金集团有限公司	1.55
15	中国长江三峡集团有限公司	77.15	38	中国铁路通信信号集团有限公司	1.20
16	中国铁路工程集团有限公司	76.52	39	中国中钢集团有限公司	0.99
17	国家电力投资集团有限公司	75.41	40	中国机械工业集团有限公司	0.93
18	中国联合网络通信集团有限公司	73.76	41	中国旅游集团有限公司［香港中旅（集团）有限公司］	0.50
19	中国电信集团有限公司	70.62	42	中国商用飞机有限责任公司	0.48
20	中国电力建设集团有限公司	67.93	43	中国检验认证（集团）有限公司	0.41
21	国家石油天然气管网集团有限公司	66.13	44	中国电气装备集团有限公司	0.09
22	中国东方电气集团有限公司	66.03	45	中国建筑科学研究院有限公司	0.08
23	中国通用技术（集团）控股有限责任公司	65.71			

2. 参照系比较

将中央企业 Facebook 传播力指数得分第 1 位的中国南方航空集团有限公司（100.00）

与华为技术有限公司（113.63）和荷兰皇家壳牌集团（112.8）进行比较，华为技术有限公司和荷兰皇家壳牌集团的得分均约是中国南方航空集团有限公司的1.1倍。

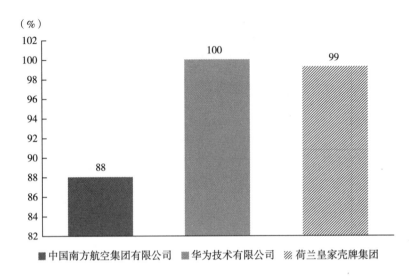

图 23　Facebook 传播力指数参照

（二）Facebook 传播力具体指标分析

96 家企业在 Facebook 平台的活跃度存在着两极分化的现象。96 家中央企业中仅有 11 家企业拥有 Facebook 官方认证账号，分别是中国南方航空集团有限公司、中国航空集团有限公司、中国华电集团有限公司、中国建筑集团有限公司、中国东方航空集团有限公司、中粮集团有限公司、中国移动通信集团有限公司、中国华能集团有限公司、华润（集团）有限公司、中国石油天然气集团有限公司、中国石油化工集团有限公司。

在好友数量方面：中央企业间的好友数量差距较大。中央企业 Facebook 账号平均好友数量为 241492 人次。其中有 4 家企业的好友数量在 100 万人次以上，分别是中国南方航空集团有限公司、中国东方航空集团有限公司、中国交通建设集团有限公司、中国航空集团有限公司。有 55 家中央企业的好友数量未达到 100 人次。虽然中国南方航空集团有限公司的好友数量最多且领先其他中央企业较多，好友数量超 1100 万人次，但依然仅是荷兰皇家壳牌集团的 11.5%。

在一年内发布的内容数量方面：有 33 家企业在 Facebook 平台上发布了内容，中央企业平均发布的内容数量为 22 条。其中有 9 家企业发布内容数量在 200 条以上，分别为中国移动通信集团有限公司、中国南方航空集团有限公司、中国东方航空集团有限公司、中国航空集团有限公司、中国建筑集团有限公司、中国石油天然气集团有限公司、中国中车集团有限公司、中国交通建设集团有限公司、中国华电集团有限公司。中国移动通信集团有限公司发布的内容数量最多，共发布 544 条信息，是荷兰皇家壳牌集团的近 5 倍。

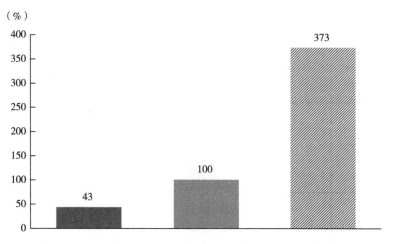

（%）

图 24　Facebook 好友数量比较

■中国南方航空集团有限公司　■华为技术有限公司　▨荷兰皇家壳牌集团

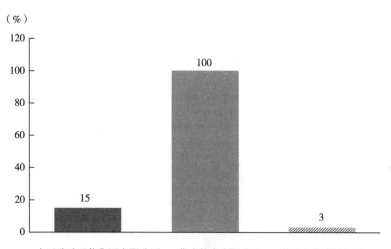

（%）

图 25　Facebook 一年内发布的内容数量比较

■中国移动通信集团有限公司　■华为技术有限公司　▨荷兰皇家壳牌集团

在一年内最高点赞量方面：指数排名前三的分别是中国南方航空集团有限公司、中国航空集团有限公司、中国华电集团有限公司。中国南方航空集团有限公司的点赞量最多，共收到超 110000 个赞，是荷兰皇家壳牌集团的 11387.16%。

（三）Facebook 的海外传播力案例分析

中国华电集团有限公司（以下简称中国华电）在 Facebook 传播力指数排名第 7 位，相比 2020 年 Facebook 传播力指数排名上升了 24 位。同时单条内容获得的最高点赞量（7829）位列 Facebook 平台中央企业排名第 3 位。中国华电通过讲故事展现细节，塑造公司形象，引发受众的共鸣并赢得受众的好感，使中国华电在 Facebook 上的排名上升迅速。

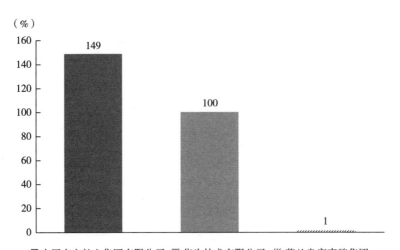

图26 Facebook 一年内最高点赞数量比较

图27 中国华电 Facebook 平台图文帖子截图

2021 年 5 月 20 日，中国华电通过虚拟之旅推出了"我们关心·我们爱"开放日，公司员工走进工厂、大坝和营地讲述该公司在柬埔寨推广绿色发展项目，向公众传达中国华电可持续发展的理念。这条以讲故事的方式传递环保理念的内容获得了 1619 个赞，可见人们对这一话题的兴趣度和关注度较高。

中国航空集团有限公司（以下简称中航）通过举行活动赢奖品的模式将活动与中国文化结合，以一种有趣有效的方式实现了中国文化的宣传，赢得了较高的点赞量、评论量和转发量，可见该内容不仅获得了较好的传播效果，也赢得了受众的肯定。

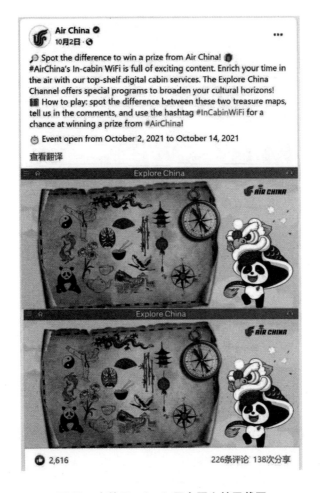

图 28　中航 Facebook 平台图文帖子截图

中国交通建设集团有限公司（以下简称中国交建）推出了"爱的形状"公益栏目，定期介绍该公司的志愿项目——定期派遣员工给孩子送温暖送慰问的记录，传递了满满的温暖与正能量，收获大量好评，为该公司塑造了良好的正面传播形象，提升了该公司的对外传播力。

China Communications Construction
9月13日 · ⊕

#ShapeofLove💜 Teachers and pupils at a local primary school in Waben village in Nujiang Lisu Autonomous Prefecture received supplies from CCCC right before the school season. The school in southwest China's Yunnan Province was destroyed by a mudslide due to heavy rain and is under reconstruction. Learning that students were short of bed linings and other living supplies at the temporary site, CCCC volunteers sent more than 100 sets of supplies such as pillows and quilts to th... **查看更多**

查看翻译

156   4条评论 4次分享

图 29　中国交建 Facebook 平台图文帖子截图 1

China Communications Construction
9月28日 · ⊕

#ShapeofLove💜 Climbing the Great Wall, watching the flag-raising ceremony and enjoying the sea...Like Gonggar Yangji, it was the first time for many students from the farming and stockbreeding areas in southwest China's Tibet Autonomous Region to take the plane and high-speed trains to Beijing and Tianjin and experience the magnificent scenery there. "I'll study hard to attend a university in Beijing in the future," said Gonggar.

Since 2016, CCCC has been donating 100,000 yua... **查看更多**

查看翻译

图 30　中国交建 Facebook 平台图文帖子截图 2

（四）Facebook 传播力小结

1. 传统文化类内容创意宣传方式相结合，加强传播效力

利用文化类内容进行传播表现突出的为航空类中央企业，尤其是中国航空集团有限公司、中国南方航空集团有限公司、中国东方航空集团有限公司。其中，中国航空集团有限公司的宣传方式十分独特，通过举行活动赢奖品的模式将对外传播与中国文化相结合，以一种有趣有效的方式实现了中国文化的宣传。

如何提升中华传统文化的对外传播能力，是我国值得持续关注的话题。中央企业作为中国企业的领军者，应主动承担讲好中国故事的重任。在进行对外传播时，传播内容可将企业业务与中国优秀传统文化相结合，通过增强与受众互动的方式，推动传统文化内容广泛、优质传播。

2. 公益类活动的宣传，吸引大量海外用户的关注

传播内容中融入公益元素，提升活动的价值意义，不仅能有效吸引海外用户的关注，显著提高传播效果，而且更重要的是推动了中国在国际舞台正面形象的树立。

公益类宣传内容做得较好的是中国交通建设集团有限公司，该公司在 Facebook 账号平台推出了"爱的形状"公益话题栏目，定期对该公司的志愿项目进行介绍，分享该公司派遣员工给山区孩子送温暖送慰问的记录，传递了满满的温暖与正能量，这些图片内容的点赞量和播放量都较高，取得了较好的传播效果，并且推动了良好中国形象在海外的树立。

作为一种公共传播形式，公益内容的传播以其特有的作用参与企业及国家形象的建构和传播。一个打动人心的公益宣传广告传播效果可能优于一篇宏观的报道，公益活动能够突破文化壁垒、国家界线。因此从传播方式来看，利用公益视频树立良好国际形象这一宣传方式新颖，就其传播效果来看，是提升中央企业海外网络传播力的一种有效方式。

八、维度五：中央企业Instagram传播力

Instagram 于 2010 年 10 月推出，不同于传统社交媒体，它更专注于单一的图片功能，主推图片社交，深受年轻人的欢迎。自 2010 年问世以来一直保持高速增长。根据 We Are Social 与 Hootsuite 发布的《2021 全球数字报告》，Instagram 位列"全球最受喜爱的社交平台"第 3 位，具有代表性。因此，Instagram 平台的统计数据在一定程度上可以反映中央企业的国际传播能力。

（一）Instagram 传播力得分

Instagram 传播力指数维度包括是否有官方认证账号、粉丝数量、一年内发布的内容

数量、一年内最多回复数量、一年内图文最高点赞数量、一年内视频最高点击量 6 个指标，占总权重的 15%。其中，是否有官方认证账号占 1%，粉丝数量、一年内发布的内容数量、一年内最多回复数量、一年内图文最高点赞量、一年内视频最高点击量均占 2.8%。

在 Instagram 平台上，中央企业的传播力偏弱，平台使用度较低，企业间差距大。96 家中央企业仅有 22.9%（22 家）的企业有 Instagram 账号。22 家中央企业 Instagram 账号平均粉丝数量为 20918 人，一年内平均信息发布量 128 条，与 2020 年相比有较大提升（此次数据收集以企业总号为标准，地区分号不在分析范围内）。

1. Instagram 传播力得分分布

Instagram 传播力指数得分靠前的中央企业依次是中国南方航空集团有限公司、中国建筑集团有限公司、中国东方航空集团有限公司、中国铁路工程集团有限公司、中国铝业集团有限公司。

表 9　中央企业 Instagram 传播力指数

序号	企业名称	得分	序号	企业名称	得分
1	中国南方航空集团有限公司	100.00	12	中国电力建设集团有限公司	75.70
2	中国建筑集团有限公司	97.16	13	中国电信集团有限公司	73.75
3	中国东方航空集团有限公司	93.80	14	中国铁道建筑集团有限公司	71.65
4	中国铁路工程集团有限公司	91.22	15	中国中钢集团有限公司	66.90
5	中国铝业集团有限公司	90.57	16	中国航空集团有限公司	61.65
6	中国石油天然气集团有限公司	87.39	17	中国石油化工集团有限公司	39.56
7	中国机械工业集团有限公司	86.48	18	东风汽车集团有限公司	38.68
8	中国中车集团有限公司	86.05	19	中国远洋海运集团有限公司	36.28
9	国家电网有限公司	82.37	20	中国海洋石油集团有限公司	25.65
10	中粮集团有限公司	81.35	21	中国广核集团有限公司	20.09
11	中国移动通信集团有限公司	79.19	22	中国宝武钢铁集团有限公司	10.20

2. 参照系比较

将中央企业 Instagram 传播力指数得分第 1 位的中国南方航空集团有限公司（100.00）与华为技术有限公司（137.62）和荷兰皇家壳牌集团（113.68）进行比较，华为技术有限公司的得分是中国南方航空集团有限公司得分的 1.38 倍；荷兰皇家壳牌集团是中国南方航空集团有限公司的 1.14 倍。

（二）Instagram 传播力具体指标分析

大多数中央企业在 Instagram 平台上的整体活跃度较低。在 96 家中央企业中，有 22 家企业拥有 Instagram 英文账号。与 2020 年相同，仅有中国南方航空集团有限公司和中国建筑集团有限公司进行了官方认证。

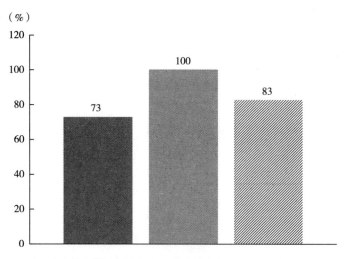

图31 Instagram 传播力指数参照

在粉丝数量方面，拥有账号的 22 家中央企业间粉丝数量差距较大。企业 Instagram 账号的平均粉丝数量为 20918 人次，中国南方航空集团有限公司粉丝数量最多，为 234000人次，中国宝武钢铁集团有限公司粉丝数量最低，为 27 人次。9 家企业的粉丝数量超过5000 人次，分别为中国铝业集团有限公司、中国航空集团有限公司、中国东方航空集团有限公司、中国南方航空集团有限公司、中国建筑集团有限公司、中国中车集团有限公司、中国电力建设集团有限公司、国家电网有限公司、中国中粮集团有限公司。

中国南方航空集团有限公司粉丝数量最多，但仍低于华为技术有限公司和荷兰皇家壳牌集团的粉丝量，且与华为技术有限公司差距较大，是它的 12.9%，是荷兰皇家壳牌集团的 71.1%。

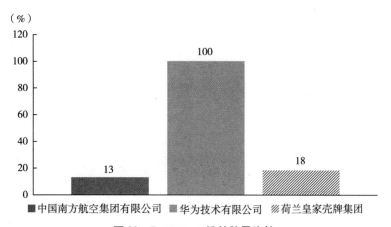

图32 Instagram 粉丝数量比较

在一年内发布的内容数量方面，96 家中央企业一年内平均发布 24 条信息内容。有 15 家企业在 Instagram 上发布了内容，其中 9 家企业的信息发布量在 100 条以上，分别为国家电网有限公司、中国移动通信集团有限公司、中国铝业集团有限公司、中国东方航空集团有限公司、中国南方航空集团有限公司、中国石油天然气集团有限公司、中国建筑集团有限公司、中国中车集团有限公司和中国铁路工程集团有限公司。按照只统计官方总账号的标准，在企业账号总数减少 7 家的情况下，信息发布量超过 300 条的企业仍比 2020 年增加了 3 家。

中国铝业集团有限公司内容发布最多，是华为技术有限公司的 44.2%，是荷兰皇家壳牌集团的 8875%。

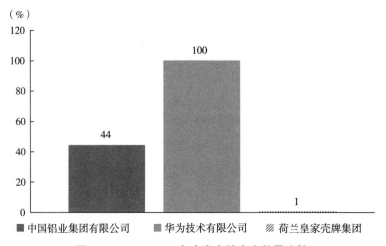

图33　Instagram 一年内发布的内容数量比较

在一年内最多回复数量方面：96 家中央企业一年内发布内容的总体回复数量较少。中国南方航空集团有限公司最多，但仍是华为技术有限公司的 12.4%，是荷兰皇家壳牌集团的 5.90%。

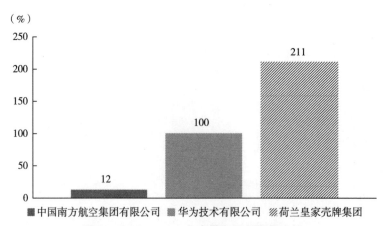

图34　Instagram 一年内最多回复数量比较

在一年内图文最高点赞数量方面：96 家中央企业一年内图文最高点赞量差别较大，点赞数量在 2000 次之后出现断层，点赞数量超过 2000 次的企业有 4 家，紧随其后排名第 5 位的企业最高点赞数量仅为 713 次。中国建筑集团有限公司最多，但仍是华为技术有限公司的 1.92%，是荷兰皇家壳牌集团的 126.7%。

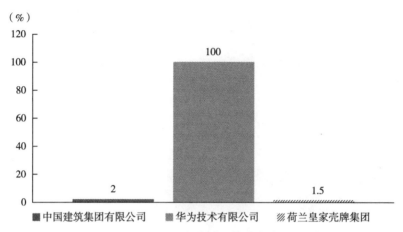

图 35 Instagram 一年内图文最高点赞数量比较

在一年内视频最高点击量方面：中国建筑集团有限公司最高，是华为技术有限公司的 133.8%（截至 2021 年 10 月 14 日，荷兰皇家壳牌集团没有发布视频）。

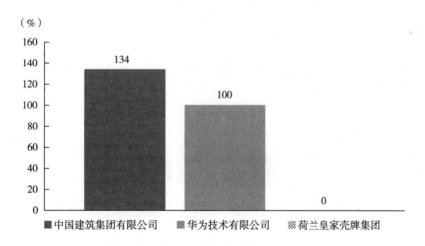

图 36 Instagram 一年内视频最高点击量比较

（三）Instagram 传播力具体案例分析

1. 传播中国文化

多家中央企业在传播自身企业文化的同时，发布了许多传播中国文化的内容，包括介绍中国传统节日、中国传统美食、中国汉字等，体现了企业的文化自信。

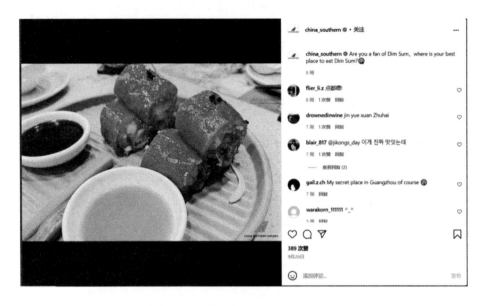

图 37　中国南方航空集团有限公司发布的 Instagram 推文

图 38　中国东方航空集团有限公司发布的 Instagram 推文

2. 趣味提问增加互动数

中国南方航空集团有限公司（以下简称南航）粉丝数量位列中央企业排名第 1，其发布的内容丰富多样，传播效果较好。其于 2021 年 8 月 22 日发布的提问"机翼上的小触角是什么?"的推文，是南航"一年内最多回复量"的推文。南航通过这种方式呼吁大家在留言区进行互动回答，联系企业特点又以独特有趣的视角切入，增强了互动感，容易激发用户的关注与兴趣。

图 39 中国南方航空集团有限公司发布的 Instagram 推文

（四）Instagram 传播力小结

1. 部分企业的地区分号传播力强于企业总账号

2021 年，Instagram 平台以企业总账号为标准进行数据采集和数据分析，因此，部分企业的传播力与 2020 年存在较大差异，很重要的一个原因是这些企业的地方分号经营比总号更好。例如，中国第一汽车集团有限公司的俄罗斯地区分号，位列 2020 年 Instagram 传播力排行榜第 1 位，但该中央企业至今并未开设企业总号。中国移动通信集团有限公司的香港地区分号的粉丝数量为 22000 人，而截至 2021 年 10 月 14 日，其总号粉丝数量仅为 163 人，差异悬殊。

2. 多数中央企业账号建设缺乏亮点，发布内容仍需创新

在发布内容的质量方面，航空类中央企业表现突出。中国南方航空集团有限公司和中国东方航空集团有限公司的传播力指数都位居 96 家中央企业的前列，航空类中央企业基于自身特性，是连接和沟通国内外的桥梁，也肩负着中国文化更好"走出去"的重任，其在 Instagram 平台上的创意性内容和传播中国传统文化的内容都表现突出，具有借鉴意义。除航空类中央企业外，中央企业的内容策划和内容运营仍然不足，吸引力不够。中央企业 Instagram 平台账号应该重视发布内容的创新，以增强其海外传播力。

九、维度六:中央企业YouTube传播力

YouTube 是世界上规模最大和最有影响力的视频网站之一,在全球拥有约 20 亿用户,用户可以使用该平台浏览并上传内容。近年来,YouTube 已经逐渐发展成为一个混合专业新闻报道与用户原创内容的平台,YouTube 平台的统计数据在一定程度上可以反映中央企业的跨文化传播和沟通能力。

(一) YouTube 传播力得分

YouTube 传播力指数维度包括是否有官方认证账号、订阅数量、一年内发布的内容数量、一年内最高点击量 4 个指标,占总权重的 15%。其中,是否有官方认证账号占 1%,订阅数量占 4.6%,一年内发布的内容数量、一年内最高点击量各占 4.7%。

在 YouTube 平台上,中央企业的账户拥有率较低,整体的订阅数量、发布视频数量和点击量均较低。在 96 家中央企业中,没有企业拥有经过认证的官方账号。中央企业的 YouTube 账号平均订阅数量为 1161 人,较 2020 年(891 人)有小幅度的提升。中央企业一年内平均视频发布数量为 6.3 条,较 2020 年(4 条)有一定程度的增长。

1. YouTube 传播力得分分布

YouTube 传播力指数得分靠前的中央企业依次是中国中车集团有限公司、中国移动通信集团有限公司、中国东方航空集团有限公司、中国石油化工集团有限公司、中国建筑集团有限公司。

表 10　中央企业 YouTube 传播力指数

序号	企业名称	得分	序号	企业名称	得分
1	中国中车集团有限公司	100.00	11	哈尔滨电气集团有限公司	76.75
2	中国移动通信集团有限公司	93.68	12	中国铝业集团有限公司	70.90
3	中国东方航空集团有限公司	89.51	13	中国南方航空集团有限公司	66.37
4	中国石油化工集团有限公司	86.70	14	中国电信集团有限公司	65.89
5	中国建筑集团有限公司	86.69	15	中国海洋石油集团有限公司	64.56
6	中粮集团有限公司	82.47	16	中国中钢集团有限公司	56.36
7	中国联合网络通信集团有限公司	82.01	17	东风汽车集团有限公司	54.53
8	中国石油天然气集团有限公司	81.76	18	中国检验认证(集团)有限公司	48.43
9	中国机械工业集团有限公司	79.51	19	中国航空集团有限公司	46.25
10	中国电力建设集团有限公司	77.87	20	中国东方电气集团有限公司	44.01

续表

序号	企业名称	得分	序号	企业名称	得分
21	新兴际华集团有限公司	38.61	27	中国电子科技集团有限公司	8.39
22	华润（集团）有限公司	36.28	28	中国能源建设集团有限公司	8.10
23	国家电网有限公司	15.22	29	中国长江三峡集团有限公司	7.51
24	中国中化控股有限责任公司	12.41	30	中国建材集团有限公司	7.20
25	中国民航信息集团有限公司	12.00	31	中国煤炭科工集团有限公司	2.14
26	中国铁路通信信号集团有限公司	10.22	32	国家能源投资集团有限责任公司	0.58

2. 参照系比较

将中央企业中 YouTube 传播力指数得分第 1 位的中国中车集团有限公司（100.00）与华为技术有限公司（131.61）和荷兰皇家壳牌集团（125.83）进行比较，华为技术有限公司得分是中国中车集团有限公司的 1.32 倍，荷兰皇家壳牌集团得分是中国中车集团有限公司的 1.26 倍。

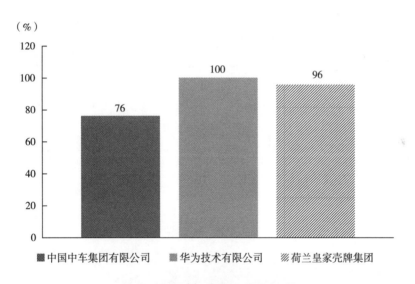

图 40　YouTube 传播力指数参照

（二）YouTube 传播力具体指标分析

多数中央企业在 YouTube 平台上的活跃度较低，在 96 家中央企业中，有 32 家企业拥有 YouTube 账号，无企业拥有官方认证账号。

在订阅数量方面：中央企业的 YouTube 账号平均订阅数量为 1161 人次，在 32 家拥有 YouTube 账号的企业中，有 3 家订阅数量在 10000 人次以上，分别是中国中车集团有限公司（59400 人次）、中国电力建设集团有限公司（17200 人次）、中国东方航空集团有限公司（10200 人次）。其中，中国中车集团有限公司的订阅数量是华为技术有限公司的 31.9%，是荷兰皇家壳牌集团的 12.6%。

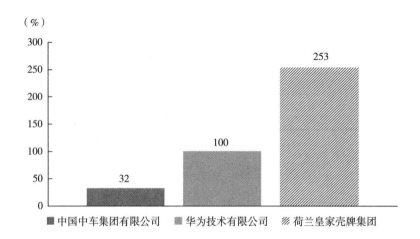

（%）

图 41 YouTube 订阅数量比较

在一年内发布的内容数量方面：32 家拥有 YouTube 账号的中央企业视频发布数量普遍较少，更新频率较低，中央企业的 YouTube 账号一年内发布的视频总量平均为 6.3 条。视频发布总量最高的是中国中车集团有限公司，一年内发布视频 138 条，是荷兰皇家壳牌集团（60 条）的 2.3 倍，但仅为华为技术有限公司（292 条）的 47.3%。由此可以看出，大多数中央企业在 YouTube 平台上的视频发布数量仍显不足。

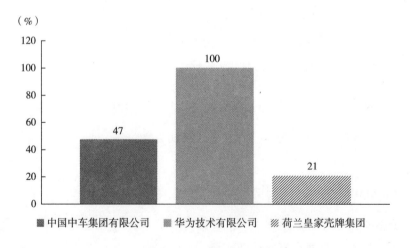

（%）

图 42 YouTube 一年内发布的内容数量比较

在一年内最高点击量方面：32 家中央企业之间存在较大的差距，最高的是中国移动通信集团有限公司，单个视频最高点击量达到了 544060 次，其次是中国联合网络通信集团有限公司，单个视频最高点击量为 186511 次，再次是中国石油化工集团有限公司，单个视频最高点击量为 137855 次，这 3 家中央企业的单个视频点击量远超其他中央企业，但与华为技术有限公司和荷兰皇家壳牌集团的单个视频最高点击量相比仍有差距。

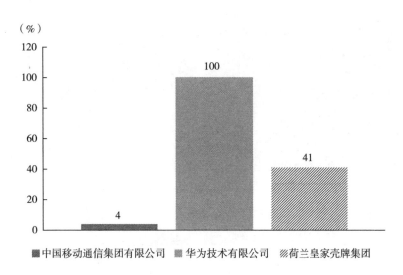

图 43　YouTube 一年内最高点击数量比较

（三）YouTube 传播力案例分析

中国东方航空集团有限公司（以下简称东航）的 YouTube 平台海外网络传播力在一年时间内有了巨大的飞跃，其订阅数量从 160 人次增长至 10200 人次，翻了约 63 倍，一年内视频发布数量实现了 0 的突破，达到了 82 条，单个视频最高点击量也有 23673 次之多。在 96 家中央企业中，东航的 YouTube 传播力指数得分排名第 3 位，较 2020 年上升了19 名。由此可见，东航开始有意识地加强其 YouTube 平台账号建设，以提升其海外传播力，并且取得了良好的效果。在其发布的视频中，不仅可以看到对企业本身的介绍，还可以看到对中国传统文化如中国美食、中国传统手工艺、中国传统节日等的宣传，通过灵活多样的内容形式，塑造企业的海外形象。

中国移动通信集团有限公司（以下简称中国移动）在 2020 年和 2021 年的单个视频最高点击量在所有中央企业中均居于最高。2021 年，中国移动 YouTube 账号订阅数量为 517人次，发布视频 21 条，但其单个视频最高点击量却高达 544060 次，其 YouTube 传播力指数得分在所有中央企业中排名第 2 位。一年内点击量最高的视频内容主题为宣传"12·12嘉年华"大促销活动，其能获得较高的点击量，表明国外用户对中国的通信类产品关注度较高。在 5G 发展的背景下中国通信技术"走出去"的步伐有所加快，未来可以进一步通过商业化手段如促销宣传来提升其海外网络传播力。

图 44　东航部分 YouTube 视频截图

图 45　中国移动部分 YouTube 视频截图

（四）YouTube 传播力小结

1. 中央企业 YouTube 传播力整体仍显不足

在 32 家拥有 YouTube 账号的中央企业中，有 9 家企业的 YouTube 账号为本年度新增，有 19 家企业的订阅数量在一年内实现了增长，其中涨幅较大的是中国东方航空集团有限公司和中国中车集团有限公司，前者一年内订阅数量增加 10040 人次，后者一年内订阅数量增加 21100 人次。但是，同华为技术有限公司的 186000 人次和荷兰皇家壳牌集团的 471000 人次相比，中央企业的订阅数量仍显不足，最高的中国中车集团有限公司也仅有 59400 人次的订阅量。

中央企业发布视频的总量较 2020 年有所增长，但增幅不如华为技术有限公司和荷兰皇家壳牌集团。2020 年发布视频数量最高的中国中车集团有限公司 2021 年发布视频的数量仍为最高，但是总量却从 148 条减至 138 条。在 96 家中央企业中，仅有 1/3 拥有 YouTube 账号，且无 1 家被官方认证，有 2 家企业还于 2021 年度注销了账号。从 YouTube 平台传播力指数得分来看，96 家中央企业的得分与 2020 年相比有一定下降，与参照企业的差距较 2020 年有所拉大。可见，中央企业在 YouTube 平台的传播力还有很大的提升空间，多数中央企业并未将 YouTube 视为其进行海外传播的重要平台。

2. 通信类中央企业表现相对良好

在 96 家中央企业中，中国移动通信集团有限公司（以下简称中国移动）、中国联合网络通信集团有限公司（以下简称中国联通）、中国电信集团有限公司（以下简称中国电信）等通信类中央企业表现突出，在单个视频最高点击量指标上拥有较高的传播力，虽然订阅数量并不高，但是单个视频最高点击量却较高。

表 11 部分通信类中央企业数据

中央企业名称（简称）	订阅数量（人次）	单个视频最高点击量（次）
中国移动	517	544060
中国联通	141	186511
中国电信	295	25071

中国移动的单个视频最高点击量约是其订阅数量的 1052 倍，中国联通的单个视频最高点击量约是其订阅数量的 1323 倍，中国电信的单个视频最高点击量约是其订阅数量的 85 倍。

近年来，随着第五代移动通信技术（5G）的更新与发展，全球各国正如火如荼地开展 5G 建设，争相投入 5G 市场竞争中。根据中国互联网络信息中心（CNNIC）最新发布的第 48 次《中国互联网络发展状况统计报告》，中国在 5G 商用的实现规模、标准数量、应用创新三大方面已居于全球的领先地位，强大的技术依托和雄厚的专业实力推动了通信类中央企业在 YouTube 平台上传播力的提升。

十、结论与分析

（一）中国移动、东航、南航和中国石化连续 6 年保持前列，中国建筑和中国石油天然气近 3 年进步明显

数据显示，中国移动通信集团有限公司、中国东方航空集团有限公司、中国南方航空

集团有限公司、中国石油化工集团有限公司 4 家企业连续 6 年中央企业海外网络传播力综合指数排名靠前。除此之外，中国航空集团有限公司、中国中车集团有限公司 2 家企业连续 5 年中央企业海外网络传播力综合指数排名靠前。

表 12 近 6 年部分中央企业海外网络传播力综合指数排名比较

排名	2016 年	2017 年	2018 年	2019 年	2020 年	2021 年
1	中国东方航空集团有限公司	中国南方航空集团有限公司	中国南方航空集团有限公司	中国航空集团有限公司	中国移动通信集团有限公司	中国东方航空集团有限公司
2	上海贝尔股份有限公司	中国东方航空集团有限公司	中国航空集团有限公司	中国南方航空集团有限公司	中国电力建设集团有限公司	中国中车集团有限公司
3	中国南方航空集团有限公司	中国移动通信集团有限公司	中国东方航空集团有限公司	中国中车集团有限公司	中国东方航空集团有限公司	中国移动通信集团有限公司
4	中国海洋石油集团有限公司	国家电力投资集团有限公司	中国石油化工集团有限公司	中国石油化工集团有限公司	中国中车集团有限公司	中国南方航空集团有限公司
5	中国冶金科工集团有限公司	中国航空集团有限公司	国家电力投资集团有限公司	中国东方航空集团有限公司	中国南方航空集团有限公司	中国建筑集团有限公司
6	中国化工集团有限公司	中国石油化工集团有限公司	中国中车集团有限公司	中国移动通信集团有限公司	中国建筑集团有限公司	中国石油天然气集团有限公司
7	华润（集团）有限公司	中国中车集团有限公司	中国移动通信集团有限公司	中国电信集团有限公司	中国石油化工集团有限公司	中粮集团有限公司
8	中国移动通信集团有限公司	东风汽车集团有限公司	东风汽车集团有限公司	中国联合网络通信集团有限公司	中国医药集团有限公司	中国石油化工集团有限公司
9	中国石油天然气集团有限公司	中国电信集团有限公司	中国联合网络通信集团有限公司	国家电力投资集团有限公司	中国铁路工程集团有限公司	中国电力建设集团有限公司
10	中国石油化工集团有限公司	中国商用飞机有限责任公司	中国第一汽车集团有限公司	华润（集团）有限公司	中国航空集团有限公司	中国航空集团有限公司

航空类中央企业海外网络传播力综合指数排名表现较好，在 6 家连续 5 年及 5 年以上排名靠前的中央企业中，有 3 家为航空类中央企业，即中国东方航空集团有限公司、中国南方航空集团有限公司和中国航空集团有限公司。

中国建筑集团有限公司和中国石油天然气集团有限公司连续 3 年进步明显，在 2021 年进入海外网络传播力指数综合排名榜单前列。其中中国建筑集团有限公司已是连续第 2 年进入榜单前列。

（二）中国中车、中国移动与航空类中央企业在六大维度均表现突出

在 Google、Wikipedia、Twitter、Facebook、Instagram 和 YouTube 6 个维度方面，共有 6 家中央企业同时进入 4 个及 4 个以上海外网络传播力指数排名前列。中国东方航空集团有

限公司、中国中车集团有限公司在五个维度中进入排名榜单前列。中国移动通信集团有限公司、中国石油化工集团有限公司、中国南方航空集团有限公司、中国建筑集团有限公司在四个维度中进入排名榜单前列。另外，中国南方航空集团有限公司位列 Wikipedia、Facebook 和 Instagram 传播力指数排行有限公司第 1 位，中国东方航空集团有限公司位列 Twitter 传播力指数排名第 1 位，中国移动通信集团有限公司位列 Google 传播力指数排名第 1 位。

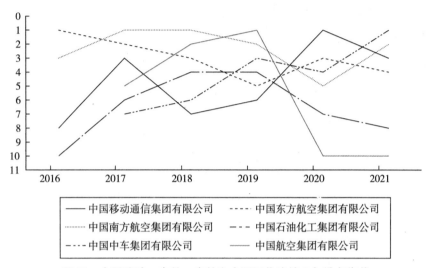

图 46　中国移动、东航、南航和中国石化连续 6 年排名靠前

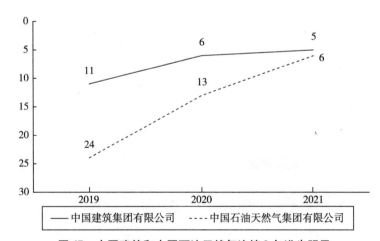

图 47　中国建筑和中国石油天然气连续 3 年进步明显

表 13　各维度传播力指数排名靠前的中央企业比较

序号	Google	Wikipedia	Twitter	Facebook	Instagram	YouTube
1	中国移动通信集团有限公司	中国南方航空集团有限公司	中国东方航空集团有限公司	中国南方航空集团有限公司	中国南方航空集团有限公司	中国中车集团有限公司

续表

序号	Google	Wikipedia	Twitter	Facebook	Instagram	YouTube
2	中国中车集团有限公司	中国东方航空集团有限公司	中国石油化工集团有限公司	中国东方航空集团有限公司	中国建筑集团有限公司	中国移动通信集团有限公司
3	中国联合网络通信集团有限公司	中国第一汽车集团有限公司	中国南方航空集团有限公司	中国移动通信集团有限公司	中国东方航空集团有限公司	中国东方航空集团有限公司
4	招商局集团有限公司	中国移动通信集团有限公司	哈尔滨电气集团有限公司	中国航空集团有限公司	中国铁路工程集团有限公司	中国石油化工集团有限公司
5	中国商用飞机有限责任公司	中国医药集团有限公司	中国建筑集团有限公司	中国建筑集团有限公司	中国铝业集团有限公司	中国建筑集团有限公司
6	中国航空器材集团有限公司	中国联合网络通信集团有限公司	中国铁道建筑集团有限公司	中国石油天然气集团有限公司	中国石油天然气集团有限公司	中粮集团有限公司
7	中粮集团有限公司	招商局集团有限公司	中国交通建设集团有限公司	中国华电集团有限公司	中国机械工业集团有限公司	中国联合网络通信集团有限公司
8	中国航空集团有限公司	中国航天科技集团有限公司	国家电力投资集团有限公司	中国交通建设集团有限公司	中国中车集团有限公司	中国石油天然气集团有限公司
9	中国石油天然气集团有限公司	东风汽车集团有限公司	中国航天科技集团有限公司	中国中车集团有限公司	国家电网有限公司	中国机械工业集团有限公司
10	东风汽车集团有限公司	中国海洋石油集团有限公司	中国中车集团有限公司	中国石油化工集团有限公司	中粮集团有限公司	中国电力建设集团有限公司

由此可见，航空类企业海外网络传播力指数不仅在连续 6 年的综合排名中靠前，2021 年在六个平台维度的表现依旧亮眼。

2021 年 5G 开始全面正式商用，全球 5G 建设进入白热化竞争状态。而当下的中国，不仅拥有全世界规模最大的 5G 网络，还掌握了全世界最先进的网络技术。这为中国移动通信集团有限公司的海外传播力提供了非常强劲的技术支持。

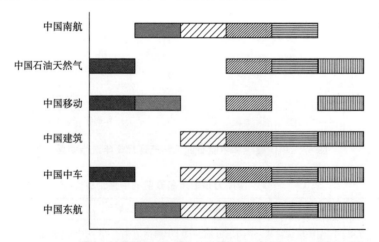

图 48　6 家中央企业同时在 4 个及 4 个以上传播力指数排名靠前

（三）基础建设与能源类中央企业海外网络传播力建设呈现逐步提升趋势

自 2013 年习近平总书记提出"一带一路"倡议后，经过多年发展，基础建设与能源类中央企业开始逐步得到海外市场的关注。其中不仅包括连续 6 年进入中央企业海外网络传播力综合指数排名榜单前列的中国石油化工集团有限公司；还有连续 3 年进步明显、2021 年共同进入综合榜单的中国建筑集团有限公司和中国石油天然气集团有限公司。

通过查询 3 家公司企业官网中的国际业务板块，发现其有一个共同点：积极响应落实国家"一带一路"倡议，稳步推进全球化运营。具体来说：中国建筑集团有限公司自 2013 年至今，开始实施"大海外"战略。强调要抢抓"一带一路"机遇，举集团之力，调整海外布局，建设"大海外平台"。中国石油天然气集团有限公司则是要求在国际油气业务板块，以"一带一路"沿线为重点持续推动海外油气合作，稳步提升全球化运营管理能力。中国石油化工集团有限公司则是将发展战略定位为国际化经营，坚持从实际出发，充分利用集团公司上中下游全产业链、产销研用一体化的优势，以"一带一路"沿线国家为布局重点，统筹好境内外国际业务、发挥好板块间协同效应。

（四）"To B"类中央企业海外平台全维度布局，"To C"类中央企业缺位社交媒体建设

各维度传播力指数排名尤其是社交媒体平台中，航空类企业传播力较高，在三大社交媒体平台均表现突出。例如，中国东方航空集团有限公司 Twitter 传播力指数排名第 1 位，Facebook 传播力指数排名第 2 位，Instagram 传播力指数排名第 3 位。中国南方航空集团有限公司 Twitter 传播力指数排名第 3 位，Facebook 传播力指数排名第 1 位，Instagram 传播力指数排名第 1 位。但能源开采或机械制造类企业则基本没有海外平台的建设布局。例如，矿冶科技集团有限公司、中国冶金地质总局等在三大海外社交媒体平台均没有设立账号，且也没有 Wikipedia 词条建设意识。

深入思考其原因，可能是与两类企业面向的用户和消费者类型有关。航空类企业直接面向个体消费者（即"To C"端），通过社交媒体平台发布企业信息，主动维护与海外用户的社交关系，有利于其业务成绩上涨。对比之下，能源开采和机械制造类企业则更多是面向组织结构（即"To B"端），较少直接面向普通用户，因而在海外社交媒体平台中没有账号设置。

（五）中央企业注重使用短视频与多样化互动方式，传播吸引力与互动性显著增强

2021 年，中央企业在海外传播的过程中呈现了注重使用短视频进行内容传播与使用多样化互动方式调动用户积极性的特征。

在短视频使用方面，典型案例如中国东方航空集团有限公司在 Twitter、Instagram 和 YouTube 等平台上的表现。在 Twitter 平台上，中国东方航空集团有限公司注重使用短视频

形式来展现自身企业品牌形象，同时在脚本设计、画面构图、配音调色等方面都十分精美。在 YouTube 平台上，中国东方航空集团有限公司订阅数量则是从 2020 年的 160 人次增长至 2021 年的 10200 人次，视频发布数量实现了 0 的突破，达到了 82 条。在 Instagram 平台上，中国东方航空集团有限公司注重使用短视频，如发布的"我最喜欢的中国汉字"视频较好展现了中国传统文化。而中国东方航空集团有限公司也在 2021 年的综合指数排名位列第 1。另外，在中央企业都有意识地使用短视频形式进行自身建设的过程中，后续也可考虑增加 VR/AR/MR 等形式，更加全方位、立体化、沉浸式地让受众理解信息。

在用户互动过程中，也有许多中央企业通过创新互动方式达到较好的传播效果。例如，在 Facebook 平台上，中国航空集团有限公司通过举行活动赢奖品的模式与用户进行互动，以一个有趣传统的"上下找不同"小游戏实现了中国文化的宣传，赢得了较高的点赞量、评论量和转发量。在 Instagram 平台上，中国南方航空集团有限公司一则简单的"机翼上的小触角是什么？"的提问，赢得了"一年内的最多回复量"。中国南方航空集团有限公司通过这种趣味互动的方式呼吁大家在留言区进行互动回答，增强了互动感。在目前中央企业开展的有奖互动、趣味提问、公开征稿、商业促销等互动方式的基础上，未来也可考虑增加通过建设品牌社群的方式来与用户互动。

（六）中央企业科技进步引发海外媒体与用户广泛关注

在中央企业的海外传播实践中，企业的经济与技术成就受到国外更多的关注，尤其是企业在某个领域取得重大技术突破时，常常在海外网络平台上引发系列报道和关注。这其中不仅包括海外主流媒体、垂直类行业媒体，还包括海外社交平台用户的关注。

例如，中国中车集团有限公司 2021 年的数据表现突出，综合传播力指数排名第 2 位，进步明显，其技术创新成就是海外网络传播力提升的重要推动力。2021 年 7 月，中国中车集团有限公司推出时速 600 公里的超高速磁悬浮列车，*Global Times*、*Trains*、*New Atlas* 等多家媒体以文字、视频等形式对该事件进行了报道，并认可企业的技术突破。中国航天科技集团有限公司研制的"嫦娥五号"返回器携带月球样品安全着陆，标志着中国探月工程"绕、落、回"三步走圆满收官，中国的航天工程的重大技术成果也引起了 *SpaceNews* 等媒体的相继报道。

其中，*Trains*、*SpaceNews* 两家媒体都属于行业媒体，可见在对外传播的过程中，中央企业不仅作为中国经济的象征，同时以技术的不断发展与成就，突破大圈融入小圈，得到垂直类媒体的关注和认可。

此外，以中国移动通信集团有限公司、中国联合网络通信集团有限公司、中国电信集团有限公司为例，在 Google 平台检索到的相关新闻报道中，海外媒体主要聚焦于通信类企业在 5G 技术方面的布局、发展水平等技术层面。中国的 5G 基站建设和城市覆盖率走在世界前列，超过了欧美等发达国家，技术发展吸引了国际媒体的目光，通信类企业搭乘5G 技术的东风，积极拓展相关业务，在海外媒体平台发布 5G 技术相关信息，促进了通信类中央企业海外传播力的提升。

图 49 中车集团在 Google 中检索的代表性新闻（1）

图 50 中车集团在 Google 中检索的代表性新闻（2）

图 51　中国移动在 Google 中检索的代表性新闻（1）

图 52　中国移动在 Google 中检索的代表性新闻（2）

除媒体报道，海外对中国科技的关注还体现在广大海外社交媒体用户的活跃度上。本报告在本年度 Twitter 平台的评价体系新增了"平台传播量"维度，进一步从"评价"维度考察我国中央企业在互联网英文世界中的传播力。

通过对比单一"自有账号建设"维度时的排名、单一"平台传播量"维度时的排名和两个维度综合后的排名可以发现：在单一"自有账号建设"维度中得分为 0 的，即没有开设 Twitter 账号的中国航天科技集团有限公司和中国航天科工集团有限公司，在单一"平台传播量"维度中的排名均位居前列，其中中国航天科技集团有限公司排名第 1 位，而中国航天科工集团有限公司排名第 9 位。而在最后"自有账号建设"和"平台传播量"两个维度的综合排名中，中国航天科技集团有限公司排名第 9 位，而中国航天科工集团有限公司排名第 28 位。

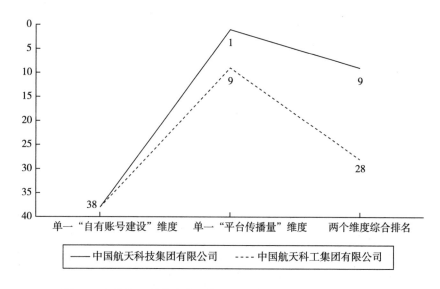

图 53　中国航天科技和中国航天科工在三种评价方式下的排名

通过对两家中央企业的平台传播量内容进行分析后发现，海外普通互联网用户最关注的仍然是中国的航天技术成就。例如，针对中国航天科技集团有限公司，海外普通互联网用户主要讨论的关键词有"天问一号"、"嫦娥五号"、"中国空间站建设"、"太空邮件服务"、"新型运载火箭"等。而针对中国航天科工集团有限公司，主要讨论的主题有"快舟一号甲成功发射"、"长征三号运载火箭成功发射"、"长征四号运载火箭成功发射"等。

横向对比在 Google 平台上两家公司的表现可以发现，中国航天科技集团有限公司排名为第 21 位，而中国航天科工集团有限公司排名为第 39 位。航天技术的进步不仅能得到西方主流媒体的报道，还能在海外普通互联网用户中引发关注。即使这两家公司在海外社交平台如 Twitter、Facebook、Instagram 和 YouTube 上的自有账号建设都较弱甚至没有开设账号，但自身过硬的科学技术成就同样能促进海外知名度的提升。

由此可见，无论是国外媒体还是海外大众都十分关注中央企业取得的技术突破，中央企业技术特征和取得的突破更能成为国外媒介的重要议程。因此，在中央企业的海外传播过程中应该更加积极主动地宣传自身的技术创新与发展，促进海外媒体主动进行报道，提升中央企业知名度，塑造更好的海外传播形象。

（七）文化公益类内容助推中央企业传播力提升，但仍需探寻传播新符号

分析发现，文化类和公益类内容更能吸引大众，创生大量海外用户的关注，取得较好的传播效果。例如 Facebook 平台，中国交通建设集团有限公司在官方账号推出了"爱的形状"公益话题栏目，定期介绍该公司的志愿服务项目，分享公司员工给山区孩子送温暖送慰问的记录，传递了满满的温暖与正能量，这些图片内容的点赞量和视频播放量都较高，取得了较好的传播效果，并且推动了良好中国形象在海外的树立。在 Instagram 平台，多家中央企业在传播自身企业文化的同时，发布了许多有关中国文化的内容，包括介绍中国传统节日、中国传统美食、中国汉字等，凸显中央企业的文化自信。例如，中国南方航空集团有限公司发布"中国点心"的 Instagram 推文，中国东方航空集团有限公司发布"我最喜欢的中国汉字"的 Instagram 推文，均获得了广泛的关注。

企业充分挖掘传统历史底蕴，展现企业文化价值观，但过度依赖从传统文化中寻找传播的话题，忽视了探寻新颖的传播符号，缺少现代性的话语表达。企业在社交媒体平台上过多地利用传统文化吸引用户，长此以往，容易造成海外用户的审美疲劳，对中国形象的认知固化，以及对中国文化的了解片面化。因此，中央企业在传播传统文化外，还应该挖掘更贴近当下中国文化发展现状的传播点，与时俱进地创新传播内容，用国际化和本土化的方式表达，让海外用户了解更真实的中国，积极主动传播现代中国的价值观及先进的中国文化，塑造年轻有活力的企业面貌和日新月异的国家形象。

（八）中央企业社交媒体整体运营水平有所提高，但与参照企业对比在内容发布的质与量及粉丝互动方面进步空间仍较大

总体来看，2021 年中央企业整体运营水平有所提高。例如，Twitter 平台所有中央企业账号平均粉丝数量 8421 人，相比 2020 年增长近 91%。且共有 15 家中央企业的粉丝数量在 10000 人以上，相比 2020 年增加 6.3 个百分点。但是相比对标企业，中央企业的进步稍显缓慢，未来发展空间较大。例如，Twitter 平台中央企业中粉丝量最多的中国东方航空集团有限公司，相比参照企业，粉丝占比仅为荷兰皇家壳牌集团的 27% 和华为技术有限公司的 2%。中央企业中发布信息量最多的中国东方航空集团有限公司，相比参照企业，其内容发布量也仅为华为公司的 10%。

Facebook 平台中有账号的中央企业虽然发布了大量内容，但是与粉丝进行互动的情况依然较差，96 家企业发布内容的"评论数最高平均值"仅为 3.7 条。由此可见，这些账号在很大程度上只起了发布信息的作用，没有起到沟通用户、与用户进行互动交流的作用。这无形中阻隔了这些中央企业同海外用户的关系，不利于中央企业海外传播力的提升。

Instagram 平台的内容互动主要表现在评论、图文点赞、视频点击量 3 个方面，和参照企业相比其表现较为突出。在最多回复数量方面，96 家中央企业一年内发布内容的总体回复数量较少，如中国南方航空集团有限公司"一年内最高评论数"位列中央企业排名第 1 位，是华为技术有限公司的 12.4%；在图文最高点赞量方面，96 家中央企业一年内图文最高点赞量差别较大，点赞数在 2000 次之后出现断层，点赞数超过 2000 次的企业有 4 家，紧随其后排名第 5 位的企业最高点赞数仅为 713 次。中国建筑集团有限公司的"一年内最高图文点赞数"位列中央企业排名第 1 位，是华为技术有限公司的 0.46%。

整体来看，中央企业在"讲好中国故事，传播好中国声音，阐释好中国特色"的海外传播意识明显增强，取得一些成效。但中央企业在海外网络传播力发展的过程中，不能只注重自身的纵向比较，也要重视与其他行业类型的横向比较，学习借鉴国际一流企业的运营方式和传播手段，争取更好地"构建中国话语和中国叙事体系"。

（九）中央企业在三大国外社交平台的入驻率发展趋于平缓，官方认证比例过低

2021 年，中央企业在 Twitter、Facebook、Instagram 三大国外社交平台的入驻率发展趋于平缓甚至下降。入驻 Twitter 平台的中央企业比例从 39.2% 降至 38.5%；在 Instagram 平台上，由于 2021 年仅按照总账号计算，不算地方分号，因此相比 2020 年注册 Instagram 账号的中央企业比例由 30.9% 下降至 22.9%；中央企业在 Facebook 平台整体表现相对突出，入驻 Facebook 平台比例由 43.2% 上升至 48.5%。

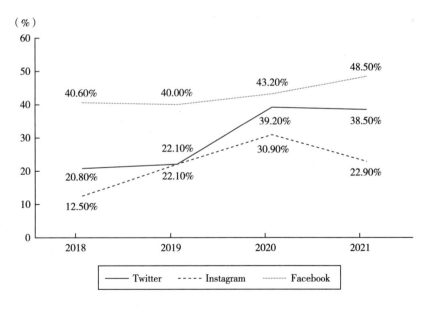

图 54　96 家中央企业近 4 年社交平台入驻比较

中央企业在三个维度进行官方认证的企业依然较少，仅在 Facebook 平台有所发展。

Twitter 平台进行官方认证的中央企业共有中国石油化工集团有限公司等 6 家，与 2020 年数字持平；在 Instagram 平台，进行官方认证的中央企业仅有中国南方航空集团有限公司和中国建筑集团有限公司两家企业，与 2020 年数字持平；在 Facebook 平台，进行官方认证的企业共有中国移动通信集团有限公司等 11 家，占中央企业总数的 11.5%，在企业总数减少了 1 家的前提条件下，相较于 2020 年新增了 5 家企业获得该平台官方账号。其中，中国南方航空集团有限公司和中国建筑集团有限公司两家中央企业在 3 个平台均进行了认证，表现突出；在 2 个平台进行官方认证的中央企业仅有中国东方航空集团有限公司、中国航空集团有限公司 2 家，且中国航空集团账号为北美分号，中央企业在社交媒体平台的认证情况有待改善。

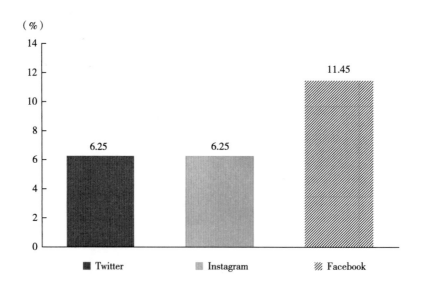

图 55　中央企业 3 个社交平台认证情况

第三章　2021中国城市海外网络传播力建设报告

摘　要

2021年5月31日，中共中央政治局就加强我国国际传播能力建设进行了第30次集体学习，中共中央总书记习近平在主持学习时强调，讲好中国故事，传播好中国声音，展示真实、立体、全面的中国，是加强我国国际传播能力建设的重要任务。城市作为国家的组成单元，也是国家形象构建中的重要元素，中国城市的海外传播为世界了解中国文化和中国发展提供了窗口和载体。

本研究选取 Google、Twitter、YouTube 以及 TikTok 4 个在线平台作为数据来源，根据不同平台的指标设置权重计算我国内地城市（不含我国港澳台地区）的海外网络传播力综合指数。研究发现，2021 年我国城市海外网络传播力指数的分布情况如下：

1. 2021 年，我国 337 座城市（自治州、地区、盟）海外网络传播力综合指数排名靠前的依次是北京市、上海市、武汉市、广州市、深圳市、成都市、重庆市、杭州市、南京市、天津市。

2. 我国 301 座普通地级市（自治州、地区、盟）中海外网络传播力综合指数排名靠前的依次是三亚市、张家界市、苏州市、喀什地区、桂林市、珠海市、西双版纳傣族自治州、恩施土家族苗族自治州、洛阳市、温州市。

3. 从各省份的平均传播力指数来看，2021 年排名靠前的省份（不包括直辖市）是浙江省、广东省、海南省、福建省、江苏省、云南省、湖北省、山东省、新疆维吾尔自治区、河南省。7 个省份的省会城市不是区域内最高分。

2021 年中国城市海外网络传播呈现出以下特征：

1. 北京、珠海、昆明等城市注重利用大型节事塑造城市品牌，提高海外网络传播力。在对外传播过程中，不少城市注重举办电影节（大同市、三亚市）、时装周（北京市、上海市）、航空航天展（珠海市）、全运会（西安市）、生物多样性大会（昆明市）等国际性的大型节事，这种惯例性的年度盛事往往能吸引国际社会的持续关注和报道。例如，两年一度的中国国际航空航天博览会在珠海市举办，吸引了国内外众多军迷的关注，在 Twitter 上掀起了一波有关珠海市的军事热潮。

2. 重庆、上海等城市借助"外国人视角"建构立体的城市国际形象。城市对外传播越来越多使用"外国人视角"来刻画城市形象。在 IO Interactive 发行的《杀手3》游戏中，第四章地图以重庆市为背景，琳琅满目的霓虹招牌突出都市化的特征，加强了重庆市"夜生活"、"商业化"的国际形象。随着上海市精神卫生中心刻有医院名字的月饼在网上走红，*Sixth Tone* 的记者 Bibek Bhandari 撰稿指出网民在社交媒体上评论和分享月饼的相关信息，实际上是在表达对医院的支持和对心理健康问题的关注。

3. 北京、上海、南京、大同等城市的叙事方式注重引发海外社交媒体用户的情感共鸣。一些社交媒体账号常常发布蕴藏民国时期老北京胡同和上海外滩景色等城市记忆的老照片，吸引海外友人对古老东方特色历史的欣赏和品味。在 Twitter 上有国外友人发布对于南京人民曾在战争中饱受苦难的悲悯与同情，由此引发网友对"反战"这一人类共同命题的思考。大同市在报道考古队最新发掘的恋人墓时，从"相拥 1500 年""生同衾，死同穴"的爱情角度进行报道，将原本普通的考古事件渲染成跨越千年的浪漫爱情，引发海外用户关注。

4. 杭州、潍坊、厦门等城市借助个性化标签塑造差异化的城市形象。例如，杭州市出台电竞产业扶持政策致力于打造"电竞之都"、风筝发源地潍坊被称为"风筝的故乡"、厦门鼓浪屿被誉为"海上花园"等，这些标签突出了城市的个性化特色与亮点，有助于构建城市自身形象。

5. 成都、张家界、景德镇等城市充分利用 TikTok 短视频平台传播传统与时尚文化，以及自然景观。TikTok 平台中以"成都"为标签的视频在符号生产上主要有三大指向："熊猫"、"时尚"与"城市景观"。春熙路、宽窄巷子成为"网红"打卡地，时尚爱好者、汉服爱好者以及穿搭博主成为主要符号，各类时尚街拍类视频迅速获得年轻人的青睐。以"张家界"为标签的内容池中，天门山的雄奇山峰、玻璃栈道、超高直梯、野猴是主要的视频符号。以"景德镇"为标签的内容池中，大量视频围绕"瓷器"这一文化符号展开创作，可分为知识讲解、符号呈现、亲身体验三大类别。

6. 多数城市的对外传播表现为单向的输出，缺少与海外用户的互动。在全国 337 座城市中，有部分城市在四大平台上没有对外传播的账号，在已有的城市官方账号中，存在内容更新不及时、缺乏创意以及与用户互动性不强等问题，缺乏对海外用户的洞察，忽视了互联网的传播逻辑。

7. 城市对外传播的内容和形式同质化，创新性有待提高。对外传播同质化的现象集中表现在旅游城市中，一些旅游城市的对外传播内容符号较为单一，以山川风景类短视频、宣传片为主，缺乏对城市人文历史的关注，未能有效展现自身特色。

一、背景

党的十八大以来，我国大力推动国际传播守正创新，理顺内宣外宣体制，打造具有国际影响力的媒体集群，积极推动中华文化"走出去"，有效开展国际舆论引导和舆论斗争。2021 年 5 月 31 日，中共中央政治局就加强我国国际传播能力建设进行了第 30 次集体学习，中共中央总书记习近平在主持学习时强调，讲好中国故事，传播好中国声音，展示真实、立体、全面的中国，是加强我国国际传播能力建设的重要任务。城市作为国家的组成单元，是国家形象构建中的重要元素，中国城市的海外传播为世界了解中国文化和中国发展提供了窗口和载体。因此，对于中国城市海外传播力的研究成为一项重大课题。

在互联网时代背景下，网络已经成为民众获取信息的重要渠道。国外社交平台打破了国家地域的限制，海外民众对中国城市的信息获取和城市形象的认知在很大程度上依赖于网络传播。因此，对城市海外网络传播力的调查研究可以帮助我们在一定程度上把握中国城市的"他者形象"，探讨我国城市海外传播的阶段特征和问题，以及思考、总结和推广典型城市的成功经验。

本研究以我国 337 座城市（自治州、地区、盟，不含港澳台地区城市）为研究对象，通过采集它们在海外主要社交媒体平台上（包括 Google、Twitter、YouTube 以及 TikTok）的相关数据，并设定具体维度和指标来构建传播力指数，从而能够比较全面客观地了解我国主要城市的海外网络传播力状况，为发掘城市海外网络传播力构建的经验和教训提供事实依据，以期建设和完善城市对外传播体系，提升我国整体的国际传播力。

Google 搜索是全球最大的搜索引擎，提供 30 余种语言服务，在全球搜索引擎平台上占据主导地位。Google 是世界范围内英文新闻最大的集合渠道之一，涵盖全球主流媒体新闻报道。因此，以 Google 为平台分析中国城市的新闻内容和报道数量具有较高的研究价值和可信度。

Twitter 是极富典型性和代表性的全球性社交媒体平台，话题讨论多样，参与群体多元。根据 Affde 2021 年 7 月的报告，Twitter 日活跃用户达 1.92 亿，用户覆盖世界多地。Twitter 为用户提供一个公共讨论平台，不同地理空间的信息都可以通过社交网络传播扩散，有着很强的国际影响力。因此，Twitter 平台的数据统计在一定程度上可以反映中国城市在海外传播的深度与广度。

YouTube 是海外主要视频网站，用户可在平台内自主上传和浏览全球范围的视频内容。据 Market 发布的数据，YouTube 平台每月有超过 20 亿活跃用户，每日有 1.22 亿活跃用户，是全球规模最大和最有影响力的视频网站，深受不同群体用户青睐。在 YouTube 平台上进行影像视觉传播可以实现快速、大范围传播，吸引全球用户关注中国城市并形成视觉化印象。所以，YouTube 平台的统计数据在一定程度上可以反映中国城市的跨文化传播和沟通能力。

TikTok 是一款于 2017 年 5 月上线的短视频软件，在短视频兴起的背景下，利用本土化运营策略在海外赢得了大量用户的喜爱，具有较大的影响力。考察城市在 TikTok 平台上的统计数据，对于研究城市在短视频这一媒介形式上的海外网络传播力具有重要意义。

二、方法

（一）研究对象

本报告的研究对象为中国内地 337 座城市（自治州、地区、盟，不含港澳台地区城市，下同），在 4 个平台中使用关键词检索的方式搜索相关信息，为保证所采集数据为英文语境下的信息，且避免与城市同名的信息混淆，研究者在关键词检索时，对直辖市、省会城市及计划单列市的英文名称冠以双引号，对普通地级市的英文名称在冠以双引号的同时加上了该城市所在省份的英文名称（带双引号）。例如，深圳市的关键词为"Shenzhen"，邯郸市的关键词为"Handan"、"Hebei"[1]。

（二）指标与算法

1. 指标体系

选取 Google、Twitter、YouTube 以及 TikTok 4 个在线平台作为数据来源，通过专家法在每个平台下设置了不同的指标和权重。其中，Google、Twitter 和 YouTube 3 个平台的指标均包含"非负新闻/信息/视频数量"这一项，该指标是通过随机抽样的方式，对新闻、信息和视频等条目进行正负面情感倾向编码得到负面信息率后计算而来的。例如，上海市在 Google 中检索到的数据总量是 9400000 条[2]，随机抽取容量为 200 条的新闻资讯样本后，对样本条目的正负面情感倾向进行人工编码，在信度达到可接受水平的前提下，求出上海市在 Google 这一维度上的负面信息率为 1%，进而求得上海市的非负新闻数量为 9306000 条。Twitter 平台维度还包含"点赞量"、"转发量"和"评论量"3 个指标，所占权重分别为 7%、4% 和 4%。TikTok 是 2021 年首次加入的平台维度，它包含"浏览总量"1 个指标，所占权重为 20%。

表1　中国城市海外网络传播力指数指标体系　　　　　　单位:%

维度	指标	权重	
Google	非负新闻数量	20	20
Twitter	点赞量	7	30
	转发量	4	
	评论量	4	
	非负信息数量	15	

---

① 在实际检索时，引号使用的是英文输入法半角模式下的字符。
② 数据以 Google 搜索展示的结果为准，平台自身可能存在取近似值的情况。

续表

维度	指标	权重	
YouTube	非负视频数量	30	30
TikTok	浏览总量	20	20

2. 算法

本研究所使用的城市海外网络传播力指数算法如下：

$$x_j = \frac{\sum\limits_{i=1}^{4} \beta_i y_{ij}}{\max\limits_{j}\left(\sum\limits_{i=1}^{4} \beta_i y_{ij}\right)} \times 100$$

$x_j \in [0, 100]$：城市 j 的海外传播力综合得分。

β_i：任意一级指标的权重，$i = 1, 2, 3, 4$。

$$y_{1j} = \frac{\log\left(\dfrac{z_{1j}}{\max\limits_{j}(z_{1j})} \times 10000 + 1\right)}{\max\limits_{j}\left(\log\left(\dfrac{z_{1j}}{\max\limits_{j}(z_{1j})} \times 10000 + 1\right)\right)}$$ ：城市 j 在 Google 的网络传播力得分，其中 z_{1j}

是城市 j 在 Google 的正面数值。

$$y_{2j} = \frac{\log\left(\dfrac{z_{2j}}{\max\limits_{j}(z_{1j})} \times 10000 + 1\right)}{\max\limits_{j}\left(\log\left(\dfrac{z_{2j}}{\max\limits_{j}(z_{2j})} \times 10000 + 1\right)\right)}$$ ：城市 j 在 YouTube 的网络传播力得分，其中

z_{2j} 是城市 j 在 YouTube 的正面数值。

$$y_{3j} = \frac{\log\left(1 + 100 \sum\limits_{k=1}^{4} \alpha_{3k}\left(\dfrac{z_{3j}^{k}}{\max\limits_{j}(z_{3j}^{k})} \times 100\right)\right)}{\max\limits_{j}\left(\log\left(1 + 100 \sum\limits_{k=1}^{4} \alpha_{3k}\left(\dfrac{z_{3j}^{k}}{\max\limits_{j}(z_{3j}^{k})} \times 100\right)\right)\right)}$$ ：城市 j 在 Twitter 的网络传播力得

分，其中 z_{3j}^{k} 是城市 j 在 Twitter 任意二级指标的数值，α_{3k} 为一级指标 Twitter 下任意二级指标的权重，$k = 1, 2, 3, 4$。

$$y_{4j} = \frac{\log\left(\dfrac{z_{4j}}{\max\limits_{j}(z_{1j})} \times 10000 + 1\right)}{\max\limits_{j}\left(\log\left(\dfrac{z_{4j}}{\max\limits_{j}(z_{2j})} \times 10000 + 1\right)\right)}$$ ：城市 j 在 TikTok 的网络传播力得分，其中 z_{4j}

是城市 j 在 TikTok 的数值。

（三）数据采集

本研究采集数据的时间跨度限定为 2020 年 10 月 16 日至 2021 年 10 月 15 日，需要说

明的是，Twitter 只包含 2021 年 8 月、9 月和 10 月的数据。为确保数据的相对一致性，数据采集工作集中开展于 2021 年 11 月 5 日至 2021 年 11 月 18 日共 14 天的时间内。

三、中国城市海外网络传播力综合指数

（一）中国 337 座城市（自治州、地区、盟）海外网络传播力综合指数分布

本研究整理并汇集我国 337 座城市（自治州、地区、盟）在 Google、Twitter、YouTube 和 TikTok 4 个维度上的数据，同时剔除各平台中的城市负面报道或评价信息，通过综合模型计算分析得出中国城市的海外网络传播力综合指数与排名。城市网络传播力综合指数是一个相对值，最高的为 100.00，计算方法为：首先，将海外网络传播力每个维度得分最高的城市指数化为 100.00；其次，在各维度上分别换算每座城市的海外网络传播力相对指数后进行对数标准化；最后，综合 Google、Twitter、YouTube 和 TikTok 4 个维度的标准化得分，通过加权计算和归一化处理得出每座城市的海外网络传播力相对综合指数。

337 座城市（自治州、地区、盟）的海外网络传播力综合指数排名靠前的依次是北京市、上海市、武汉市、广州市、深圳市、成都市、重庆市、杭州市、南京市、天津市。

表 2　城市海外网络传播力综合指数

序号	城市名称	得分	序号	城市名称	得分
1	北京市	100.00	13	郑州市	53.94
2	上海市	99.26	14	厦门市	52.84
3	武汉市	89.13	15	哈尔滨市	50.61
4	广州市	73.34	16	大连市	49.30
5	深圳市	72.57	17	沈阳市	48.89
6	成都市	72.07	18	福州市	47.49
7	重庆市	68.41	19	昆明市	46.43
8	杭州市	67.32	20	宁波市	46.34
9	南京市	60.72	21	长沙市	45.26
10	天津市	55.23	22	三亚市	43.87
11	青岛市	54.76	23	西安市	43.39
12	兰州市	54.43	24	合肥市	40.13

序号	城市名称	得分	序号	城市名称	得分
25	乌鲁木齐市	40.00	60	舟山市	21.47
26	张家界市	38.99	61	莆田市	21.46
27	贵阳市	38.86	62	烟台市	20.75
28	石家庄市	37.48	63	和田地区	20.73
29	长春市	37.02	64	湘西土家族苗族自治州	20.22
30	苏州市	36.30	65	黄山市	19.91
31	拉萨市	35.43	66	常州市	19.49
32	喀什地区	34.78	67	西宁市	18.80
33	桂林市	33.27	68	绍兴市	18.46
34	珠海市	32.80	69	南通市	18.38
35	南昌市	32.29	70	漳州市	18.36
36	西双版纳傣族自治州	30.83	71	自贡市	18.11
37	恩施土家族苗族自治州	30.58	72	甘孜藏族自治州	17.97
38	洛阳市	30.53	73	昭通市	17.86
39	温州市	28.64	74	凉山彝族自治州	17.32
40	海口市	28.61	75	鄂尔多斯市	17.30
41	丽江市	28.58	76	江门市	16.73
42	大理白族自治州	28.23	77	鹤壁市	16.69
43	佛山市	27.98	78	沧州市	16.43
44	扬州市	27.41	79	潮州市	16.38
45	济南市	27.08	80	泸州市	16.31
46	泉州市	25.76	81	天水市	16.07
47	南宁市	25.62	82	威海市	16.03
48	中山市	24.77	83	伊犁哈萨克自治州	16.00
49	无锡市	24.47	84	延安市	15.75
50	开封市	24.17	85	金华市	15.63
51	景德镇市	24.08	86	柳州市	15.57
52	惠州市	24.06	87	新乡市	15.21
53	大同市	23.56	88	玉林市	15.14
54	汕头市	23.46	89	吐鲁番市	15.08
55	普洱市	23.05	90	湛江市	15.08
56	清远市	22.83	91	宜昌市	15.01
57	东莞市	22.83	92	韶关市	15.00
58	太原市	22.47	93	徐州市	14.95
59	乐山市	22.35	94	阿勒泰地区	14.59

序号	城市名称	得分	序号	城市名称	得分
95	嘉兴市	14.47	130	克拉玛依市	11.06
96	玉溪市	14.47	131	湖州市	10.77
97	雅安市	14.42	132	银川市	10.50
98	张掖市	14.23	133	商丘市	10.39
99	河池市	14.23	134	保定市	10.36
100	台州市	14.10	135	济宁市	10.21
101	怒江傈僳族自治州	14.09	136	哈密市	10.05
102	酒泉市	14.01	137	三门峡市	9.76
103	淄博市	13.72	138	梅州市	9.71
104	随州市	13.70	139	临沧市	9.71
105	阳江市	13.58	140	阿克苏地区	9.59
106	那曲市	13.44	141	荆州市	9.55
107	枣庄市	13.28	142	毕节市	9.51
108	日喀则市	13.21	143	潍坊市	9.50
109	承德市	13.21	144	阿坝藏族羌族自治州	9.19
110	镇江市	13.20	145	连云港市	9.17
111	玉树藏族自治州	12.95	146	信阳市	9.10
112	北海市	12.81	147	榆林市	9.05
113	钦州市	12.76	148	黑河市	9.02
114	锡林郭勒盟	12.60	149	唐山市	8.82
115	安阳市	12.55	150	芜湖市	8.67
116	晋城市	12.36	151	赣州市	8.49
117	菏泽市	12.34	152	遵义市	8.43
118	盐城市	12.32	153	宜宾市	8.43
119	呼和浩特市	12.28	154	岳阳市	8.41
120	临沂市	12.12	155	德宏傣族景颇族自治州	8.29
121	邯郸市	11.94	156	张家口市	8.27
122	肇庆市	11.90	157	茂名市	8.15
123	蚌埠市	11.86	158	包头市	8.12
124	铜仁市	11.79	159	九江市	8.05
125	儋州市	11.77	160	日照市	8.02
126	揭阳市	11.65	161	宁德市	7.87
127	襄阳市	11.64	162	常德市	7.68
128	郴州市	11.35	163	运城市	7.66
129	龙岩市	11.11	164	衡水市	7.60

序号	城市名称	得分	序号	城市名称	得分
165	汉中市	7.41	200	嘉峪关市	5.71
166	宿迁市	7.37	201	锦州市	5.69
167	六盘水市	7.35	202	绵阳市	5.61
168	阿拉善盟	7.14	203	陇南市	5.61
169	淮安市	7.06	204	泰安市	5.60
170	甘南藏族自治州	6.99	205	昌吉回族自治州	5.57
171	鄂州市	6.95	206	泰州市	5.50
172	阜阳市	6.77	207	白山市	5.47
173	牡丹江市	6.69	208	怀化市	5.43
174	黔东南苗族侗族自治州	6.67	209	贵港市	5.34
175	塔城地区	6.65	210	南阳市	5.33
176	眉山市	6.64	211	昌都市	5.30
177	广元市	6.60	212	临夏回族自治州	5.22
178	焦作市	6.58	213	盘锦市	5.14
179	安顺市	6.56	214	株洲市	5.11
180	十堰市	6.56	215	东营市	4.99
181	吉林市	6.47	216	贺州市	4.96
182	滨州市	6.45	217	亳州市	4.95
183	大庆市	6.35	218	邢台市	4.95
184	上饶市	6.23	219	攀枝花市	4.92
185	楚雄彝族自治州	6.21	220	渭南市	4.91
186	百色市	6.17	221	晋中市	4.83
187	梧州市	6.11	222	廊坊市	4.81
188	乌兰察布市	6.07	223	黄石市	4.78
189	平凉市	6.07	224	吉安市	4.74
190	丹东市	6.06	225	佳木斯市	4.59
191	安庆市	6.03	226	白银市	4.59
192	赤峰市	6.00	227	河源市	4.55
193	丽水市	5.97	228	许昌市	4.54
194	秦皇岛市	5.92	229	德州市	4.37
195	平顶山市	5.90	230	乌海市	4.33
196	达州市	5.78	231	红河哈尼族彝族自治州	4.31
197	临汾市	5.77	232	汕尾市	4.28
198	文山壮族苗族自治州	5.76	233	阿里地区	4.27
199	葫芦岛市	5.76	234	广安市	4.27

序号	城市名称	得分	序号	城市名称	得分
235	新余市	4.22	270	商洛市	2.86
236	齐齐哈尔市	4.09	271	抚顺市	2.78
237	呼伦贝尔市	4.09	272	通化市	2.71
238	宿州市	4.07	273	聊城市	2.70
239	延边朝鲜族自治州	4.06	274	庆阳市	2.70
240	荆门市	4.05	275	抚州市	2.69
241	南平市	4.01	276	黔南布依族苗族自治州	2.69
242	衢州市	3.98	277	鞍山市	2.67
243	保山市	3.96	278	兴安盟	2.65
244	海西蒙古族藏族自治州	3.95	279	益阳市	2.65
245	海南藏族自治州	3.93	280	长治市	2.60
246	金昌市	3.93	281	湘潭市	2.60
247	林芝市	3.93	282	本溪市	2.57
248	咸宁市	3.84	283	咸阳市	2.57
249	曲靖市	3.81	284	武威市	2.55
250	萍乡市	3.73	285	宜春市	2.50
251	定西市	3.63	286	迪庆藏族自治州	2.48
252	淮南市	3.60	287	周口市	2.47
253	内江市	3.53	288	果洛藏族自治州	2.41
254	山南市	3.51	289	驻马店市	2.37
255	永州市	3.51	290	淮北市	2.17
256	三明市	3.49	291	衡阳市	2.16
257	崇左市	3.46	292	通辽市	2.13
258	滁州市	3.32	293	辽阳市	2.09
259	六安市	3.31	294	营口市	2.00
260	南充市	3.28	295	安康市	1.97
261	云浮市	3.27	296	濮阳市	1.96
262	阜新市	3.24	297	朝阳市	1.94
263	海北藏族自治州	3.22	298	德阳市	1.92
264	邵阳市	3.17	299	黄冈市	1.90
265	防城港市	3.15	300	资阳市	1.83
266	宣城市	3.06	301	铜陵市	1.79
267	中卫市	3.02	302	七台河市	1.77
268	宝鸡市	3.02	303	阳泉市	1.65
269	漯河市	2.91	304	绥化市	1.65

序号	城市名称	得分	序号	城市名称	得分
305	忻州市	1.64	322	铜川市	1.06
306	博尔塔拉蒙古自治州	1.59	323	海东市	1.06
307	遂宁市	1.57	324	巴中市	0.97
308	铁岭市	1.52	325	巴音郭楞蒙古自治州	0.96
309	池州市	1.50	326	吴忠市	0.78
310	鹤岗市	1.47	327	松原市	0.77
311	孝感市	1.47	328	来宾市	0.74
312	马鞍山市	1.42	329	巴彦淖尔市	0.71
313	石嘴山市	1.41	330	克孜勒苏柯尔克孜自治州	0.55
314	伊春市	1.37	331	鸡西市	0.54
315	大兴安岭地区	1.35	332	固原市	0.45
316	三沙市	1.31	333	辽源市	0.34
317	娄底市	1.27	334	鹰潭市	0.33
318	黔西南布依族苗族自治州	1.24	335	白城市	0.32
319	黄南藏族自治州	1.14	336	四平市	0.26
320	吕梁市	1.13	337	双鸭山市	0.01
321	朔州市	1.08			

（二）直辖市、省会城市及计划单列市的海外网络传播力综合指数分布

直辖市、省会城市以及计划单列市共 36 座城市的海外网络传播力综合指数排名靠前的依次是北京市、上海市、武汉市、广州市、深圳市、成都市、重庆市、杭州市、南京市、天津市。

表 3　直辖市/省会城市/计划单列市海外网络传播力综合指数

序号	城市名称	得分	序号	城市名称	得分
1	北京市	100.00	10	天津市	55.23
2	上海市	99.26	11	青岛市	54.76
3	武汉市	89.13	12	兰州市	54.43
4	广州市	73.34	13	郑州市	53.94
5	深圳市	72.57	14	厦门市	52.84
6	成都市	72.07	15	哈尔滨市	50.61
7	重庆市	68.41	16	大连市	49.30
8	杭州市	67.32	17	沈阳市	48.89
9	南京市	60.72	18	福州市	47.49

序号	城市名称	得分	序号	城市名称	得分
19	昆明市	46.43	28	拉萨市	35.43
20	宁波市	46.34	29	南昌市	32.29
21	长沙市	45.26	30	海口市	28.61
22	西安市	43.39	31	济南市	27.08
23	合肥市	40.13	32	南宁市	25.62
24	乌鲁木齐市	40.00	33	太原市	22.47
25	贵阳市	38.86	34	西宁市	18.80
26	石家庄市	37.48	35	呼和浩特市	12.28
27	长春市	37.02	36	银川市	10.50

（三）普通地级市（自治州、地区、盟）海外网络传播力综合指数分布

301 座地级市（自治州、地区、盟）的海外网络传播力综合指数排名靠前的依次是三亚市、张家界市、苏州市、喀什地区、桂林市、珠海市、西双版纳傣族自治州、恩施土家族苗族自治州、洛阳市、温州市。

表 4 地级市（自治州、地区、盟）海外网络传播力综合指数

序号	城市名称	得分	序号	城市名称	得分
1	三亚市	43.87	18	开封市	24.17
2	张家界市	38.99	19	景德镇市	24.08
3	苏州市	36.30	20	惠州市	24.06
4	喀什地区	34.78	21	大同市	23.56
5	桂林市	33.27	22	汕头市	23.46
6	珠海市	32.80	23	普洱市	23.05
7	西双版纳傣族自治州	30.83	24	东莞市	22.83
8	恩施土家族苗族自治州	30.58	25	清远市	22.83
9	洛阳市	30.53	26	乐山市	22.35
10	温州市	28.64	27	舟山市	21.47
11	丽江市	28.58	28	莆田市	21.46
12	大理白族自治州	28.23	29	烟台市	20.75
13	佛山市	27.98	30	和田地区	20.73
14	扬州市	27.41	31	湘西土家族苗族自治州	20.22
15	泉州市	25.76	32	黄山市	19.91
16	中山市	24.77	33	常州市	19.49
17	无锡市	24.47	34	绍兴市	18.46

序号	城市名称	得分	序号	城市名称	得分
35	南通市	18.38	70	随州市	13.70
36	漳州市	18.36	71	阳江市	13.58
37	自贡市	18.11	72	那曲市	13.44
38	甘孜藏族自治州	17.97	73	枣庄市	13.28
39	昭通市	17.86	74	日喀则市	13.21
40	凉山彝族自治州	17.32	75	承德市	13.21
41	鄂尔多斯市	17.30	76	镇江市	13.20
42	江门市	16.73	77	玉树藏族自治州	12.95
43	鹤壁市	16.69	78	北海市	12.81
44	沧州市	16.43	79	钦州市	12.76
45	潮州市	16.38	80	锡林郭勒盟	12.60
46	泸州市	16.31	81	安阳市	12.55
47	天水市	16.07	82	晋城市	12.36
48	威海市	16.03	83	菏泽市	12.34
49	伊犁哈萨克自治州	16.00	84	盐城市	12.32
50	延安市	15.75	85	临沂市	12.12
51	金华市	15.63	86	邯郸市	11.94
52	柳州市	15.57	87	肇庆市	11.90
53	新乡市	15.21	88	蚌埠市	11.86
54	玉林市	15.14	89	铜仁市	11.79
55	吐鲁番市	15.08	90	儋州市	11.77
56	湛江市	15.08	91	揭阳市	11.65
57	宜昌市	15.01	92	襄阳市	11.64
58	韶关市	15.00	93	郴州市	11.35
59	徐州市	14.95	94	龙岩市	11.11
60	阿勒泰地区	14.59	95	克拉玛依市	11.06
61	嘉兴市	14.47	96	湖州市	10.77
62	玉溪市	14.47	97	商丘市	10.39
63	雅安市	14.42	98	保定市	10.36
64	张掖市	14.23	99	济宁市	10.21
65	河池市	14.23	100	哈密市	10.05
66	台州市	14.10	101	三门峡市	9.76
67	怒江傈僳族自治州	14.09	102	梅州市	9.71
68	酒泉市	14.01	103	临沧市	9.71
69	淄博市	13.72	104	阿克苏地区	9.59

序号	城市名称	得分	序号	城市名称	得分
105	荆州市	9.55	140	眉山市	6.64
106	毕节市	9.51	141	广元市	6.60
107	潍坊市	9.50	142	焦作市	6.58
108	阿坝藏族羌族自治州	9.19	143	安顺市	6.56
109	连云港市	9.17	144	十堰市	6.56
110	信阳市	9.10	145	吉林市	6.47
111	榆林市	9.05	146	滨州市	6.45
112	黑河市	9.02	147	大庆市	6.35
113	唐山市	8.82	148	上饶市	6.23
114	芜湖市	8.67	149	楚雄彝族自治州	6.21
115	赣州市	8.49	150	百色市	6.17
116	遵义市	8.43	151	梧州市	6.11
117	宜宾市	8.43	152	乌兰察布市	6.07
118	岳阳市	8.41	153	平凉市	6.07
119	德宏傣族景颇族自治州	8.29	154	丹东市	6.06
120	张家口市	8.27	155	安庆市	6.03
121	茂名市	8.15	156	赤峰市	6.00
122	包头市	8.12	157	丽水市	5.97
123	九江市	8.05	158	秦皇岛市	5.92
124	日照市	8.02	159	平顶山市	5.90
125	宁德市	7.87	160	达州市	5.78
126	常德市	7.68	161	临汾市	5.77
127	运城市	7.66	162	文山壮族苗族自治州	5.76
128	衡水市	7.60	163	葫芦岛市	5.76
129	汉中市	7.41	164	嘉峪关市	5.71
130	宿迁市	7.37	165	锦州市	5.69
131	六盘水市	7.35	166	绵阳市	5.61
132	阿拉善盟	7.14	167	陇南市	5.61
133	淮安市	7.06	168	泰安市	5.60
134	甘南藏族自治州	6.99	169	昌吉回族自治州	5.57
135	鄂州市	6.95	170	泰州市	5.50
136	阜阳市	6.77	171	白山市	5.47
137	牡丹江市	6.69	172	怀化市	5.43
138	黔东南苗族侗族自治州	6.67	173	贵港市	5.34
139	塔城地区	6.65	174	南阳市	5.33

序号	城市名称	得分	序号	城市名称	得分
175	昌都市	5.30	210	金昌市	3.93
176	临夏回族自治州	5.22	211	林芝市	3.93
177	盘锦市	5.14	212	咸宁市	3.84
178	株洲市	5.11	213	曲靖市	3.81
179	东营市	4.99	214	萍乡市	3.73
180	贺州市	4.96	215	定西市	3.63
181	亳州市	4.95	216	淮南市	3.60
182	邢台市	4.95	217	内江市	3.53
183	攀枝花市	4.92	218	山南市	3.51
184	渭南市	4.91	219	永州市	3.51
185	晋中市	4.83	220	三明市	3.49
186	廊坊市	4.81	221	崇左市	3.46
187	黄石市	4.78	222	滁州市	3.32
188	吉安市	4.74	223	六安市	3.31
189	佳木斯市	4.59	224	南充市	3.28
190	白银市	4.59	225	云浮市	3.27
191	河源市	4.55	226	阜新市	3.24
192	许昌市	4.54	227	海北藏族自治州	3.22
193	德州市	4.37	228	邵阳市	3.17
194	乌海市	4.33	229	防城港市	3.15
195	红河哈尼族彝族自治州	4.31	230	宣城市	3.06
196	汕尾市	4.28	231	中卫市	3.02
197	阿里地区	4.27	232	宝鸡市	3.02
198	广安市	4.27	233	漯河市	2.91
199	新余市	4.22	234	商洛市	2.86
200	齐齐哈尔市	4.09	235	抚顺市	2.78
201	呼伦贝尔市	4.09	236	通化市	2.71
202	宿州市	4.07	237	聊城市	2.70
203	延边朝鲜族自治州	4.06	238	庆阳市	2.70
204	荆门市	4.05	239	抚州市	2.69
205	南平市	4.01	240	黔南布依族苗族自治州	2.69
206	衢州市	3.98	241	鞍山市	2.67
207	保山市	3.96	242	兴安盟	2.65
208	海西蒙古族藏族自治州	3.95	243	益阳市	2.65
209	海南藏族自治州	3.93	244	长治市	2.60

序号	城市名称	得分	序号	城市名称	得分
245	湘潭市	2.60	274	鹤岗市	1.47
246	本溪市	2.57	275	孝感市	1.47
247	咸阳市	2.57	276	马鞍山市	1.42
248	武威市	2.55	277	石嘴山市	1.41
249	宜春市	2.50	278	伊春市	1.37
250	迪庆藏族自治州	2.48	279	大兴安岭地区	1.35
251	周口市	2.47	280	三沙市	1.31
252	果洛藏族自治州	2.41	281	娄底市	1.27
253	驻马店市	2.37	282	黔西南布依族苗族自治州	1.24
254	淮北市	2.17	283	黄南藏族自治州	1.14
255	衡阳市	2.16	284	吕梁市	1.13
256	通辽市	2.13	285	朔州市	1.08
257	辽阳市	2.09	286	铜川市	1.06
258	营口市	2.00	287	海东市	1.06
259	安康市	1.97	288	巴中市	0.97
260	濮阳市	1.96	289	巴音郭楞蒙古自治州	0.96
261	朝阳市	1.94	290	吴忠市	0.78
262	德阳市	1.92	291	松原市	0.77
263	黄冈市	1.90	292	来宾市	0.74
264	资阳市	1.83	293	巴彦淖尔市	0.71
265	铜陵市	1.79	294	克孜勒苏柯尔克孜自治州	0.55
266	七台河市	1.77	295	鸡西市	0.54
267	阳泉市	1.65	296	固原市	0.45
268	绥化市	1.65	297	辽源市	0.34
269	忻州市	1.64	298	鹰潭市	0.33
270	博尔塔拉蒙古自治州	1.59	299	白城市	0.32
271	遂宁市	1.57	300	四平市	0.26
272	铁岭市	1.52	301	双鸭山市	0.01
273	池州市	1.50			

（四）各省份的城市（自治州、地区、盟）海外网络传播力分布

通过综合模型计算分析得出我国 337 座城市（自治州、地区、盟）的海外网络传播力综合指数，并进一步在各省份内部看各城市（自治州、地区、盟）在其所属省级行政区划内的分布情况。

31 个省级行政区（包括 4 个直辖市、22 个省及 5 个自治区）中，4 个直辖市的海外网络传播力水平名列前茅，浙江省、广东省、海南省、福建省、江苏省等省的城市平均综合指数较高。其中，浙江省内综合指数最高的城市为杭州市，广东省内综合指数最高的城市为广州市，海南省内综合指数最高的城市为三亚市，福建省内综合指数最高的城市为厦门市，江苏省内综合指数最高的城市为南京市。云南省、湖北省、山东省、新疆维吾尔自治区、河南省等省（区）紧随其后。另外，31 个省级行政区中有 7 个省份的省会城市的传播力综合指数不是省内最高分。

我国 31 个省级行政区的城市平均综合指数分布见表 5，其中，省、自治区的排序按照各省级行政区下辖城市的传播力综合指数的平均值由高至低排列，直辖市使用其综合指数作为排序依据。

表 5 省级行政区的城市海外网络传播力平均指数分布

平均指数排序	省、自治区、直辖市及其城市							
1	北京市							
2	上海市							
3	重庆市							
4	天津市							
5	浙江省							
	杭州市	宁波市	温州市	舟山市	绍兴市	金华市	嘉兴市	台州市
	湖州市	丽水市	衢州市					
6	广东省							
	广州市	深圳市	珠海市	佛山市	中山市	惠州市	汕头市	东莞市
	清远市	江门市	潮州市	湛江市	韶关市	阳江市	肇庆市	揭阳市
	梅州市	茂名市	河源市	汕尾市	云浮市			
7	海南省							
	三亚市	海口市	儋州市	三沙市				
8	福建省							
	厦门市	福州市	泉州市	莆田市	漳州市	龙岩市	宁德市	南平市
	三明市							
9	江苏省							
	南京市	苏州市	扬州市	无锡市	常州市	南通市	徐州市	镇江市
	盐城市	连云港市	宿迁市	淮安市	泰州市			
10	云南省							
	昆明市	西双版纳傣族自治州	丽江市	大理白族自治州	普洱市	昭通市	玉溪市	怒江傈僳族自治州
	临沧市	德宏傣族景颇族自治州	楚雄彝族自治州	文山壮族苗族自治州	红河哈尼族彝族自治州	保山市	曲靖市	迪庆藏族自治州

续表

平均指数排序	省、自治区、直辖市及其城市							
11	湖北省							
	武汉市	恩施土家族苗族自治州	宜昌市	随州市	襄阳市	荆州市	鄂州市	十堰市
	黄石市	荆门市	咸宁市	黄冈市	孝感市			
12	山东省							
	青岛市	济南市	烟台市	威海市	淄博市	枣庄市	菏泽市	临沂市
	济宁市	潍坊市	日照市	滨州市	泰安市	东营市	德州市	聊城市
13	新疆维吾尔自治区							
	乌鲁木齐市	喀什地区	和田地区	伊犁哈萨克自治州	吐鲁番市	阿勒泰地区	克拉玛依市	哈密市
	阿克苏地区	塔城地区	昌吉回族自治州	博尔塔拉蒙古自治州	巴音郭楞蒙古自治州	克孜勒苏柯尔克孜自治州		
14	河南省							
	郑州市	洛阳市	开封市	鹤壁市	新乡市	安阳市	商丘市	三门峡市
	信阳市	焦作市	平顶山市	南阳市	许昌市	漯河市	周口市	驻马店市
	濮阳市							
15	河北省							
	石家庄市	沧州市	承德市	邯郸市	保定市	唐山市	张家口市	衡水市
	秦皇岛市	邢台市	廊坊市					
16	四川省							
	成都市	乐山市	自贡市	甘孜藏族自治州	凉山彝族自治州	泸州市	雅安市	阿坝藏族羌族自治州
	宜宾市	眉山市	广元市	达州市	绵阳市	攀枝花市	广安市	内江市
	南充市	德阳市	资阳市	遂宁市	巴中市			
17	广西壮族自治区							
	桂林市	南宁市	柳州市	玉林市	河池市	钦州市	北海市	百色市
	梧州市	贵港市	贺州市	崇左市	防城港市	来宾市		
18	西藏自治区							
	拉萨市	那曲市	日喀则市	昌都市	阿里地区	林芝市	山南市	
19	湖南省							
	长沙市	张家界市	湘西土家族苗族自治州	郴州市	岳阳市	常德市	怀化市	株洲市
	永州市	邵阳市	益阳市	湘潭市	衡阳市	娄底市		

平均指数排序	省、自治区、直辖市及其城市							
20	甘肃省							
	兰州市	天水市	张掖市	酒泉市	甘南藏族自治州	平凉市	嘉峪关市	陇南市
	临夏回族自治州	白银市	金昌市	定西市	庆阳市	武威市		
21	贵州省							
	贵阳市	铜仁市	毕节市	遵义市	六盘水市	黔东南苗族侗族自治州	安顺市	黔南布依族苗族自治州
	黔西南布依族苗族自治州							
22	辽宁省							
	大连市	沈阳市	丹东市	锦州市	葫芦岛市	盘锦市	阜新市	抚顺市
	鞍山市	本溪市	辽阳市	营口市	朝阳市	铁岭市		
23	陕西省							
	西安市	延安市	榆林市	汉中市	渭南市	宝鸡市	商洛市	咸阳市
	安康市	铜川市						
24	江西省							
	南昌市	景德镇市	赣州市	九江市	上饶市	吉安市	新余市	萍乡市
	抚州市	宜春市	鹰潭市					
25	山西省							
	大同市	太原市	晋城市	运城市	临汾市	晋中市	长治市	忻州市
	阳泉市	吕梁市	朔州市					
26	安徽省							
	合肥市	黄山市	蚌埠市	芜湖市	阜阳市	安庆市	亳州市	宿州市
	淮南市	六安市	滁州市	宣城市	淮北市	铜陵市	池州市	马鞍山市
27	内蒙古自治区							
	鄂尔多斯市	锡林郭勒盟	呼和浩特市	包头市	阿拉善盟	乌兰察布市	赤峰市	乌海市
	呼伦贝尔市	兴安盟	通辽市	巴彦淖尔市				
28	黑龙江省							
	哈尔滨市	黑河市	牡丹江市	大庆市	佳木斯市	齐齐哈尔市	七台河市	绥化市
	鹤岗市	伊春市	大兴安岭地区	鸡西市	双鸭山市			
29	吉林省							
	长春市	吉林市	白山市	延边朝鲜族自治州	通化市	松原市	辽源市	白城市

平均指数排序	省、自治区、直辖市及其城市						
	四平市						
30	青海省						
	西宁市	玉树藏族自治州	海西蒙古族藏族自治州	海南藏族自治州	海北藏族自治州	果洛藏族自治州	黄南藏族自治州	海东市
31	宁夏回族自治区						
	银川市	中卫市	石嘴山市	吴忠市	固原市		

四、维度一：中国城市Google传播力

在 Google 搜索中，本报告采用对直辖市、省会城市和计划单列市输入带双引号的城市英文名称，对普通地级市（自治州、地区、盟）输入带双引号的城市英文名称和带双引号的所属省份英文名称的方法，采集 2020 年 10 月 16 日至 2021 年 10 月 15 日中国 337 座城市（自治州、地区、盟）的新闻数量。同时将新闻的正负面倾向纳入考量标准，按照相关性排序抽取每座城市前 100 条新闻作为样本，由 4 位编码员对抽样新闻进行编码和信度检验。根据算法，得出 337 座城市的 Google 传播力指数。

（一）中国 337 座城市 Google 传播力指数分布

Google 传播力指数排名靠前的城市分别为上海市、北京市、武汉市、深圳市、广州市、杭州市、成都市、天津市、南京市、青岛市，全部为直辖市、省会城市或计划单列市。排名靠前的普通地级市（自治州、地区、盟）为三亚市、南通市、苏州市、珠海市、常州市。城市间的 Google 传播力指数差异较大。

表 6　城市 Google 传播力指数

序号	城市名称	得分	序号	城市名称	得分
1	上海市	100.00	6	杭州市	43.45
2	北京市	99.74	7	成都市	41.28
3	武汉市	47.70	8	天津市	38.55
4	深圳市	46.79	9	南京市	38.44
5	广州市	44.66	10	青岛市	36.97

续表

序号	城市名称	得分	序号	城市名称	得分
11	重庆市	36.82	46	无锡市	7.92
12	三亚市	32.02	47	连云港市	7.88
13	大连市	30.71	48	莆田市	7.87
14	哈尔滨市	30.60	49	南宁市	7.75
15	兰州市	29.81	50	太原市	7.47
16	郑州市	29.42	51	张家口市	7.42
17	宁波市	29.14	52	台州市	7.42
18	厦门市	28.22	53	温州市	7.26
19	沈阳市	27.95	54	景德镇市	7.17
20	昆明市	27.51	55	舟山市	7.13
21	长春市	25.14	56	北海市	7.01
22	石家庄市	22.16	57	潍坊市	6.46
23	福州市	21.64	58	嘉兴市	6.33
24	合肥市	21.48	59	阿坝藏族羌族自治州	6.27
25	长沙市	19.96	60	和田地区	6.15
26	南通市	17.45	61	泉州市	6.10
27	乌鲁木齐市	15.69	62	威海市	6.08
28	西安市	15.28	63	东营市	6.01
29	南昌市	13.71	64	阿克苏地区	6.00
30	海口市	13.03	65	大庆市	6.00
31	苏州市	12.63	66	银川市	5.81
32	珠海市	12.23	67	新乡市	5.59
33	贵阳市	10.92	68	安阳市	5.59
34	拉萨市	10.83	69	海南藏族自治州	5.54
35	常州市	10.45	70	中山市	5.40
36	济南市	10.40	71	唐山市	5.37
37	大同市	9.87	72	肇庆市	5.32
38	张家界市	9.54	73	邢台市	4.95
39	扬州市	9.48	74	绍兴市	4.83
40	烟台市	9.48	75	大理白族自治州	4.82
41	喀什地区	9.47	76	宜昌市	4.74
42	东莞市	9.20	77	玉溪市	4.65
43	西双版纳傣族自治州	8.91	78	伊犁哈萨克自治州	4.57
44	洛阳市	8.02	79	盐城市	4.51
45	佛山市	7.98	80	西宁市	4.48

序号	城市名称	得分	序号	城市名称	得分
81	江门市	4.38	116	沧州市	2.61
82	湘西土家族苗族自治州	4.35	117	芜湖市	2.61
83	宿州市	4.27	118	包头市	2.52
84	湖州市	4.25	119	呼和浩特	2.51
85	哈密市	4.23	120	凉山彝族自治州	2.46
86	淄博市	4.15	121	枣庄市	2.44
87	汕头市	4.08	122	临沂市	2.43
88	遵义市	4.07	123	铜仁市	2.43
89	徐州市	4.03	124	丹东市	2.41
90	泰州市	3.99	125	德宏傣族景颇族自治州	2.31
91	保定市	3.97	126	滨州市	2.30
92	日照市	3.96	127	济宁市	2.29
93	吴忠市	3.85	128	秦皇岛市	2.29
94	镇江市	3.70	129	开封市	2.29
95	柳州市	3.68	130	黄山市	2.24
96	酒泉市	3.64	131	潮州市	2.19
97	淮安市	3.63	132	宁德市	2.19
98	九江市	3.57	133	常德市	2.15
99	惠州市	3.53	134	乐山市	2.14
100	石嘴山市	3.44	135	鄂尔多斯市	2.14
101	金华市	3.39	136	阳江市	2.13
102	丽江市	3.24	137	湛江市	2.12
103	阿勒泰地区	3.23	138	阜阳市	2.09
104	桂林市	3.17	139	榆林市	2.08
105	廊坊市	3.17	140	赣州市	2.06
106	玉树藏族自治州	3.15	141	黑河市	2.04
107	吐鲁番市	3.05	142	十堰市	2.03
108	邯郸市	2.99	143	恩施土家族苗族自治州	2.01
109	白银市	2.93	144	鸡西市	2.01
110	中卫市	2.79	145	泸州市	2.00
111	淮北市	2.79	146	焦作市	1.99
112	延安市	2.77	147	漳州市	1.96
113	张掖市	2.77	148	楚雄彝族自治州	1.96
114	昌吉回族自治州	2.67	149	三门峡市	1.95
115	抚州市	2.63	150	襄阳市	1.94

序号	城市名称	得分	序号	城市名称	得分
151	克拉玛依市	1.94	186	岳阳市	1.36
152	绵阳市	1.94	187	晋城市	1.35
153	那曲市	1.92	188	聊城市	1.35
154	安康市	1.83	189	攀枝花市	1.34
155	宜宾市	1.79	190	武威市	1.34
156	安庆市	1.78	191	昭通市	1.32
157	衢州市	1.78	192	盘锦市	1.32
158	临沧市	1.76	193	眉山市	1.31
159	宿迁市	1.76	194	安顺市	1.31
160	儋州市	1.75	195	周口市	1.29
161	运城市	1.73	196	塔城地区	1.27
162	株洲市	1.66	197	保山市	1.27
163	日喀则市	1.64	198	通化市	1.25
164	荆州市	1.63	199	铜陵市	1.25
165	三明市	1.63	200	鹤壁市	1.22
166	毕节市	1.62	201	山南市	1.20
167	丽水市	1.62	202	绥化市	1.18
168	吉安市	1.59	203	蚌埠市	1.16
169	雅安市	1.58	204	朝阳市	1.16
170	辽阳市	1.56	205	牡丹江市	1.15
171	抚顺市	1.54	206	防城港市	1.15
172	玉林市	1.52	207	濮阳市	1.15
173	德州市	1.51	208	马鞍山市	1.14
174	郴州市	1.50	209	文山壮族苗族自治州	1.13
175	普洱市	1.49	210	达州市	1.13
176	广元市	1.49	211	营口市	1.13
177	许昌市	1.48	212	锦州市	1.12
178	揭阳市	1.47	213	南充市	1.12
179	钦州市	1.46	214	黔东南苗族侗族自治州	1.11
180	鹤岗市	1.46	215	南阳市	1.11
181	红河哈尼族彝族自治州	1.45	216	衡阳市	1.11
182	承德市	1.44	217	自贡市	1.09
183	茂名市	1.41	218	上饶市	1.09
184	菏泽市	1.39	219	甘孜藏族自治州	1.08
185	晋中市	1.39	220	韶关市	1.06

序号	城市名称	得分	序号	城市名称	得分
221	鞍山市	1.06	256	延边朝鲜族自治州	0.78
222	长治市	1.06	257	平顶山市	0.74
223	清远市	1.04	258	滁州市	0.74
224	衡水市	1.03	259	阳泉市	0.74
225	宜春市	1.03	260	汉中市	0.73
226	三沙市	1.01	261	湘潭市	0.72
227	黄冈市	1.00	262	萍乡市	0.69
228	荆门市	0.99	263	嘉峪关市	0.68
229	临汾市	0.98	264	咸宁市	0.67
230	淮南市	0.98	265	陇南市	0.66
231	崇左市	0.98	266	驻马店市	0.66
232	孝感市	0.98	267	河源市	0.65
233	阿里地区	0.97	268	林芝市	0.63
234	永州市	0.96	269	资阳市	0.63
235	阜新市	0.96	270	随州市	0.61
236	遂宁市	0.94	271	汕尾市	0.61
237	齐齐哈尔市	0.92	272	德阳市	0.60
238	临夏回族自治州	0.91	273	铜川市	0.59
239	龙岩市	0.88	274	六盘水市	0.58
240	泰安市	0.88	275	巴中市	0.58
241	葫芦岛市	0.87	276	海西蒙古族藏族自治州	0.57
242	六安市	0.87	277	定西市	0.57
243	新余市	0.86	278	邵阳市	0.57
244	朔州市	0.86	279	梧州市	0.56
245	阿拉善盟	0.84	280	赤峰市	0.56
246	亳州市	0.84	281	池州市	0.53
247	金昌市	0.83	282	吉林市	0.52
248	怒江傈僳族自治州	0.81	283	海北藏族自治州	0.51
249	商丘市	0.81	284	漯河市	0.51
250	黄石市	0.81	285	伊春市	0.50
251	南平市	0.81	286	松原市	0.50
252	内江市	0.81	287	天水市	0.49
253	曲靖市	0.80	288	梅州市	0.49
254	克孜勒苏柯尔克孜自治州	0.79	289	乌兰察布市	0.49
255	百色市	0.78	290	信阳市	0.48

序号	城市名称	得分	序号	城市名称	得分
291	平凉市	0.47	315	果洛藏族自治州	0.24
292	益阳市	0.47	316	广安市	0.22
293	庆阳市	0.46	317	黔西南布依族苗族自治州	0.22
294	鄂州市	0.43	318	吕梁市	0.22
295	忻州市	0.42	319	锡林郭勒盟	0.20
296	怀化市	0.41	320	四平市	0.20
297	黔南布依族苗族自治州	0.41	321	白山市	0.19
298	白城市	0.41	322	贵港市	0.19
299	宣城市	0.39	323	巴音郭楞蒙古自治州	0.17
300	渭南市	0.38	324	来宾市	0.17
301	佳木斯市	0.38	325	固原市	0.17
302	迪庆藏族自治州	0.38	326	兴安盟	0.12
303	云浮市	0.36	327	咸阳市	0.12
304	博尔塔拉蒙古自治州	0.36	328	商洛市	0.10
305	铁岭市	0.34	329	娄底市	0.10
306	鹰潭市	0.34	330	辽源市	0.10
307	贺州市	0.33	331	黄南藏族自治州	0.09
308	海东市	0.32	332	宝鸡市	0.08
309	甘南藏族自治州	0.31	333	大兴安岭地区	0.08
310	通辽市	0.30	334	昌都市	0.06
311	河池市	0.28	335	双鸭山市	0.05
312	乌海市	0.27	336	呼伦贝尔市	0.02
313	七台河市	0.25	337	巴彦淖尔市	0.02
314	本溪市	0.24			

（二）中国不同行政级别城市的 Google 传播力指数分布

我国36座直辖市、省会城市及计划单列市 Google 传播力指数排名靠前的城市分别为上海市、北京市、武汉市、深圳市、广州市，其中上海市和北京市的头部效应明显，各城市间存在较大差异。

表7 直辖市、省会城市及计划单列市 Google 传播力指数

序号	城市名称	得分	序号	城市名称	得分
1	上海市	100.00	3	武汉市	47.70
2	北京市	99.74	4	深圳市	46.79

序号	城市名称	得分	序号	城市名称	得分
5	广州市	44.66	21	石家庄市	22.16
6	杭州市	43.45	22	福州市	21.64
7	成都市	41.28	23	合肥市	21.48
8	天津市	38.55	24	长沙市	19.96
9	南京市	38.44	25	乌鲁木齐	15.69
10	青岛市	36.97	26	西安市	15.28
11	重庆市	36.82	27	南昌市	13.71
12	大连市	30.71	28	海口市	13.03
13	哈尔滨市	30.60	29	贵阳市	10.92
14	兰州市	29.81	30	拉萨市	10.83
15	郑州市	29.42	31	济南市	10.40
16	宁波市	29.14	32	南宁市	7.75
17	厦门市	28.22	33	太原市	7.47
18	沈阳市	27.95	34	银川市	5.81
19	昆明市	27.51	35	西宁市	4.48
20	长春市	25.14	36	呼和浩特市	2.51

我国 301 座普通地级市（自治州、地区、盟）中，Google 传播力指数排名靠前的城市分别为三亚市、南通市、苏州市、珠海市、常州市、大同市、张家界市、烟台市、扬州市、喀什地区。与直辖市、省会城市和计划单列市相比，普通地级市（自治州、地区、盟）的传播力总体较弱，且各城市传播力差异较小。

表8 普通地级市（自治州、地区、盟）Google 传播力指数

序号	城市名称	得分	序号	城市名称	得分
1	三亚市	32.02	12	西双版纳傣族自治州	8.91
2	南通市	17.45	13	洛阳市	8.02
3	苏州市	12.63	14	佛山市	7.98
4	珠海市	12.23	15	无锡市	7.92
5	常州市	10.45	16	连云港市	7.88
6	大同市	9.87	17	莆田市	7.87
7	张家界市	9.54	18	张家口市	7.42
8	烟台市	9.48	19	台州市	7.42
9	扬州市	9.48	20	温州市	7.26
10	喀什地区	9.47	21	景德镇市	7.17
11	东莞市	9.20	22	舟山市	7.13

序号	城市名称	得分	序号	城市名称	得分
23	北海市	7.01	58	吴忠市	3.85
24	潍坊市	6.46	59	镇江市	3.70
25	嘉兴市	6.33	60	柳州市	3.68
26	阿坝藏族羌族自治州	6.27	61	酒泉市	3.64
27	和田地区	6.15	62	淮安市	3.63
28	泉州市	6.10	63	九江市	3.57
29	威海市	6.08	64	惠州市	3.53
30	东营市	6.01	65	石嘴山市	3.44
31	大庆市	6.00	66	金华市	3.39
32	阿克苏地区	6.00	67	丽江市	3.24
33	新乡市	5.59	68	阿勒泰地区	3.23
34	安阳市	5.59	69	廊坊市	3.17
35	海南藏族自治州	5.54	70	桂林市	3.17
36	中山市	5.40	71	玉树藏族自治州	3.15
37	唐山市	5.37	72	吐鲁番市	3.05
38	肇庆市	5.32	73	邯郸市	2.99
39	邢台市	4.95	74	白银市	2.93
40	绍兴市	4.83	75	淮北市	2.79
41	大理白族自治州	4.82	76	中卫市	2.79
42	宜昌市	4.74	77	延安市	2.77
43	玉溪市	4.65	78	张掖市	2.77
44	伊犁哈萨克自治州	4.57	79	昌吉回族自治州	2.67
45	盐城市	4.51	80	抚州市	2.63
46	江门市	4.38	81	芜湖市	2.61
47	湘西土家族苗族自治州	4.35	82	沧州市	2.61
48	宿州市	4.27	83	包头市	2.52
49	湖州市	4.25	84	凉山彝族自治州	2.46
50	哈密市	4.23	85	枣庄市	2.44
51	淄博市	4.15	86	临沂市	2.43
52	汕头市	4.08	87	铜仁市	2.43
53	遵义市	4.07	88	丹东市	2.41
54	徐州市	4.03	89	德宏傣族景颇族自治州	2.31
55	泰州市	3.99	90	滨州市	2.30
56	保定市	3.97	91	济宁市	2.29
57	日照市	3.96	92	秦皇岛市	2.29

序号	城市名称	得分	序号	城市名称	得分
93	开封市	2.29	128	荆州市	1.63
94	黄山市	2.24	129	三明市	1.63
95	宁德市	2.19	130	丽水市	1.62
96	潮州市	2.19	131	毕节市	1.62
97	常德市	2.15	132	吉安市	1.59
98	鄂尔多斯市	2.14	133	雅安市	1.58
99	乐山市	2.14	134	辽阳市	1.56
100	阳江市	2.13	135	抚顺市	1.54
101	湛江市	2.12	136	玉林市	1.52
102	阜阳市	2.09	137	德州市	1.51
103	榆林市	2.08	138	郴州市	1.50
104	赣州市	2.06	139	广元市	1.49
105	黑河市	2.04	140	普洱市	1.49
106	十堰市	2.03	141	许昌市	1.48
107	恩施土家族苗族自治州	2.01	142	揭阳市	1.47
108	鸡西市	2.01	143	钦州市	1.46
109	泸州市	2.00	144	鹤岗市	1.46
110	焦作市	1.99	145	红河哈尼族彝族自治州	1.45
111	漳州市	1.96	146	承德市	1.44
112	楚雄彝族自治州	1.96	147	茂名市	1.41
113	三门峡市	1.95	148	菏泽市	1.39
114	绵阳市	1.94	149	晋中市	1.39
115	襄阳市	1.94	150	岳阳市	1.36
116	克拉玛依市	1.94	151	聊城市	1.35
117	那曲市	1.92	152	晋城市	1.35
118	安康市	1.83	153	攀枝花市	1.34
119	宜宾市	1.79	154	武威市	1.34
120	衢州市	1.78	155	盘锦市	1.32
121	安庆市	1.78	156	昭通市	1.32
122	宿迁市	1.76	157	安顺市	1.31
123	临沧市	1.76	158	眉山市	1.31
124	儋州市	1.75	159	周口市	1.29
125	运城市	1.73	160	保山市	1.27
126	株洲市	1.66	161	塔城地区	1.27
127	日喀则市	1.64	162	铜陵市	1.25

续表

序号	城市名称	得分	序号	城市名称	得分
163	通化市	1.25	198	永州市	0.96
164	鹤壁市	1.22	199	阜新市	0.96
165	山南市	1.20	200	遂宁市	0.94
166	绥化市	1.18	201	齐齐哈尔市	0.92
167	蚌埠市	1.16	202	临夏回族自治州	0.91
168	朝阳市	1.16	203	泰安市	0.88
169	牡丹江市	1.15	204	龙岩市	0.88
170	濮阳市	1.15	205	六安市	0.87
171	防城港市	1.15	206	葫芦岛市	0.87
172	马鞍山市	1.14	207	新余市	0.86
173	营口市	1.13	208	朔州市	0.86
174	达州市	1.13	209	亳州市	0.84
175	文山壮族苗族自治州	1.13	210	阿拉善盟	0.84
176	南充市	1.12	211	金昌市	0.83
177	锦州市	1.12	212	商丘市	0.81
178	衡阳市	1.11	213	南平市	0.81
179	南阳市	1.11	214	黄石市	0.81
180	黔东南苗族侗族自治州	1.11	215	内江市	0.81
181	上饶市	1.09	216	怒江傈僳族自治州	0.81
182	自贡市	1.09	217	曲靖市	0.80
183	甘孜藏族自治州	1.08	218	克孜勒苏柯尔克孜自治州	0.79
184	鞍山市	1.06	219	延边朝鲜族自治州	0.78
185	韶关市	1.06	220	百色市	0.78
186	长治市	1.06	221	滁州市	0.74
187	清远市	1.04	222	平顶山市	0.74
188	宜春市	1.03	223	阳泉市	0.74
189	衡水市	1.03	224	汉中市	0.73
190	三沙市	1.01	225	湘潭市	0.72
191	黄冈市	1.00	226	萍乡市	0.69
192	荆门市	0.99	227	嘉峪关市	0.68
193	孝感市	0.98	228	咸宁市	0.67
194	淮南市	0.98	229	驻马店市	0.66
195	临汾市	0.98	230	陇南市	0.66
196	崇左市	0.98	231	河源市	0.65
197	阿里地区	0.97	232	林芝市	0.63

序号	城市名称	得分	序号	城市名称	得分
233	资阳市	0.63	268	博尔塔拉蒙古自治州	0.36
234	汕尾市	0.61	269	鹰潭市	0.34
235	随州市	0.61	270	铁岭市	0.34
236	德阳市	0.60	271	贺州市	0.33
237	铜川市	0.59	272	海东市	0.32
238	六盘水市	0.58	273	甘南藏族自治州	0.31
239	巴中市	0.58	274	通辽市	0.30
240	邵阳市	0.57	275	河池市	0.28
241	定西市	0.57	276	乌海市	0.27
242	海西蒙古族藏族自治州	0.57	277	七台河市	0.25
243	赤峰市	0.56	278	本溪市	0.24
244	梧州市	0.56	279	果洛藏族自治州	0.24
245	池州市	0.53	280	广安市	0.22
246	吉林市	0.52	281	黔西南布依族苗族自治州	0.22
247	漯河市	0.51	282	吕梁市	0.22
248	海北藏族自治州	0.51	283	四平市	0.20
249	松原市	0.50	284	锡林郭勒盟	0.20
250	伊春市	0.50	285	贵港市	0.19
251	梅州市	0.49	286	白山市	0.19
252	乌兰察布市	0.49	287	来宾市	0.17
253	天水市	0.49	288	固原市	0.17
254	信阳市	0.48	289	巴音郭楞蒙古自治州	0.17
255	益阳市	0.47	290	咸阳市	0.12
256	平凉市	0.47	291	兴安盟	0.12
257	庆阳市	0.46	292	娄底市	0.10
258	鄂州市	0.43	293	辽源市	0.10
259	忻州市	0.42	294	商洛市	0.10
260	怀化市	0.41	295	黄南藏族自治州	0.09
261	黔南布依族苗族自治州	0.41	296	宝鸡市	0.08
262	白城市	0.41	297	大兴安岭地区	0.08
263	宣城市	0.39	298	昌都市	0.06
264	渭南市	0.38	299	双鸭山市	0.05
265	佳木斯市	0.38	300	呼伦贝尔市	0.02
266	迪庆藏族自治州	0.38	301	巴彦淖尔市	0.02
267	云浮市	0.36			

（三）中国不同经济圈城市的 Google 传播力指数分布

为考察我国城市集群的海外网络传播力建设情况，对四大经济圈的城市传播力进行了分析。珠三角经济圈的 Google 平均传播力指数最高，均值为 15.50，其后是京津冀经济圈（14.38）和长三角经济圈（13.25），成渝地区双城经济圈的传播力指数均值最低，仅为 5.96。

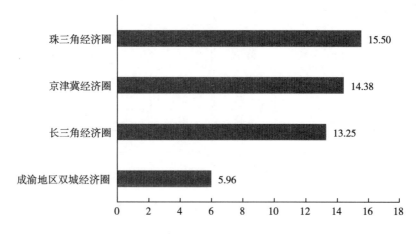

图1　不同经济圈城市平均 Google 传播力指数

在京津冀经济圈中，Google 传播力指数排名靠前的城市分别为北京市、天津市、石家庄市，该地区内部城市的传播力差异较为明显，北京市在 Google 平台上的传播力远高于经济圈内其他城市。

表9　京津冀经济圈城市的 Google 传播力指数

序号	城市名称	得分	序号	城市名称	得分
1	北京市	99.74	8	保定市	3.97
2	天津市	38.55	9	廊坊市	3.17
3	石家庄市	22.16	10	邯郸市	2.99
4	张家口市	7.42	11	沧州市	2.61
5	安阳市	5.59	12	秦皇岛市	2.29
6	唐山市	5.37	13	承德市	1.44
7	邢台市	4.95	14	衡水市	1.03

在长三角经济圈中，Google 传播力指数排名靠前的城市分别为上海市、杭州市、南京市、宁波市、合肥市。总体而言，上海市是"领头羊"，经济圈内其他城市的 Google 传播力还有较大提升空间。

表10　长三角经济圈城市的 Google 传播力指数

序号	城市名称	得分	序号	城市名称	得分
1	上海市	100.00	14	绍兴市	4.83
2	杭州市	43.45	15	盐城市	4.51
3	南京市	38.44	16	湖州市	4.25
4	宁波市	29.14	17	泰州市	3.99
5	合肥市	21.48	18	镇江市	3.70
6	南通市	17.45	19	金华市	3.39
7	苏州市	12.63	20	芜湖市	2.61
8	常州市	10.45	21	安庆市	1.78
9	扬州市	9.48	22	铜陵市	1.25
10	无锡市	7.92	23	马鞍山市	1.14
11	台州市	7.42	24	滁州市	0.74
12	舟山市	7.13	25	池州市	0.53
13	嘉兴市	6.33	26	宣城市	0.39

在珠三角经济圈包含的 9 座地级市中，Google 传播力指数排名靠前的城市分别为深圳市、广州市、珠海市。深圳市和广州市作为珠三角经济圈的核心城市，呈现出较高的海外传播力水平。

表11　珠三角经济圈城市的 Google 传播力指数

序号	城市名称	得分	序号	城市名称	得分
1	深圳市	46.79	6	中山市	5.40
2	广州市	44.66	7	肇庆市	5.32
3	珠海市	12.23	8	江门市	4.38
4	东莞市	9.20	9	惠州市	3.53
5	佛山市	7.98			

在成渝经济圈中，Google 传播力指数排名靠前的城市是成都市和重庆市。作为国家发展改革委于 2021 年新设立的经济圈，成渝地区双城经济圈整体的海外传播力水平较低。

表12　成渝经济圈城市的 Google 传播力指数

序号	城市名称	得分	序号	城市名称	得分
1	成都市	41.28	3	乐山市	2.14
2	重庆市	36.82	4	泸州市	2.00

续表

序号	城市名称	得分	序号	城市名称	得分
5	绵阳市	1.94	11	自贡市	1.09
6	宜宾市	1.79	12	遂宁市	0.94
7	雅安市	1.58	13	内江市	0.81
8	眉山市	1.31	14	资阳市	0.63
9	达州市	1.13	15	德阳市	0.60
10	南充市	1.12	16	广安市	0.22

（四）Google平台城市案例分析

1. 大同市："煤炭之都"绿色转型，历史名城传播文化

大同市在Google传播力指数中排名第37位，较2020年上升73位，上升速度较快。在Google中搜索"Datong""Shanxi"，共得出1380条结果。

具体来看，海外媒体报道以大同市借助"数字经济"实现"煤都"转型发展的经济类新闻居多。据Google报道，大同市引进并集聚了一批高新技术产业项目，大力推动以云计算、大数据等为代表的数字经济与实体经济深度融合，促进能源供应链从单一到多元、从"黑色"到"绿色"的转变；泛亚洲市场超大规模数据中心运营商——秦淮数据集团打造的中国首个超级能源综合体项目"桃花源"在大同市落地，致力于打造零碳数字基础设施产业链；山西鲁宝集团在大同市建成了亚洲最大的工业污水集中处理中心和5G智能绿色工厂。

PR PR Newswire

Chindata Group opens Asia's largest single hyperscale data ...

The largest single hyperscale data center in Asia, with an IT capacity of 50 megawatts, located in Datong, North China's Shanxi province,...

2020年11月6日

图2　美通社报道大同市超大规模数据中心

文化传播也是大同市新闻报道的重点内容。大同市作为首批国家历史文化名城之一，境内古迹众多，坐拥云冈石窟、华严寺、悬空寺、九龙壁等著名的文物古迹，注重发掘优秀的历史资源，进行海外文化传播。例如，考古专家发掘了一座北魏双人合葬墓，墓穴中的一男一女呈拥抱的姿势，相拥1500多年，践行了"生同衾，死同穴"的浪漫爱情；云冈石窟研究院通过数字化技术和3D打印，重现各大洞窟和佛像，计划让被"复制"的云冈大佛们在未来环游世界；大同市还举办了"成龙电影节"，旨在表彰为动作电影做出杰出贡献的电影人，集聚世界动作电影的优势资源，为中国电影、中华文化"走出去"助力。

D The Diplomat

'Journey to the West': The Buddhist Reimagination of China

Anyone interested in exploring how Buddhism arrived to China via the Silk Road must visit the Yungang Grottos, near Datong, in China's modern Shanxi...

2021年1月19日

图3　The Diplomat 报道大同市的云冈石窟

T TASS

Russian movie T-34 premiers at Hainan Film Festival

Last July, the movie took part in the Jackie Chan International Action Film Week, held in the city of Datong, China's Shanxi Province. The film received two...

2020年12月7日

图4　塔斯社报道在大同举办的"成龙电影节"

2. 杭州市：商业经济引领，打造"电商中心"和"电竞之都"

杭州市，古称临安、钱塘，是历史文化名都，是浙江省省会和经济、文化、科教中心，也是特大城市和长江三角洲中心城市，多次登上《福布斯》"中国最佳商业城市榜"。Google 传播力指数排名第 6 位，与 2020 年相比排名上升 2 位，在排名靠前的城市中上升变动较大，海外传播力提升较为显著。在 Google 中搜索"Hangzhou"，共得出 50500 条结果。

杭州市经济总量位于全国城市前列，在阿里巴巴等电子商务巨头的带动下，不仅成为中国少有的电子商务中心，也是中国民营经济的"天堂"，商品市场繁荣活跃。专门供应DIY 和全球工业市场手工具产品的杭州巨星美国子公司宣布并购 Shop - Vac Corporation，吸引了媒体和大众的关注。

杭州市政府将目光瞄准电竞产业新蓝海，计划打造"电竞之都"，大力出台电竞产业扶持政策，已成为大量电竞人才和产业链企业集聚的热土。Google 搜索结果显示，杭州市的电竞新闻报道篇幅较多，"电竞之都"的标签式认知被广泛传播。例如，守望先锋联赛（简称 OWL）由于疫情停摆一年后再次在杭州举办，作为全球首个以城市战队为单位的大型电竞联赛和《守望先锋》电子竞技的最高殿堂，这场赛事意义非凡，形成空前盛况。超高人气的电竞队伍"杭州闪电队"主场作战，首场亮相、比赛失利、队员变动等状况备受瞩目，赛事期间一直新闻不断。此外，杭州市承办的 2022 年亚运会将 8 个电子竞技项目列入比赛项目，引发了社会热烈讨论，届时将有 27 个国家参赛。

Business Wire

GreatStar Tools USA Acquires Shop-Vac Corporation ...

& HANGZHOU, China--(BUSINESS WIRE)--Hangzhou Equipment Holdings, LLC, a subsidiary of Hangzhou GreatStar Industrial Co., Ltd., and GreatStar Tools USA, the...

2020年12月28日

图 5　杭州巨星美国子公司宣布并购 Shop‑Vac Corporation 的新闻报道

Dot Esports

Asian Games 2022 in Hangzhou, China will feature 8 esports ...

The Olympic Council of Asia (OCA) has revealed the eight esports titles for the 19th Asian Games in Hangzhou, China, which will happen in September 2022.

2021年9月8日

19th Asian Games
Hangzhou 2022

图 6　杭州市将承办 2022 年亚运会 8 个电子竞技项目的新闻报道

3. 深圳市：中国城市化典范，经科文社综合传播实力强

深圳市，自 1980 年 8 月成为中国经济特区以来，从昔日的小渔村一步步蜕变，已成为全国性经济中心城市、超大城市和国际化大都市。深圳市在 Google 传播力指数中排名第 4 位，多年稳定居于靠前的位置，一直被海外媒体当作"中国城市化的典范标本"报道，在经济、科技、文化、社会等各领域的综合传播实力较强。在 Google 中搜索"Shenzhen"，共得出 78500 条结果。

深圳市是一座因创新而生的城市，是人们心目中的"创客之都"、"科技之城"。在新闻呈现方面，经济和科技领域占有较高的比例。例如，根据《深圳建设中国特色社会主义先行示范区综合改革试点实施方案（2020—2025 年）》，国务院赋予深圳在重点领域和关键环节改革上更多自主权；中芯国际与深圳市政府签署 23.5 亿美元扩产协议，目标实现 12 英寸晶圆 4 万片的月产能；深圳市开启中国首次大范围数字货币试点测试，推动数字人民币的研发应用和国际合作。

Reuters

China gives Shenzhen more autonomy for market reform, integration

SHANGHAI (Reuters) - China on Sunday detailed steps to grant more autonomy to Shenzhen, letting the southern financial and technology hub pilot reforms in...

2020年10月18日

图 7　路透社报道深圳市市场改革

Forbes

Shenzhen's Rise Shows China Is Centrally Focused On The Digital Yuan

Lately, Shenzhen has been elevated again by the Chinese state in addition to the trials with the digital yuan, in a way that shows how the Chinese state is...

2020年10月16日

图 8　深圳市开启数字人民币试点测试的新闻报道

Reuters

China chipmaker SMIC to invest in $2.35 billion facilities in Shenzhen

"The company and Shenzhen government will jointly drive other third-party investors to complete the remaining capital contribution," it said.

2021年3月17日

图 9　中芯国际与深圳市政府签订 23.5 亿美元的扩产协议的新闻报道

作为改革开放"前沿阵地",深圳市城市与社会建设的议题在海外引发广泛关注。例如,深圳市推行"强制休假制度"引发热议,根据 2020 年 11 月通过的《深圳经济特区健康条例》,提到"用人单位应当严格执行员工带薪休假制度";中国首支无人驾驶出租车队 Robo Taxi 登陆深圳,正式为公众提供网约车服务。

深圳市的文化软实力建设卓有成效,开放多元、兼容并蓄的城市文化特征更加鲜明,城市品位、人文魅力充分彰显,旅游业蓬勃发展,已然成为世界游客最向往的中国城市之一。据 Google 报道,深圳市新建设了一系列艺术和设计场所,包括邀请扎哈·哈迪德事务所设计的深圳湾超总 C 塔,让·努维尔的团队创作的"海之光"深圳歌剧院,还举办了"艺术深圳"和 DnA SHENZHEN 设计与艺术博览会等大型艺术活动；2021 年英雄联盟总决赛落地深圳，这场顶级国际电子竞技赛事在全球范围内具有广泛的影响力，不仅有助于深圳市构建粤港澳大湾区文娱业态新矩阵，也为城市带来了新的活力和更丰富的文化内核；深圳市还计划在 4 年内建成"全球最大的乐高乐园度假区"，助力大鹏新区打造世界级的滨海生态旅游度假区。

Forbes

Video: Watch As China's First Driverless RoboTaxis Hit Shenzhen

The first completely driverless fleet of robotaxis hits Shenzhen. AutoX. The first truly driverless, autonomous taxis are hitting the road in China. AutoX, a...

2020年12月3日

图 10　中国首支无人驾驶出租车队登陆深圳的新闻报道

Dezeen

Jean Nouvel designs sinuous Shenzhen Opera House for China

The Shenzhen Opera House is designed by Ateliers Jean Nouvel as a 220,000-square-metre cultural landmark for the Shekou Peninsula, a site overlooking...

2021年3月25日

图 11　"海之光"深圳歌剧院的新闻报道

Artforum

Art021 Team to Launch Shenzhen DnA Art Fair This Fall

Shenzhen DnA (Design and Art) will feature forty participants and will take place at the Shenzhen Museum of Contemporary Art and Urban Planning (SZMoCAUP) from...

2021年6月10日

图 12　深圳 DnA 艺术博览会的新闻报道

> **The Verge**
>
> ## The League of Legends 2021 World Championship will be in Shenzhen, China
>
> The Worlds Final will be at the Universiade Sports Centre, a 60,000 capacity stadium that's home to the Shenzhen FC football (soccer) club, on November 6th. "We...
>
> 2021年5月22日

图 13　2021 英雄联盟全球总决赛在深圳举办的新闻报道

> **Variety**
>
> ## Merlin Starts Construction on $1 Billion Legoland Theme Park in Shenzhen
>
> The resort will integrate the history, culture and ecology of Shenzhen and China., and include technological innovations that reflect Shenzhen, which is home to...
>
> 2021年8月26日

图 14　梅林在深圳投资 10 亿美元建设乐高主题公园的新闻报道

五、维度二：中国城市Twitter传播力

本研究在 Twitter 平台的搜索框内进行检索，对 36 座直辖市、省会城市及计划单列市以带双引号的城市英文名称为关键词，对普通地级市（自治州、地区、盟）以带双引号的城市英文名称和所在省份英文名称为关键词，采集 2021 年 8 月 1 日至 10 月 31 日的信息，算法包含的 4 个指标为"点赞量"、"转发量"、"评论数"和"非负信息数量"。所谓非负信息数量，是指数据统计周期内，Twitter 平台发布的所有与某个城市相关的英文推文总量减去其中负面信息后的信息数量。点赞量、转发量和评论量指所有非负信息中用户产生的点赞、转发和评论数量。

（一）中国 337 座城市 Twitter 传播力指数分布

Twitter 传播力指数排名靠前的城市分别为北京市、武汉市、上海市、广州市、深圳

市、成都市、杭州市、重庆市、南京市以及哈尔滨市，均属于直辖市、省会城市或计划单列市。北京市的 Twitter 平台传播力指数从 2020 年的第 2 位上升至第 1 位；与 2020 年相比，广州市和深圳市的排名发生了置换；成都市和杭州市相较 2020 年分别上升 1 位至第 6、第 7 位；重庆市、哈尔滨市自 2019 年以来首次排入前十，大连市和天津市跌出排名前十梯队。

表 13　城市 Twitter 传播力指数

序号	城市名称	得分	序号	城市名称	得分
1	北京市	100.00	30	贵阳市	38.46
2	武汉市	97.75	31	喀什地区	38.07
3	上海市	94.12	32	锡林郭勒盟	35.27
4	广州市	80.43	33	天津市	35.24
5	深圳市	73.91	34	珠海市	33.85
6	成都市	72.11	35	海口市	32.65
7	杭州市	70.28	36	西双版纳傣族自治州	32.19
8	重庆市	67.01	37	济南市	31.88
9	南京市	64.29	38	张掖市	31.53
10	哈尔滨市	56.84	39	和田地区	30.82
11	大连市	56.81	40	三亚市	30.73
12	宁波市	56.39	41	莆田市	30.63
13	厦门市	56.28	42	大同市	30.57
14	青岛市	54.85	43	苏州市	30.50
15	郑州市	53.57	44	镇江市	29.56
16	沈阳市	53.25	45	南宁市	28.99
17	长沙市	53.14	46	石家庄市	28.76
18	兰州市	51.95	47	扬州市	27.76
19	昆明市	48.52	48	太原市	27.62
20	拉萨市	47.87	49	泉州市	27.07
21	乌鲁木齐市	45.20	50	南通市	26.58
22	福州市	43.82	51	洛阳市	25.06
23	张家界市	41.53	52	延安市	24.05
24	合肥市	39.73	53	桂林市	23.95
25	恩施土家族苗族自治州	39.36	54	三门峡市	23.43
26	西安市	39.08	55	昭通市	23.21
27	长春市	38.95	56	随州市	23.07
28	天水市	38.80	57	呼和浩特市	23.02
29	南昌市	38.72	58	雅安市	23.02

序号	城市名称	得分	序号	城市名称	得分
59	那曲市	22.96	94	毕节市	16.89
60	阿勒泰地区	22.91	95	甘孜藏族自治州	16.81
61	邯郸市	22.46	96	包头市	16.78
62	乐山市	22.27	97	西宁市	16.77
63	烟台市	21.83	98	连云港市	16.59
64	舟山市	21.64	99	儋州市	16.37
65	泸州市	21.52	100	郴州市	16.26
66	玉溪市	21.33	101	中山市	16.20
67	鄂尔多斯市	20.85	102	商丘市	16.08
68	黄山市	20.59	103	开封市	16.06
69	承德市	20.56	104	安顺市	15.85
70	宜昌市	20.32	105	牡丹江市	15.78
71	临沧市	20.27	106	阿拉善盟	15.33
72	无锡市	19.96	107	盐城市	15.30
73	佛山市	19.87	108	吐鲁番市	15.24
74	淮安市	19.11	109	晋城市	15.24
75	新乡市	19.11	110	鄂州市	15.21
76	鹤壁市	19.07	111	葫芦岛市	15.21
77	衡水市	18.89	112	嘉兴市	15.15
78	漳州市	18.80	113	钦州市	15.14
79	银川市	18.73	114	大理白族自治州	15.02
80	清远市	18.73	115	潍坊市	14.87
81	伊犁哈萨克自治州	18.40	116	张家口市	14.84
82	韶关市	18.24	117	日喀则市	14.83
83	温州市	18.14	118	湘西土家族苗族自治州	14.71
84	乌兰察布市	18.02	119	白山市	14.53
85	铜仁市	17.96	120	凉山彝族自治州	14.44
86	阿坝藏族羌族自治州	17.83	121	百色市	14.36
87	芜湖市	17.76	122	自贡市	14.19
88	汕头市	17.56	123	哈密市	14.16
89	沧州市	17.56	124	贵港市	14.16
90	克拉玛依市	17.33	125	湖州市	14.02
91	运城市	17.04	126	常德市	13.95
92	酒泉市	17.01	127	常州市	13.91
93	河池市	16.90	128	东莞市	13.73

序号	城市名称	得分	序号	城市名称	得分
129	怒江傈僳族自治州	13.53	164	荆门市	11.02
130	惠州市	13.46	165	玉树藏族自治州	11.02
131	渭南市	13.37	166	攀枝花市	10.99
132	宿迁市	13.31	167	丽水市	10.94
133	广元市	13.31	168	广安市	10.85
134	安庆市	13.21	169	十堰市	10.80
135	湛江市	13.20	170	威海市	10.79
136	红河哈尼族彝族自治州	13.19	171	金昌市	10.73
137	六盘水市	12.95	172	滨州市	10.66
138	楚雄彝族自治州	12.81	173	丽江市	10.53
139	济宁市	12.80	174	潮州市	10.44
140	汉中市	12.80	175	德宏傣族景颇族自治州	10.44
141	金华市	12.74	176	绍兴市	10.38
142	亳州市	12.68	177	襄阳市	10.33
143	乌海市	12.45	178	淄博市	10.32
144	嘉峪关市	12.37	179	新余市	10.27
145	江门市	12.27	180	吉安市	10.25
146	昌都市	12.26	181	宁德市	10.20
147	昌吉回族自治州	12.23	182	咸宁市	10.03
148	丹东市	12.20	183	佳木斯市	10.03
149	焦作市	12.08	184	宝鸡市	9.88
150	临夏回族自治州	12.01	185	榆林市	9.81
151	揭阳市	11.97	186	赣州市	9.80
152	赤峰市	11.96	187	陇南市	9.77
153	临汾市	11.95	188	普洱市	9.72
154	大庆市	11.84	189	上饶市	9.55
155	黔东南苗族侗族自治州	11.79	190	安阳市	9.50
156	枣庄市	11.63	191	黑河市	9.46
157	德州市	11.61	192	日照市	9.36
158	唐山市	11.53	193	宜宾市	9.34
159	信阳市	11.38	194	景德镇市	9.27
160	塔城地区	11.29	195	达州市	9.25
161	甘南藏族自治州	11.14	196	东营市	9.18
162	平凉市	11.08	197	柳州市	9.10
163	台州市	11.05	198	阿里地区	9.10

序号	城市名称	得分	序号	城市名称	得分
199	北海市	9.10	234	荆州市	6.00
200	平顶山市	9.00	235	临沂市	5.86
201	贺州市	8.61	236	林芝市	5.86
202	九江市	8.32	237	吉林市	5.67
203	株洲市	8.27	238	七台河市	5.64
204	阳江市	8.06	239	山南市	5.34
205	廊坊市	7.89	240	衡阳市	5.34
206	龙岩市	7.88	241	秦皇岛市	5.26
207	徐州市	7.83	242	泰州市	5.23
208	怀化市	7.76	243	通化市	5.04
209	崇左市	7.70	244	博尔塔拉蒙古自治州	4.98
210	邢台市	7.57	245	海南藏族自治州	4.96
211	文山壮族苗族自治州	7.46	246	漯河市	4.95
212	玉林市	7.43	247	阳泉市	4.94
213	梧州市	7.30	248	六安市	4.91
214	定西市	7.28	249	黄石市	4.86
215	汕尾市	7.25	250	呼伦贝尔市	4.84
216	河源市	7.17	251	曲靖市	4.64
217	兴安盟	7.01	252	内江市	4.63
218	南平市	6.96	253	海西蒙古族藏族自治州	4.63
219	庆阳市	6.95	254	中卫市	4.63
220	绵阳市	6.93	255	蚌埠市	4.60
221	盘锦市	6.91	256	阜新市	4.59
222	保定市	6.84	257	池州市	4.56
223	通辽市	6.78	258	衢州市	4.56
224	晋中市	6.75	259	宣城市	4.39
225	遵义市	6.73	260	驻马店市	4.33
226	梅州市	6.71	261	延边朝鲜族自治州	4.32
227	永州市	6.62	262	海北藏族自治州	4.27
228	许昌市	6.55	263	肇庆市	4.23
229	阿克苏地区	6.45	264	齐齐哈尔市	4.10
230	萍乡市	6.25	265	本溪市	4.02
231	眉山市	6.24	266	茂名市	3.96
232	果洛藏族自治州	6.12	267	聊城市	3.70
233	三明市	6.01	268	淮南市	3.67

序号	城市名称	得分	序号	城市名称	得分
269	鞍山市	3.67	302	抚州市	1.68
270	南充市	3.62	303	防城港市	1.65
271	咸阳市	3.55	304	湘潭市	1.64
272	锦州市	3.49	305	德阳市	1.62
273	白银市	3.39	306	阜阳市	1.59
274	黄冈市	3.30	307	保山市	1.54
275	海东市	3.25	308	辽阳市	1.54
276	泰安市	3.22	309	宿州市	1.52
277	武威市	3.20	310	铜陵市	1.48
278	菏泽市	3.19	311	宜春市	1.46
279	岳阳市	3.09	312	长治市	1.44
280	铜川市	3.08	313	濮阳市	1.39
281	巴音郭楞蒙古自治州	3.02	314	固原市	1.37
282	绥化市	3.02	315	朔州市	1.34
283	黔南布依族苗族自治州	3.01	316	朝阳市	1.31
284	周口市	2.95	317	资阳市	1.30
285	商洛市	2.90	318	克孜勒苏柯尔克孜自治州	1.28
286	营口市	2.75	319	辽源市	1.04
287	巴中市	2.71	320	邵阳市	1.04
288	抚顺市	2.70	321	益阳市	1.04
289	娄底市	2.48	322	黔西南布依族苗族自治州	0.90
290	迪庆藏族自治州	2.46	323	马鞍山市	0.88
291	遂宁市	2.37	324	鹰潭市	0.85
292	石嘴山市	2.34	325	白城市	0.77
293	巴彦淖尔市	2.31	326	四平市	0.72
294	鹤岗市	2.25	327	来宾市	0.68
295	淮北市	2.23	328	黄南藏族自治州	0.65
296	滁州市	2.22	329	铁岭市	0.47
297	松原市	2.21	330	鸡西市	0.42
298	三沙市	2.02	331	云浮市	0.42
299	南阳市	2.00	332	忻州市	0.38
300	孝感市	2.00	333	伊春市	0.36
301	吕梁市	1.94	334	安康市	0.34

注：未列出城市的指数为0。下同。

（二）中国不同行政级别城市的 Twitter 传播力指数分布

从城市的行政级别角度来看，不同级别城市传播力存在着较大差异，直辖市、省会城市及计划单列市的平均 Twitter 传播力指数为 51.03，而普通地级市（自治州、地区、盟）这一数值仅为 10.75，表明直辖市、省会城市和计划单列市在 Twitter 平台的传播力水平明显高于普通地级市（自治州、地区、盟）。

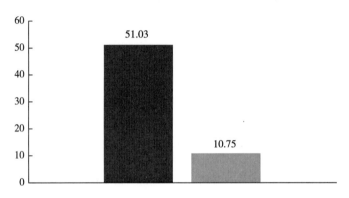

图 15　不同行政级别城市的平均 Twitter 传播力指数

1. 直辖市、省会城市及计划单列市 Twitter 传播力指数分布

36 座直辖市、省会城市以及计划单列市 Twitter 传播力指数排名靠前的城市分别为北京市、武汉市、上海市、广州市与深圳市。直辖市、省会城市和计划单列市整体传播力较高，但各城市之前依然存在较大差异，银川市和西宁市的指数明显低于其他省会城市。

表 14　直辖市、省会城市及计划单列市的 Twitter 传播力指数

序号	城市名称	得分	序号	城市名称	得分
1	北京市	100.00	11	大连市	56.81
2	武汉市	97.75	12	宁波市	56.39
3	上海市	94.12	13	厦门市	56.28
4	广州市	80.43	14	青岛市	54.85
5	深圳市	73.91	15	郑州市	53.57
6	成都市	72.11	16	沈阳市	53.25
7	杭州市	70.28	17	长沙市	53.14
8	重庆市	67.01	18	兰州市	51.95
9	南京市	64.29	19	昆明市	48.52
10	哈尔滨市	56.84	20	拉萨市	47.87

续表

序号	城市名称	得分	序号	城市名称	得分
21	乌鲁木齐市	45.20	29	海口市	32.65
22	福州市	43.82	30	济南市	31.88
23	合肥市	39.73	31	南宁市	28.99
24	长春市	39.08	32	石家庄市	28.76
25	西安市	38.95	33	太原市	27.62
26	贵阳市	38.72	34	呼和浩特市	23.02
27	南昌市	38.46	35	银川市	18.73
28	天津市	35.24	36	西宁市	16.77

2. 普通地级市（自治州、地区、盟）Twitter 传播力指数排名

与直辖市、省会城市和计划单列市的平均传播力指数相比，普通地级市（自治州、地区、盟）的 Twitter 传播力指数相对较低，排名靠前的城市（自治州、地区、盟）分别为张家界市、恩施土家族苗族自治州、天水市、喀什地区、锡林郭勒盟、珠海市、西双版纳傣族自治州、张掖市、和田地区以及三亚市。普通地级市（自治州、地区、盟）的 Twitter 传播力总体较弱，各城市间的传播力差异相对较小。

表15　普通地级市（自治州、地区、盟）的 Twitter 传播力指数

序号	城市名称	得分	序号	城市名称	得分
1	张家界市	41.53	17	南通市	26.58
2	恩施土家族苗族自治州	39.36	18	洛阳市	25.06
3	天水市	38.80	19	延安市	24.05
4	喀什地区	38.07	20	桂林市	23.95
5	锡林郭勒盟	35.27	21	三门峡市	23.43
6	珠海市	33.85	22	昭通市	23.21
7	西双版纳傣族自治州	32.19	23	随州市	23.07
8	张掖市	31.53	24	雅安市	23.02
9	和田地区	30.82	25	那曲市	22.96
10	三亚市	30.73	26	阿勒泰地区	22.91
11	莆田市	30.63	27	邯郸市	22.46
12	大同市	30.57	28	乐山市	22.27
13	苏州市	30.50	29	烟台市	21.83
14	镇江市	29.56	30	舟山市	21.64
15	扬州市	27.76	31	泸州市	21.52
16	泉州市	27.07	32	玉溪市	21.33

序号	城市名称	得分	序号	城市名称	得分
33	鄂尔多斯市	20.85	68	安顺市	15.85
34	黄山市	20.59	69	牡丹江市	15.78
35	承德市	20.56	70	阿拉善盟	15.33
36	宜昌市	20.32	71	盐城市	15.30
37	临沧市	20.27	72	吐鲁番市	15.24
38	无锡市	19.96	73	晋城市	15.24
39	佛山市	19.87	74	鄂州市	15.21
40	淮安市	19.11	75	葫芦岛市	15.21
41	新乡市	19.11	76	嘉兴市	15.15
42	鹤壁市	19.07	77	钦州市	15.14
43	衡水市	18.89	78	大理白族自治州	15.02
44	漳州市	18.80	79	潍坊市	14.87
45	清远市	18.73	80	张家口市	14.84
46	伊犁哈萨克自治州	18.40	81	日喀则市	14.83
47	韶关市	18.24	82	湘西土家族苗族自治州	14.71
48	温州市	18.14	83	白山市	14.53
49	乌兰察布市	18.02	84	凉山彝族自治州	14.44
50	铜仁市	17.96	85	百色市	14.36
51	阿坝藏族羌族自治州	17.83	86	自贡市	14.19
52	芜湖市	17.76	87	哈密市	14.16
53	汕头市	17.56	88	贵港市	14.16
54	沧州市	17.56	89	湖州市	14.02
55	克拉玛依市	17.33	90	常德市	13.95
56	运城市	17.04	91	常州市	13.91
57	酒泉市	17.01	92	东莞市	13.73
58	河池市	16.90	93	怒江傈僳族自治州	13.53
59	毕节市	16.89	94	惠州市	13.46
60	甘孜藏族自治州	16.81	95	渭南市	13.37
61	包头市	16.78	96	宿迁市	13.31
62	连云港市	16.59	97	广元市	13.31
63	儋州市	16.37	98	安庆市	13.21
64	郴州市	16.26	99	湛江市	13.20
65	中山市	16.20	100	红河哈尼族彝族自治州	13.19
66	商丘市	16.08	101	六盘水市	12.95
67	开封市	16.06	102	楚雄彝族自治州	12.81

续表

序号	城市名称	得分	序号	城市名称	得分
103	济宁市	12.80	138	潮州市	10.44
104	汉中市	12.80	139	德宏傣族景颇族自治州	10.44
105	金华市	12.74	140	绍兴市	10.38
106	亳州市	12.68	141	襄阳市	10.33
107	乌海市	12.45	142	淄博市	10.32
108	嘉峪关市	12.37	143	新余市	10.27
109	江门市	12.27	144	吉安市	10.25
110	昌都市	12.26	145	宁德市	10.20
111	昌吉回族自治州	12.23	146	咸宁市	10.03
112	丹东市	12.20	147	佳木斯市	10.03
113	焦作市	12.08	148	宝鸡市	9.88
114	临夏回族自治州	12.01	149	榆林市	9.81
115	揭阳市	11.97	150	赣州市	9.80
116	赤峰市	11.96	151	陇南市	9.77
117	临汾市	11.95	152	普洱市	9.72
118	大庆市	11.84	153	上饶市	9.55
119	黔东南苗族侗族自治州	11.79	154	安阳市	9.50
120	枣庄市	11.63	155	黑河市	9.46
121	德州市	11.61	156	日照市	9.36
122	唐山市	11.53	157	宜宾市	9.34
123	信阳市	11.38	158	景德镇市	9.27
124	塔城地区	11.29	159	达州市	9.25
125	甘南藏族自治州	11.14	160	东营市	9.18
126	平凉市	11.08	161	柳州市	9.10
127	台州市	11.05	162	阿里地区	9.10
128	荆门市	11.02	163	北海市	9.10
129	玉树藏族自治州	11.02	164	平顶山市	9.00
130	攀枝花市	10.99	165	贺州市	8.61
131	丽水市	10.94	166	九江市	8.32
132	广安市	10.85	167	株洲市	8.27
133	十堰市	10.80	168	阳江市	8.06
134	威海市	10.79	169	廊坊市	7.89
135	金昌市	10.73	170	龙岩市	7.88
136	滨州市	10.66	171	徐州市	7.83
137	丽江市	10.53	172	怀化市	7.76

序号	城市名称	得分	序号	城市名称	得分
173	崇左市	7.70	208	博尔塔拉蒙古自治州	4.98
174	邢台市	7.57	209	海南藏族自治州	4.96
175	文山壮族苗族自治州	7.46	210	漯河市	4.95
176	玉林市	7.43	211	阳泉市	4.94
177	梧州市	7.30	212	六安市	4.91
178	定西市	7.28	213	黄石市	4.86
179	汕尾市	7.25	214	呼伦贝尔市	4.84
180	河源市	7.17	215	曲靖市	4.64
181	兴安盟	7.01	216	内江市	4.63
182	南平市	6.96	217	海西蒙古族藏族自治州	4.63
183	庆阳市	6.95	218	中卫市	4.63
184	绵阳市	6.93	219	蚌埠市	4.60
185	盘锦市	6.91	220	阜新市	4.59
186	保定市	6.84	221	池州市	4.56
187	通辽市	6.78	222	衢州市	4.56
188	晋中市	6.75	223	宣城市	4.39
189	遵义市	6.73	224	驻马店市	4.33
190	梅州市	6.71	225	延边朝鲜族自治州	4.32
191	永州市	6.62	226	海北藏族自治州	4.27
192	许昌市	6.55	227	肇庆市	4.23
193	阿克苏地区	6.45	228	齐齐哈尔市	4.10
194	萍乡市	6.25	229	本溪市	4.02
195	眉山市	6.24	230	茂名市	3.96
196	果洛藏族自治州	6.12	231	聊城市	3.70
197	三明市	6.01	232	淮南市	3.67
198	荆州市	6.00	233	鞍山市	3.67
199	临沂市	5.86	234	南充市	3.62
200	林芝市	5.86	235	咸阳市	3.55
201	吉林市	5.67	236	锦州市	3.49
202	七台河市	5.64	237	白银市	3.39
203	山南市	5.34	238	黄冈市	3.30
204	衡阳市	5.34	239	海东市	3.25
205	秦皇岛市	5.26	240	泰安市	3.22
206	泰州市	5.23	241	武威市	3.20
207	通化市	5.04	242	菏泽市	3.19

序号	城市名称	得分	序号	城市名称	得分
243	岳阳市	3.09	271	保山市	1.54
244	铜川市	3.08	272	辽阳市	1.54
245	巴音郭楞蒙古自治州	3.02	273	宿州市	1.52
246	绥化市	3.02	274	铜陵市	1.48
247	黔南布依族苗族自治州	3.01	275	宜春市	1.46
248	周口市	2.95	276	长治市	1.44
249	商洛市	2.90	277	濮阳市	1.39
250	营口市	2.75	278	固原市	1.37
251	巴中市	2.71	279	朔州市	1.34
252	抚顺市	2.70	280	朝阳市	1.31
253	娄底市	2.48	281	资阳市	1.30
254	迪庆藏族自治州	2.46	282	克孜勒苏柯尔克孜自治州	1.28
255	遂宁市	2.37	283	辽源市	1.04
256	石嘴山市	2.34	284	邵阳市	1.04
257	巴彦淖尔市	2.31	285	益阳市	1.04
258	鹤岗市	2.25	286	黔西南布依族苗族自治州	0.90
259	淮北市	2.23	287	马鞍山市	0.88
260	滁州市	2.22	288	鹰潭市	0.85
261	松原市	2.21	289	白城市	0.77
262	三沙市	2.02	290	四平市	0.72
263	南阳市	2.00	291	来宾市	0.68
264	孝感市	2.00	292	黄南藏族自治州	0.65
265	吕梁市	1.94	293	铁岭市	0.47
266	抚州市	1.68	294	鸡西市	0.42
267	防城港市	1.65	295	云浮市	0.42
268	湘潭市	1.64	296	忻州市	0.38
269	德阳市	1.62	297	伊春市	0.36
270	阜阳市	1.59	298	安康市	0.34

（三）中国不同经济圈城市的 Twitter 传播力指数分布

为考察我国城市集群的海外网络传播力建设情况，本报告重点分析了四大经济圈城市的传播力指数分析情况。我国四大经济圈中珠三角城市的平均 Twitter 传播力指数最高，其后是长三角经济圈和京津冀经济圈的城市，成渝地区双城经济圈的传播力指数最低。成渝地区双城经济圈是国家发展改革委于 2021 年新设立的经济圈，它包含的城市与传统经济圈内城市的海外网络传播力平均水平仍有一定差距。

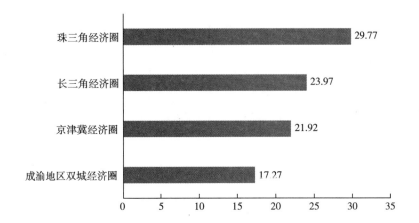

图 16　不同经济圈城市平均 Twitter 传播力指数

在京津冀经济圈中，Twitter 传播力指数排名靠前的城市分别为北京市、天津市、石家庄市、邯郸市以及承德市。该地区内部城市的传播力差异较大，北京市在 Twitter 平台上的传播力远高于其他城市，表现出一骑绝尘的态势。

表 16　京津冀经济圈城市的 Twitter 传播力指数

序号	城市名称	得分	序号	城市名称	得分
1	北京市	100.00	8	张家口市	14.84
2	天津市	35.24	9	唐山市	11.53
3	石家庄市	28.76	10	安阳市	9.50
4	邯郸市	22.46	11	廊坊市	7.89
5	承德市	20.56	12	邢台市	7.57
6	衡水市	18.89	13	保定市	6.84
7	沧州市	17.56	14	秦皇岛市	5.26

在长三角经济圈中，Twitter 传播力指数排名靠前的城市分别为上海市、杭州市、南京市、宁波市、合肥市、苏州市、镇江市、扬州市、南通市以及舟山市。总体而言，该地区城市在 Twitter 平台的传播力呈现出"一超多强"的特点，上海市的传播力最强，杭州市、南京市和宁波市等传播力指数较高。

在珠三角经济圈包含的 9 座地级市中，Twitter 传播力指数排名依次为广州市、深圳市、珠海市、佛山市、中山市、东莞市、惠州市、江门市和肇庆市，广州市和深圳市作为地区核心城市在 Twitter 上的传播力引领区域内其他城市。

表 17　长三角经济圈城市的 Twitter 传播力指数

序号	城市名称	得分	序号	城市名称	得分
1	上海市	94.12	14	嘉兴市	15.15
2	杭州市	70.28	15	湖州市	14.02
3	南京市	64.29	16	常州市	13.91
4	宁波市	56.39	17	安庆市	13.21
5	合肥市	39.73	18	金华市	12.74
6	苏州市	30.50	19	台州市	11.05
7	镇江市	29.56	20	绍兴市	10.38
8	扬州市	27.76	21	泰州市	5.23
9	南通市	26.58	22	池州市	4.56
10	舟山市	21.64	23	宣城市	4.39
11	无锡市	19.96	24	滁州市	2.22
12	芜湖市	17.76	25	铜陵市	1.48
13	盐城市	15.30	26	马鞍山市	0.88

表 18　珠三角经济圈城市的 Twitter 传播力指数

序号	城市名称	得分	序号	城市名称	得分
1	广州市	80.43	6	东莞市	13.73
2	深圳市	73.91	7	惠州市	13.46
3	珠海市	33.85	8	江门市	12.27
4	佛山市	19.87	9	肇庆市	4.23
5	中山市	16.20			

在成渝经济圈中，Twitter 传播力指数排名靠前的城市分别为成都市、重庆市、雅安市、乐山市、泸州市、自贡市、广安市、宜宾市、达州市以及绵阳市，其中，成都市和重庆市作为地区核心城市在 Twitter 上的传播力引领区域内其他城市。

表 19　成渝经济圈城市的 Twitter 传播力指数

序号	城市名称	得分	序号	城市名称	得分
1	成都市	72.11	5	泸州市	21.52
2	重庆市	67.01	6	自贡市	14.19
3	雅安市	23.02	7	广安市	10.85
4	乐山市	22.27	8	宜宾市	9.34

序号	城市名称	得分	序号	城市名称	得分
9	达州市	9.25	13	南充市	3.62
10	绵阳市	6.93	14	遂宁市	2.37
11	眉山市	6.24	15	德阳市	1.62
12	内江市	4.63	16	资阳市	1.30

（四）Twitter 平台城市案例分析

1. 昆明市：办好国际盛会，引得世界瞩目

昆明市，别称"春城"，是我国西部地区重要的中心城市之一。昆明市区位独特、交通便利，处于东盟"10＋1"自由贸易区经济圈、大湄公河次区域经济合作圈、"泛珠三角"区域经济合作圈的交汇点。2021 年，昆明市的海外网络传播力综合排名和 Twitter 传播力指数排名都为第 19 位，Twitter 平台传播力指数比 2020 年上升 2 位。

立足于独特的区位优势和资源禀赋，近年来，昆明市的城市形象对外传播呈现独具特色的内容题材和方法策略，内容上主要围绕生物多样性、地方特色文化等开展国际传播活动，方法策略上多采用文字、图片、视频等多种媒介形式相融合的方式，致力于建构昆明的"他者印象"——借用外国友人的视角来讲述昆明故事。

图 17　生物多样性大会场外布景的推文

2021 年 10 月 11 日，联合国《生物多样性公约》缔约方大会第 15 次会议（COP15）第一阶段会议在昆明举办，本次大会涵盖高级别会议、生态文明论坛等活动，同时发布了"昆明宣言：迈向生态文明，共建地球生命共同体"。凭借此次生物多样性大会的契机，昆明在国际舆论场上获得了不少曝光，昆明的生物多样性之美、人与自然的和谐之美、地方民族文化的繁荣之美赢得了国外网民的赞誉。

在 Twitter 上使用关键词"Kunming"检索统计期间与昆明市相关的推文，检索出大量与生物多样性大会相关的内容，发布主体包括政府官方、国际组织、媒体以及外交官等，呈现内容涵盖大会现场、场外布景、大象、昆明宣言以及生态环保的公益视频等。

在方法策略方面，昆明致力于"他者印象"的建构，借用国际友人的视角来讲述昆明故事是城市形象对外传播的一种新型方式。例如，Carlos Martinez 在 Twitter 上发帖表示，"中国将领导并致力于建设 15 亿元的昆明生物多样性基金，来支持发展中国家的生物多样性保护"，他继续评论道，"非常高兴能看到中国展现出的领导力"。这种借用"外国人视角"的对外传播，不同于传统官方外宣的话语体系，采用外国人的视角和叙事方式来讲述昆明故事的方式也在无形中提升了内容的亲切感和可信度。

图 18　联合国气候变化账号发布的推文

2. 张家界市：得天独厚的地理环境，举世闻名的森林公园

张家界市地处湖南省西北部，属武陵山脉腹地。全市因旅游建市，是国内重点旅游城市，我国第一个国家森林公园坐落于此。张家界市是拥有我国首批入选世界自然遗产、世界首批地质公园、国家首批 5A 级旅游景区等景点的城市。2021 年，张家界市的海外网络传播力综合排名第 26 位，其 Twitter 传播力指数排名第 23 位，Twitter 传播力指数在所有普通地级市（自治州、地区、盟）中排名第 1 位。

图 19　Carlos Martinez 的推文

张家界市因旅游建市，也因旅游闻名，凭借其得天独厚的自然景观、日益完善的旅游基础设施和独辟蹊径的对外传播，张家界市的国际知名度与日俱增。从 Twitter 发布的推文来看，内容大多展示了张家界的知名景点，如天门洞、天门栈道、上天梯、百龙天梯、土家族水车等。

从传播形式上看，文字、图片和短视频是 Twitter 上最常见的形式，一个账号 ID 为 Dr. Auwwa（No‒PhD）所拍的关于天门山和张家界大峡谷的 Vlog 获得了 1000 次以上的播放量，取得了较好的传播效果。从外宣策略上看，张家界市善于运用国外熟悉的元素来开展传播活动，如《阿凡达》播出后，"潘多拉很远，而张家界很近"这句宣传语给国外网友留下了深刻印象。不仅如此，"南天一柱"后被正式更名为《阿凡达》中的"哈利路亚山"，增加了相关景点的话题性，国外网友对此津津乐道。

3. 恩施州：文旅投资的成功——发掘独特的自然光景和人文风情

恩施土家族苗族自治州（以下简称恩施州）位于湖北省西南部，"东连荆楚，南接潇湘，西邻渝黔，北靠神农架"，是湖北省唯一的少数民族自治州，具有独特的自然风貌和多元的民俗文化。2021 年，恩施州的海外网络传播力综合指数排名第 37 位，其 Twitter 传播力指数排名第 24 位，Twitter 传播力指数在所有普通地级市（自治州、地区、盟）中排名第 2 位。

图 20　国外网友眼中的天门山的推文

图 21　路透社对玻璃栈道上蹦极的报道的推文

图 22　国外网友提及《阿凡达》的取景地的推文

"中国好山水，天赐恩施州。"恩施州的国际传播与它近年来飞速发展的旅游业息息相关。2000 年以来，恩施旅游从无到有，已经成为恩施州的全域支柱产业。恩施州的海外社交媒体传播内容以其独具特色的自然风光和多姿多彩的风土人情为主，雄奇险峻的恩施大峡谷、奇妙的狮子关浮桥、古朴的土司城、历史悠久的唐崖土司城址，以及吹打乐、摆手舞等民间特色曲艺都是吸引海外网民的重要内容。就传播主体来说，Twitter 平台上的热点推文多数源自个人账号，主要包括国际友人和中国外交官两类，前者较多展现自己在恩施州的旅行所见和生活记录，如来华支教的外国友人吴安平发布推文展示了自己在恩施州支教的课堂情景；后者多以转发国内主流媒体的旅游推介视频为主，如中国驻巴基斯坦卡拉奇总领事李碧建在其 Twitter 账号上转发恩施州旅游景点视频。

值得一提的是，恩施旅游景区从开始建设到闻名全国再到拥抱世界也是最近 20 年才发生的事。恩施大峡谷景区地处武陵山区，原来是湖北省有名的深度贫困地区，山高谷深、交通不便、信息闭塞。湖北省文化旅游投资集团有限公司以旅游开发为抓手，积极探索"旅游 +'造血'扶贫"新模式，投资建设了国家 5A 级景区恩施大峡谷。通过开发以七星寨、云龙地缝为主的旅游项目，打造《龙船调》等舞台剧目，租赁村民闲置房屋、土地建设民宿，带动当地居民就业创业等多种方式有力推动贫困地区整体稳定脱贫、贫困户持续稳定增收，2019 年该地区已实现脱贫摘帽。这种"旅游 + 造血扶贫"的发展模式既是文旅投资的商业创新，也是我国"脱贫攻坚"要求的政策驱动结果。

Eric Liao @Christopher9096 · Aug 15

Shiziguan Floating Bridge, Xuan'en County, **Enshi** Prefecture, Hubei Province, China.😎😎

0:02 84 views

♡ 7

图23　狮子关浮桥的推文

 SimonTour.com @simontourcom · Aug 19

The Tangya Tusi Site is located in Xianfeng County, **Enshi** Tujia and Miao Autonomous Prefecture, Hubei Province. In July, 2015, it was listed as an UNESCO world cultural heritage site, together with the Site of Laosicheng Tusi Domain and the Site of Hailongtun Tusi Fortress.

⟲ 13　　♡ 50

图24　唐崖土司城址的推文

Rachel Meets China @rachelinchina2 · Oct 7

The Tujia Ethnic Group (土家族) have a long history of musical traditions. There are Tujia people in Hubei, Hunan, and Guizhou provinces. In **Enshi** you can see some of these performances up close. #tujia #hubei

图25　外国人眼中的土家族曲艺的推文

J R R Go 吴安平 @WuAnping · Jul 10

ENSHI, Hubei: The last time I taught in a classroom was in 2018, before I left the Philippines for further studies. It feels nice to be back in the classroom and teach (although not about politics and not for university students). One more class tomorrow!

图26　外籍友人的支教课堂情景的推文

libijian李碧建 @libijian2 · Aug 19
China government official
At 560 meters up from the valley bottom, the 90-m-high Siduhe Bridge forms a landscape in Yesanguan Town of Badong County in Enshi Tujia and Miao Autonomous Prefecture, central #China's Hubei Province. @PDChina
PEOPLE'S DAILY
0:04 3.7K views
13
68
264

图 27　外交官李碧建转发恩施景点视频的推文

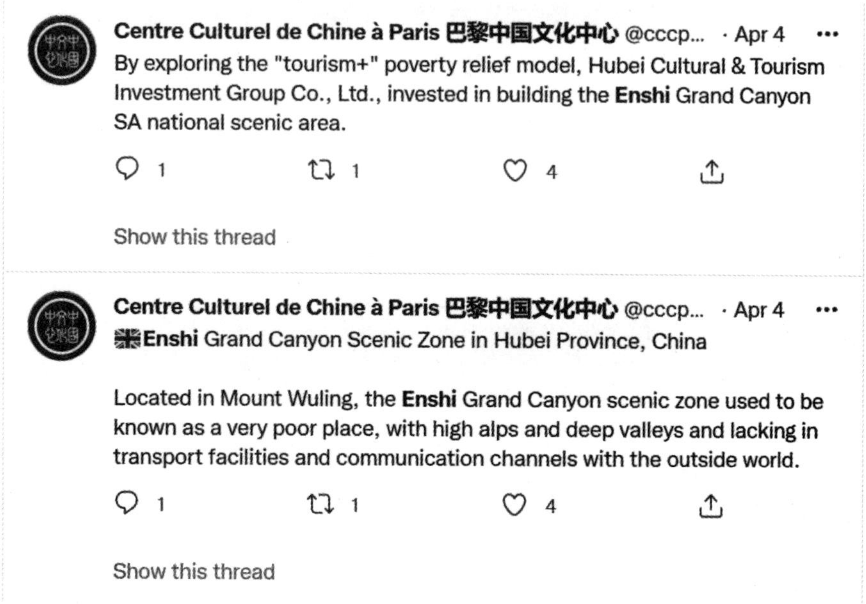
Centre Culturel de Chine à Paris 巴黎中国文化中心 @cccp... · Apr 4
By exploring the "tourism+" poverty relief model, Hubei Cultural & Tourism Investment Group Co., Ltd., invested in building the Enshi Grand Canyon SA national scenic area.
1
1
4
Show this thread
Centre Culturel de Chine à Paris 巴黎中国文化中心 @cccp... · Apr 4
Enshi Grand Canyon Scenic Zone in Hubei Province, China
Located in Mount Wuling, the Enshi Grand Canyon scenic zone used to be known as a very poor place, with high alps and deep valleys and lacking in transport facilities and communication channels with the outside world.
1
1
4
Show this thread

图 28　巴黎中国文化中心讲述恩施“文旅 + 扶贫”的故事的推文

4. 珠海市：立足巍巍航空航天，谱写城市精彩华章

中国航空航天技术已处于世界领先水平，是国家对外形象的一张亮丽的名片，航空航天事业的依托城市成为了航空航天科技的具象表达，相关城市的国际知名度借此提升。在这方面，珠海市在 Twitter 平台上的表现尤为突出。珠海市是我国重要的口岸城市，港珠澳大桥竣工后，成为内地唯一与香港、澳门陆路相连的城市。2021 年，珠海市的海外网络传播力综合指数排名和 Twitter 平台的传播力指数排名均居于第 34 位。

2021 年 9 月 28 日至 10 月 3 日，第 13 届中国国际航空航天博览会在广东省珠海市国际航展中心举办。作为两年一度的国际性专业航空航天展览，中国国际航空航天博览会吸引了国内外众多军迷的关注。在 Twitter 平台上，珠海市的海外网络传播主体主要包括国外网民和海外机构，展示的内容以战斗机、飞行特技表演为主。珠海市在 Twitter 平台的对外传播呈现内容单一化、标签化的特点，一方面，可以加深国外对城市航空航天科技的印象；但是在另一方面，也一定程度上限制了海外网民对珠海市的想象力。

图 29　融媒体记者发布关于 J‑16D 的推文

图 30　SPACE 对新型载人舱在珠海展上展出的推文

六、维度三:中国城市YouTube传播力

本研究利用 Google 英文搜索引擎检索来源为 YouTube 的各城市视频。采用对直辖市、省会城市和计划单列市输入带双引号的城市英文名称,对普通地级市(自治州、地区、盟)采取输入带双引号的城市和所在省份英文名称的方法,采集 2020 年 10 月 16 日至 2021 年 10 月 15 日的时间范围内,中国 337 座城市(自治州、地区、盟)的 YouTube 视频数量。研究将视频内容的正负性纳入考量标准,按照相关性排序各抽取前 200 条样本,然后由 4 位编码员进行编码,使用霍斯提公式计算编码信度为 0.97 > 0.90,符合检验要求。根据算法得出 337 座城市的 YouTube 传播力指数。

(一) 中国 337 座城市 YouTube 传播力指数分布

YouTube 传播力指数排名靠前的城市依次为上海市、武汉市、北京市、深圳市、重庆市、成都市、广州市、南京市、天津市以及杭州市,均属于直辖市、省会城市或计划单列市。与 2020 年相比,上海市、武汉市、北京市以及深圳市的 YouTube 传播力指数连续两年进入排名前五;重庆市和南京市 YouTube 传播力指数排名的进步最大,上升了 4 位。南京市、天津市以及杭州市成功跻身排名前十,西安市、三亚市和杭州市跌出排名前十梯队,且排名均在第 25 位之后。

表 20　城市 YouTube 传播力指数

序号	城市名称	得分	序号	城市名称	得分
1	上海市	100.00	13	哈尔滨市	62.64
2	武汉市	98.89	14	长沙市	61.49
3	北京市	95.62	15	兰州市	61.43
4	深圳市	82.24	16	拉萨市	61.41
5	重庆市	81.81	17	沈阳市	61.15
6	成都市	81.72	18	福州市	60.60
7	广州市	81.53	19	昆明市	59.64
8	南京市	75.00	20	郑州市	58.18
9	天津市	74.64	21	开封市	55.79
10	杭州市	74.38	22	长春市	54.62
11	青岛市	68.13	23	宁波市	53.75
12	厦门市	64.51	24	贵阳市	52.89

序号	城市名称	得分	序号	城市名称	得分
25	石家庄市	51.12	60	菏泽市	34.09
26	大连市	50.49	61	常州市	33.78
27	乌鲁木齐市	50.23	62	蚌埠市	33.63
28	济南市	50.21	63	无锡市	33.47
29	西安市	49.69	64	太原市	33.06
30	中山市	48.84	65	西双版纳傣族自治州	32.97
31	三亚市	48.55	66	柳州市	32.72
32	喀什地区	47.47	67	大同市	32.63
33	苏州市	47.36	68	莆田市	32.63
34	合肥市	46.28	69	湘西土家族苗族自治州	32.55
35	珠海市	46.21	70	临沂市	32.37
36	东莞市	44.40	71	怒江傈僳族自治州	32.19
37	南昌市	43.68	72	淄博市	32.01
38	丽江市	42.13	73	甘孜藏族自治州	31.82
39	恩施土家族苗族自治州	41.57	74	伊犁哈萨克自治州	31.15
40	桂林市	41.14	75	昭通市	30.95
41	汕头市	40.66	76	绍兴市	30.74
42	大理白族自治州	40.53	77	江门市	30.74
43	佛山市	40.41	78	和田地区	30.64
44	海口市	38.86	79	威海市	30.64
45	泉州市	38.86	80	漳州市	30.64
46	潮州市	38.41	81	韶关市	30.21
47	南宁市	37.62	82	景德镇市	29.77
48	洛阳市	37.57	83	枣庄市	29.77
49	扬州市	37.29	84	泸州市	29.19
50	惠州市	36.77	85	北海市	28.33
51	徐州市	36.53	86	自贡市	28.33
52	西宁市	36.34	87	舟山市	28.06
53	凉山彝族自治州	36.34	88	嘉兴市	28.06
54	乐山市	36.09	89	龙岩市	28.06
55	清远市	34.75	90	日喀则市	27.10
56	张家界市	34.61	91	延安市	25.88
57	湛江市	34.61	92	吐鲁番市	25.71
58	沧州市	34.32	93	台州市	25.55
59	温州市	34.09	94	玉树藏族自治州	25.55

序号	城市名称	得分	序号	城市名称	得分
95	钦州市	25.55	130	吉林市	15.23
96	新乡市	25.21	131	邯郸市	14.79
97	揭阳市	25.21	132	南阳市	14.79
98	肇庆市	24.50	133	日照市	13.85
99	金华市	24.13	134	镇江市	10.43
100	烟台市	23.94	135	临沧市	10.43
101	梅州市	23.94	136	眉山市	10.43
102	荆州市	23.74	137	保山市	10.43
103	襄阳市	23.34	138	汉中市	10.43
104	雅安市	23.34	139	六盘水市	10.43
105	玉溪市	23.13	140	白银市	9.74
106	阿勒泰地区	22.92	141	张掖市	9.74
107	普洱市	22.92	142	常德市	9.74
108	鄂尔多斯市	22.27	143	绵阳市	9.74
109	茂名市	21.81	144	宿迁市	9.74
110	盐城市	21.57	145	塔城地区	9.74
111	随州市	21.57	146	平顶山市	9.74
112	宜昌市	21.33	147	怀化市	9.74
113	承德市	21.33	148	云浮市	9.74
114	阿克苏地区	21.08	149	潍坊市	9.00
115	酒泉市	21.08	150	宿州市	9.00
116	儋州市	21.08	151	芜湖市	9.00
117	岳阳市	21.08	152	滨州市	9.00
118	保定市	20.56	153	赣州市	9.00
119	安阳市	18.86	154	那曲市	9.00
120	榆林市	18.54	155	毕节市	9.00
121	遵义市	18.22	156	盘锦市	9.00
122	信阳市	18.22	157	达州市	9.00
123	湖州市	17.89	158	上饶市	9.00
124	南通市	17.55	159	邵阳市	9.00
125	济宁市	17.55	160	天水市	9.00
126	商丘市	17.55	161	甘南藏族自治州	9.00
127	宜宾市	17.19	162	阿坝藏族羌族自治州	8.21
128	哈密市	16.06	163	银川市	8.21
129	德宏傣族景颇族自治州	15.23	164	包头市	8.21

序号	城市名称	得分	序号	城市名称	得分
165	铜仁市	8.21	200	南充市	6.42
166	阳江市	8.21	201	长治市	6.42
167	焦作市	8.21	202	阿拉善盟	6.42
168	郴州市	8.21	203	内江市	6.42
169	晋中市	8.21	204	湘潭市	6.42
170	黔东南苗族侗族自治州	8.21	205	林芝市	6.42
171	齐齐哈尔市	8.21	206	汕尾市	6.42
172	延边朝鲜族自治州	8.21	207	海西蒙古族藏族自治州	6.42
173	滁州市	8.21	208	商洛市	6.42
174	陇南市	8.21	209	连云港市	5.41
175	秦皇岛市	7.35	210	邢台市	5.41
176	三门峡市	7.35	211	泰州市	5.41
177	衢州市	7.35	212	廊坊市	5.41
178	株洲市	7.35	213	抚州市	5.41
179	丽水市	7.35	214	丹东市	5.41
180	玉林市	7.35	215	楚雄彝族自治州	5.41
181	广元市	7.35	216	克拉玛依市	5.41
182	许昌市	7.35	217	安庆市	5.41
183	防城港市	7.35	218	运城市	5.41
184	文山壮族苗族自治州	7.35	219	抚顺市	5.41
185	锦州市	7.35	220	山南市	5.41
186	淮南市	7.35	221	牡丹江市	5.41
187	曲靖市	7.35	222	衡水市	5.41
188	河源市	7.35	223	宜春市	5.41
189	赤峰市	7.35	224	临汾市	5.41
190	益阳市	7.35	225	阜新市	5.41
191	鄂州市	7.35	226	六安市	5.41
192	贺州市	7.35	227	南平市	5.41
193	张家口市	6.42	228	百色市	5.41
194	唐山市	6.42	229	梧州市	5.41
195	九江市	6.42	230	海北藏族自治州	5.41
196	黄山市	6.42	231	黔南布依族苗族自治州	5.41
197	宁德市	6.42	232	宣城市	5.41
198	阜阳市	6.42	233	迪庆藏族自治州	5.41
199	十堰市	6.42	234	大庆市	4.29

序号	城市名称	得分	序号	城市名称	得分
235	海南藏族自治州	4.29	270	黑河市	3.04
236	昌吉回族自治州	4.29	271	晋城市	3.04
237	安康市	4.29	272	通化市	3.04
238	三明市	4.29	273	马鞍山市	3.04
239	吉安市	4.29	274	营口市	3.04
240	辽阳市	4.29	275	崇左市	3.04
241	聊城市	4.29	276	葫芦岛市	3.04
242	攀枝花市	4.29	277	新余市	3.04
243	武威市	4.29	278	亳州市	3.04
244	安顺市	4.29	279	黄石市	3.04
245	周口市	4.29	280	驻马店市	3.04
246	鹤壁市	4.29	281	伊春市	3.04
247	朝阳市	4.29	282	佳木斯市	3.04
248	濮阳市	4.29	283	广安市	3.04
249	鞍山市	4.29	284	黔西南布依族苗族自治州	3.04
250	阿里地区	4.29	285	白山市	3.04
251	永州市	4.29	286	贵港市	3.04
252	临夏回族自治州	4.29	287	咸阳市	3.04
253	泰安市	4.29	288	黄南藏族自治州	3.04
254	嘉峪关市	4.29	289	淮安市	1.62
255	资阳市	4.29	290	德州市	1.62
256	德阳市	4.29	291	鹤岗市	1.62
257	定西市	4.29	292	绥化市	1.62
258	漯河市	4.29	293	三沙市	1.62
259	平凉市	4.29	294	黄冈市	1.62
260	忻州市	4.29	295	荆门市	1.62
261	铁岭市	4.29	296	孝感市	1.62
262	河池市	4.29	297	遂宁市	1.62
263	本溪市	4.29	298	朔州市	1.62
264	锡林郭勒盟	4.29	299	金昌市	1.62
265	大兴安岭地区	4.29	300	萍乡市	1.62
266	昌都市	4.29	301	咸宁市	1.62
267	东营市	3.04	302	乌兰察布市	1.62
268	中卫市	3.04	303	庆阳市	1.62
269	淮北市	3.04	304	渭南市	1.62

序号	城市名称	得分	序号	城市名称	得分
305	乌海市	1.62	309	兴安盟	1.62
306	果洛藏族自治州	1.62	310	娄底市	1.62
307	吕梁市	1.62	311	呼伦贝尔市	1.62
308	来宾市	1.62			

（二）中国不同行政级别城市 YouTube 传播力指数分布

从城市的行政划分来看，不同级别城市传播力存在着较大差异，直辖市、省会城市及计划单列市的平均 YouTube 传播力指数为 58.95，普通地级市（自治州、地区、盟）这一数值仅为 12.85，表明直辖市、省会城市以及计划单列市在 YouTube 上的传播力水平明显高于其他普通地级市（自治州、地区、盟）。

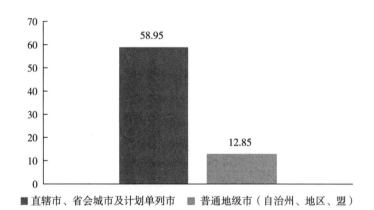

图 31　不同行政级别城市 YouTube 传播力

1. 直辖市、省会城市及计划单列市 YouTube 传播力指数分布

36 座直辖市、省会城市及计划单列市 YouTube 传播力指数排名靠前的城市分别为上海市、武汉市、北京市、深圳市及重庆市。直辖市、省会城市和计划单列市整体传播力较高，但各城市之间仍然存在较大差异。

表 21　直辖市、省会城市及计划单列市的 YouTube 传播力指数

序号	城市名称	得分	序号	城市名称	得分
1	上海市	100.00	4	深圳市	82.24
2	武汉市	98.89	5	重庆市	81.81
3	北京市	95.62	6	成都市	81.72

序号	城市名称	得分	序号	城市名称	得分
7	广州市	81.53	22	宁波市	53.75
8	南京市	75.00	23	贵阳市	52.89
9	天津市	74.64	24	石家庄市	51.12
10	杭州市	74.38	25	大连市	50.49
11	青岛市	68.13	26	乌鲁木齐市	50.23
12	厦门市	64.51	27	济南市	50.21
13	哈尔滨市	62.64	28	西安市	49.69
14	长沙市	61.49	29	合肥市	46.28
15	兰州市	61.43	30	南昌市	43.68
16	拉萨市	61.41	31	海口市	38.86
17	沈阳市	61.15	32	南宁市	37.62
18	福州市	60.60	33	西宁市	36.34
19	昆明市	59.64	34	太原市	33.06
20	郑州市	58.18	35	银川市	8.21
21	长春市	54.62			

2. 普通地级市（自治州、地区、盟）YouTube 传播力指数排名

与直辖市、省会城市及计划单列市的平均水平相比，普通地级市（自治州、地区、盟）的 YouTube 传播力指数相对较低，各城市间的传播力差异相对较小。其中排名靠前的城市分别为开封市、中山市、三亚市、喀什地区、苏州市、珠海市、东莞市、丽江市、恩施土家族苗族自治州以及桂林市。

表 22 普通地级市（自治州、地区、盟）的 YouTube 传播力指数

序号	城市名称	得分	序号	城市名称	得分
1	开封市	55.79	12	大理白族自治州	40.53
2	中山市	48.84	13	佛山市	40.41
3	三亚市	48.55	14	泉州市	38.86
4	喀什地区	47.47	15	潮州市	38.41
5	苏州市	47.36	16	洛阳市	37.57
6	珠海市	46.21	17	扬州市	37.29
7	东莞市	44.40	18	惠州市	36.77
8	丽江市	42.13	19	徐州市	36.53
9	恩施土家族苗族自治州	41.57	20	凉山彝族自治州	36.34
10	桂林市	41.14	21	乐山市	36.09
11	汕头市	40.66	22	清远市	34.75

序号	城市名称	得分	序号	城市名称	得分
23	张家界市	34.61	58	吐鲁番市	25.71
24	湛江市	34.61	59	钦州市	25.55
25	沧州市	34.32	60	玉树藏族自治州	25.55
26	温州市	34.09	61	台州市	25.55
27	菏泽市	34.09	62	新乡市	25.21
28	常州市	33.78	63	揭阳市	25.21
29	蚌埠市	33.63	64	肇庆市	24.50
30	无锡市	33.47	65	金华市	24.13
31	西双版纳傣族自治州	32.97	66	烟台市	23.94
32	柳州市	32.72	67	梅州市	23.94
33	莆田市	32.63	68	荆州市	23.74
34	大同市	32.63	69	雅安市	23.34
35	湘西土家族苗族自治州	32.55	70	襄阳市	23.34
36	临沂市	32.37	71	玉溪市	23.13
37	怒江傈僳族自治州	32.19	72	阿勒泰地区	22.92
38	淄博市	32.01	73	普洱市	22.92
39	甘孜藏族自治州	31.82	74	鄂尔多斯市	22.27
40	伊犁哈萨克自治州	31.15	75	茂名市	21.81
41	昭通市	30.95	76	随州市	21.57
42	江门市	30.74	77	盐城市	21.57
43	绍兴市	30.74	78	承德市	21.33
44	和田地区	30.64	79	宜昌市	21.33
45	漳州市	30.64	80	酒泉市	21.08
46	威海市	30.64	81	儋州市	21.08
47	韶关市	30.21	82	阿克苏地区	21.08
48	枣庄市	29.77	83	岳阳市	21.08
49	景德镇市	29.77	84	保定市	20.56
50	泸州市	29.19	85	安阳市	18.86
51	自贡市	28.33	86	榆林市	18.54
52	北海市	28.33	87	信阳市	18.22
53	舟山市	28.06	88	遵义市	18.22
54	嘉兴市	28.06	89	湖州市	17.89
55	龙岩市	28.06	90	南通市	17.55
56	日喀则市	27.10	91	商丘市	17.55
57	延安市	25.88	92	济宁市	17.55

续表

序号	城市名称	得分	序号	城市名称	得分
93	宜宾市	17.19	128	铜仁市	8.21
94	哈密市	16.06	129	阿坝藏族羌族自治州	8.21
95	德宏傣族景颇族自治州	15.23	130	包头市	8.21
96	吉林市	15.23	131	郴州市	8.21
97	邯郸市	14.79	132	焦作市	8.21
98	南阳市	14.79	133	黔东南苗族侗族自治州	8.21
99	日照市	13.85	134	陇南市	8.21
100	镇江市	10.43	135	阳江市	8.21
101	临沧市	10.43	136	晋中市	8.21
102	六盘水市	10.43	137	延边朝鲜族自治州	8.21
103	汉中市	10.43	138	齐齐哈尔市	8.21
104	眉山市	10.43	139	滁州市	8.21
105	保山市	10.43	140	三门峡市	7.35
106	张掖市	9.74	141	鄂州市	7.35
107	常德市	9.74	142	广元市	7.35
108	宿迁市	9.74	143	赤峰市	7.35
109	塔城地区	9.74	144	丽水市	7.35
110	平顶山市	9.74	145	贺州市	7.35
111	怀化市	9.74	146	株洲市	7.35
112	绵阳市	9.74	147	文山壮族苗族自治州	7.35
113	白银市	9.74	148	玉林市	7.35
114	云浮市	9.74	149	河源市	7.35
115	天水市	9.00	150	许昌市	7.35
116	那曲市	9.00	151	秦皇岛市	7.35
117	芜湖市	9.00	152	曲靖市	7.35
118	毕节市	9.00	153	衢州市	7.35
119	潍坊市	9.00	154	淮南市	7.35
120	甘南藏族自治州	9.00	155	锦州市	7.35
121	滨州市	9.00	156	防城港市	7.35
122	赣州市	9.00	157	益阳市	7.35
123	上饶市	9.00	158	黄山市	6.42
124	达州市	9.00	159	阿拉善盟	6.42
125	盘锦市	9.00	160	张家口市	6.42
126	宿州市	9.00	161	唐山市	6.42
127	邵阳市	9.00	162	十堰市	6.42

序号	城市名称	得分	序号	城市名称	得分
163	宁德市	6.42	198	宜春市	5.41
164	九江市	6.42	199	锡林郭勒盟	4.29
165	汕尾市	6.42	200	鹤壁市	4.29
166	林芝市	6.42	201	河池市	4.29
167	海西蒙古族藏族自治州	6.42	202	安顺市	4.29
168	内江市	6.42	203	嘉峪关市	4.29
169	南充市	6.42	204	昌都市	4.29
170	商洛市	6.42	205	临夏回族自治州	4.29
171	湘潭市	6.42	206	昌吉回族自治州	4.29
172	阜阳市	6.42	207	大庆市	4.29
173	长治市	6.42	208	攀枝花市	4.29
174	衡水市	5.41	209	平凉市	4.29
175	克拉玛依市	5.41	210	吉安市	4.29
176	运城市	5.41	211	阿里地区	4.29
177	连云港市	5.41	212	定西市	4.29
178	牡丹江市	5.41	213	永州市	4.29
179	百色市	5.41	214	三明市	4.29
180	安庆市	5.41	215	海南藏族自治州	4.29
181	楚雄彝族自治州	5.41	216	漯河市	4.29
182	丹东市	5.41	217	本溪市	4.29
183	临汾市	5.41	218	鞍山市	4.29
184	廊坊市	5.41	219	聊城市	4.29
185	邢台市	5.41	220	武威市	4.29
186	梧州市	5.41	221	泰安市	4.29
187	南平市	5.41	222	周口市	4.29
188	山南市	5.41	223	德阳市	4.29
189	泰州市	5.41	224	辽阳市	4.29
190	六安市	5.41	225	濮阳市	4.29
191	阜新市	5.41	226	资阳市	4.29
192	宣城市	5.41	227	朝阳市	4.29
193	海北藏族自治州	5.41	228	铁岭市	4.29
194	黔南布依族苗族自治州	5.41	229	忻州市	4.29
195	抚顺市	5.41	230	安康市	4.29
196	迪庆藏族自治州	5.41	231	大兴安岭地区	4.29
197	抚州市	5.41	232	晋城市	3.04

序号	城市名称	得分	序号	城市名称	得分
233	葫芦岛市	3.04	255	乌兰察布市	1.62
234	白山市	3.04	256	渭南市	1.62
235	贵港市	3.04	257	乌海市	1.62
236	亳州市	3.04	258	德州市	1.62
237	广安市	3.04	259	荆门市	1.62
238	新余市	3.04	260	金昌市	1.62
239	佳木斯市	3.04	261	咸宁市	1.62
240	黑河市	3.04	262	兴安盟	1.62
241	东营市	3.04	263	庆阳市	1.62
242	崇左市	3.04	264	萍乡市	1.62
243	通化市	3.04	265	果洛藏族自治州	1.62
244	黄石市	3.04	266	呼伦贝尔市	1.62
245	中卫市	3.04	267	黄冈市	1.62
246	驻马店市	3.04	268	绥化市	1.62
247	咸阳市	3.04	269	娄底市	1.62
248	营口市	3.04	270	遂宁市	1.62
249	淮北市	3.04	271	鹤岗市	1.62
250	黔西南布依族苗族自治州	3.04	272	三沙市	1.62
251	马鞍山市	3.04	273	吕梁市	1.62
252	黄南藏族自治州	3.04	274	孝感市	1.62
253	伊春市	3.04	275	朔州市	1.62
254	淮安市	1.62	276	来宾市	1.62

（三）中国不同经济圈城市 YouTube 传播力指数分布

为考察我国城市集群的海外网络传播力建设情况，本报告重点分析了四大经济圈城市的传播力指数分析情况。我国四大经济圈中珠三角城市的平均 YouTube 传播力指数最高，处于遥遥领先的地位；其后是长三角经济圈和京津冀经济圈的城市，成渝地区双城经济圈的传播力指数最低，这 3 个经济圈的传播力整体水平比较接近。

在京津冀经济圈中，YouTube 传播力指数排名靠前的城市分别为北京市、天津市、石家庄市、沧州市以及承德市。该经济圈内部城市的传播力差异较大，北京市以及天津市的传播力远高于区域内其他城市，呈现阶梯式分布的特征。

在长三角经济圈中，YouTube 传播力指数排名靠前的城市分别为上海市、南京市、杭州市、宁波市、苏州市、合肥市、扬州市、常州市、无锡市、绍兴市；铜陵市和池州市的传播力指数最低。

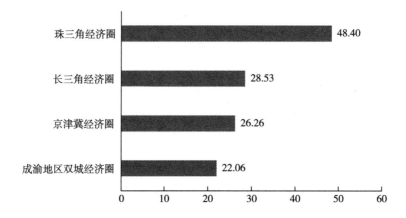

图 32 不同经济圈城市平均 YouTube 传播力指数

表 23 京津冀经济圈城市的 YouTube 传播力指数

序号	城市名称	得分	序号	城市名称	得分
1	北京市	95.62	8	邯郸市	14.79
2	天津市	74.64	9	秦皇岛市	7.35
3	石家庄市	51.12	10	张家口市	6.42
4	沧州市	34.32	11	唐山市	6.42
5	承德市	21.33	12	邢台市	5.41
6	保定市	20.56	13	衡水市	5.41
7	安阳市	18.86	14	廊坊市	5.41

表 24 长三角经济圈城市的 YouTube 传播力指数

序号	城市名称	得分	序号	城市名称	得分
1	上海市	100.00	13	台州市	25.55
2	南京市	75.00	14	金华市	24.13
3	杭州市	74.38	15	盐城市	21.57
4	宁波市	53.75	16	湖州市	17.89
5	苏州市	47.36	17	南通市	17.55
6	合肥市	46.28	18	镇江市	10.43
7	扬州市	37.29	19	芜湖市	9.00
8	常州市	33.78	20	滁州市	8.21
9	无锡市	33.47	21	泰州市	5.41
10	绍兴市	30.74	22	安庆市	5.41
11	舟山市	28.06	23	宣城市	5.41
12	嘉兴市	28.06	24	马鞍山市	3.04

在珠三角经济圈包含的 9 座地级市中，YouTube 传播力指数排名依次为深圳市、广州市、中山市、珠海市、东莞市、佛山市、惠州市、江门市和肇庆市，深圳市和广州市是该经济圈内 YouTube 传播力的领军城市，二者并驾齐驱。

表 25　珠三角经济圈城市的 YouTube 传播力指数

序号	城市名称	得分	序号	城市名称	得分
1	深圳市	82.24	6	佛山市	40.41
2	广州市	81.53	7	惠州市	36.77
3	中山市	48.84	8	江门市	30.74
4	珠海市	46.21	9	肇庆市	24.50
5	东莞市	44.40			

在成渝地区双城经济圈中，YouTube 传播力指数排名靠前的城市为重庆市、成都市、乐山市、泸州市、自贡市、雅安市、宜宾市、眉山市、绵阳市以及达州市。重庆市和成都市对该经济圈 YouTube 传播力的贡献最大。

表 26　成渝经济圈城市的 YouTube 传播力指数

序号	城市名称	得分	序号	城市名称	得分
1	重庆市	81.81	9	绵阳市	9.74
2	成都市	81.72	10	达州市	9.00
3	乐山市	36.09	11	南充市	6.42
4	泸州市	29.19	12	内江市	6.42
5	自贡市	28.33	13	德阳市	4.29
6	雅安市	23.34	14	资阳市	4.29
7	宜宾市	17.19	15	广安市	3.04
8	眉山市	10.43	16	遂宁市	1.62

（四）YouTube 平台城市案例分析

1. 重庆市：透过西方人的眼睛看山城

重庆市是 2021 年 YouTube 海外传播力指数排名上升最快的直辖市，从 2020 年的第 9 名上升至 2021 年的第 5 名，也是 2021 年 YouTube 传播力指数排名靠前的城市中排名提升最多的城市。

推动重庆市 YouTube 传播力显著提升的重要原因是游戏《杀手 3》（HITMAN 3）的上市。《杀手 3》是 IO Interactive 发行的一款潜行动作类游戏，加入游戏的玩家将以特工 47 号的身份分别在世界各地执行暗杀任务，其中第 4 章地图以中国重庆为背景。

www.youtube.com › watch

HITMAN 3 - Under the Hood (Chongqing Location Reveal)

Welcome to **Chongqing**, a brand new location coming to HITMAN 3. Plus, get a closer look at IO Interactive's ...

YouTube · HITMAN · Nov 24, 2020

www.youtube.com › watch

HITMAN 3 | Chongqing | Silent Assassin Suit Only | Walkthrough

In this HITMAN 3 walkthrough we'll be covering **Chongqing**, China completed Silent Assassin Suit Only on ...

YouTube · MrFreeze2244 · Jan 20, 2021

图 33　HITMAN 3 重庆章节相关内容的推文

　　《杀手3》是杀手三部曲的最终章。一方面，游戏前两季的用户积累为其热度提供了保障。据开发商 IO Interactive 报道，截至 2021 年底，杀手世界三部曲总玩家数已经突破5000 万人次。另一方面，《杀手3》也是杀手系列中制作最精良的一部，尚未发售时，作为全球最大的视频游戏多媒体及评论网站之一的 IGN（Imagine Games Network）就为《杀手3》打出了 9 分的评分，认为该作是一款内容丰富，奖励制度多样、重复可玩性高的游戏。因此，该游戏的上市与宣传极大地推动了重庆市的国际热度。

　　值得注意的是，在《杀手3》重庆章节中，开发商通过琳琅满目的霓虹招牌突出了重

www.youtube.com › watch

Jiefangbei Pedestrian Street - Chongqing Night Walk - YouTube

Located in the center of downtown **Chongqing**, Jiefangbei CBD, also known as Jiefangbei Pedestrian Street ...

YouTube · Walk East · Oct 3, 2021

4 key moments in this video

www.youtube.com › watch

Chongqing Night Walk | Central Business District and Guanyin ...

Mountains, fog and hot pot, those are some of the common keywords for **Chongqing**, a provincial-level ...

YouTube · Walk East · 1 month ago

4 key moments in this video

图 34　重庆市相关内容的推文

庆都市化、商业化的特征，与 YouTube 平台上外国账号发布的内容主题基本一致，说明"夜生活"、"商业化"是重庆市重要的国际标签。不同的是，《杀手3》呈现的重庆街景较为复古，市井气息浓厚；YouTube 平台的其他内容则呈现了真实的重庆，后者突出的重庆特征则是现代化、国际化；二者互为补充，共同构成了海外网民对重庆市的主要印象。

2. 厦门市：科技助力，"沉浸式观察"厦门人的地道生活

厦门市的 YouTube 海外传播力指数排名从 2020 年的第 9 名上升至 2021 年的第 5 名，也是 2021 年排名上升最多的计划单列市。

从 YouTube 平台的内容来看，厦门市海外宣传的主要特点是通过高科技手段宣传"接地气"的内容，无论是 4K 街景的大范围覆盖，还是街头美食的体验测评，都与其得天独厚的旅游资源相得益彰。

4K 街景使海外友人得以从第一人称的视角观察厦门。在空间分布上，既包括具有海上花园风味的街头巷尾，又包括充满都市气息的车水马龙；在时间范围上，从宁静的清晨到喧嚣的夜市，让网络另一端的用户得以体验到厦门各时各地、原汁原味的生活，仿佛置身其中，让人心向往之。

www.youtube.com › watch

Walking on XIAMEN's Mountains-to-sea Trail | 4K HDR

Xiamen Mountain-to-Sea Trail stretches 23 km from west to east through **Xiamen** Island. The walk with ...

YouTube · Walk East · Dec 15, 2020

4 key moments in this video

www.youtube.com › watch

Night Walk In Xiamen | 4K HDR | The Seaside Streets - YouTube

Xiamen is a tourist city in Fujian Province, on the southeast coast of China.**Xiamen** ranks among China's ...

YouTube · Walk East · Dec 20, 2020

图 35 厦门市 4K 街景的推文

由 YouTube 检索结果发现，厦门市的 4K 街景覆盖率较高。4K 分辨率属于超高清分辨率，可以确保对细节的极高还原度，4K 街景让用户在观看过程中能够享受到好莱坞级别的画质，容易产生更强烈的沉浸感。

另外，厦门市美食的对外宣传十分生动，尤其注重利用东西方的饮食差异，利用特色的厦门美食吸引国外友人的眼球。例如：被称为"昆虫果冻"的土笋冻、带肉馅的荷包蛋、海鲜粥、牡蛎煎饼、沙茶面等。值得注意的是，厦门市的美食宣传主要集中在街头美

食，通过展现当地普通百姓的饮食习惯，不仅突出了厦门市独特的地理优势以及丰富的海洋资源，同时也有效传递了厦门人的精神理念与生活追求。

图 36　厦门市街头美食推文

七、维度四：中国城市TikTok传播力

TikTok 是一款于 2017 年 5 月上线的短视频软件，在海外短视频兴起的背景下，Tik-Tok 利用本土化运营策略在海外赢得了大量用户的喜爱，具有较大的影响力。本研究以城市名为标签在 TikTok 平台中进行检索（不带省份），采取随机抽样的方式剔除与城市无关的视频后获取浏览总量数据。根据算法，计算出城市的 TikTok 传播力指数。

（一）中国 337 座城市 TikTok 传播力指数分布

在我国 337 座城市中，有 186 座城市在 TikTok 平台上的传播力指数小于 1，其中 102 座城市的传播力指数为 0，说明我国城市在 TikTok 平台上的传播力状况呈现两极分化、不均衡的特点。

庆都市化、商业化的特征，与 YouTube 平台上外国账号发布的内容主题基本一致，说明"夜生活"、"商业化"是重庆市重要的国际标签。不同的是，《杀手 3》呈现的重庆街景较为复古，市井气息浓厚；YouTube 平台的其他内容则呈现了真实的重庆，后者突出的重庆特征则是现代化、国际化；二者互为补充，共同构成了海外网民对重庆市的主要印象。

2. 厦门市：科技助力，"沉浸式观察"厦门人的地道生活

厦门市的 YouTube 海外传播力指数排名从 2020 年的第 9 名上升至 2021 年的第 5 名，也是 2021 年排名上升最多的计划单列市。

从 YouTube 平台的内容来看，厦门市海外宣传的主要特点是通过高科技手段宣传"接地气"的内容，无论是 4K 街景的大范围覆盖，还是街头美食的体验测评，都与其得天独厚的旅游资源相得益彰。

4K 街景使海外友人得以从第一人称的视角观察厦门。在空间分布上，既包括具有海上花园风味的街头巷尾，又包括充满都市气息的车水马龙；在时间范围上，从宁静的清晨到喧嚣的夜市，让网络另一端的用户得以体验到厦门各时各地、原汁原味的生活，仿佛置身其中，让人心向往之。

www.youtube.com › watch

Walking on XIAMEN's Mountains-to-sea Trail | 4K HDR

Xiamen Mountain-to-Sea Trail stretches 23 km from west to east through **Xiamen** Island. The walk with ...

YouTube · Walk East · Dec 15, 2020

 4 key moments in this video

www.youtube.com › watch

Night Walk In Xiamen | 4K HDR | The Seaside Streets - YouTube

Xiamen is a tourist city in Fujian Province, on the southeast coast of China.**Xiamen** ranks among China's ...

YouTube · Walk East · Dec 20, 2020

图 35　厦门市 4K 街景的推文

由 YouTube 检索结果发现，厦门市的 4K 街景覆盖率较高。4K 分辨率属于超高清分辨率，可以确保对细节的极高还原度，4K 街景让用户在观看过程中能够享受到好莱坞级别的画质，容易产生更强烈的沉浸感。

另外，厦门市美食的对外宣传十分生动，尤其注重利用东西方的饮食差异，利用特色的厦门美食吸引国外友人的眼球。例如：被称为"昆虫果冻"的土笋冻、带肉馅的荷包蛋、海鲜粥、牡蛎煎饼、沙茶面等。值得注意的是，厦门市的美食宣传主要集中在街头美

食，通过展现当地普通百姓的饮食习惯，不仅突出了厦门市独特的地理优势以及丰富的海洋资源，同时也有效传递了厦门人的精神理念与生活追求。

图36　厦门市街头美食推文

七、维度四：中国城市TikTok传播力

TikTok 是一款于 2017 年 5 月上线的短视频软件，在海外短视频兴起的背景下，Tik-Tok 利用本土化运营策略在海外赢得了大量用户的喜爱，具有较大的影响力。本研究以城市名为标签在 TikTok 平台中进行检索（不带省份），采取随机抽样的方式剔除与城市无关的视频后获取浏览总量数据。根据算法，计算出城市的 TikTok 传播力指数。

（一）中国 337 座城市 TikTok 传播力指数分布

在我国 337 座城市中，有 186 座城市在 TikTok 平台上的传播力指数小于 1，其中 102 座城市的传播力指数为 0，说明我国城市在 TikTok 平台上的传播力状况呈现两极分化、不均衡的特点。

表 27　城市 TikTok 传播力指数

序号	城市名称	得分	序号	城市名称	得分
1	北京市	100.00	36	阳江市	40.43
2	上海市	98.33	37	哈尔滨市	39.80
3	武汉市	96.89	38	惠州市	39.80
4	成都市	83.40	39	佛山市	39.61
5	重庆市	77.33	40	昆明市	39.23
6	深圳市	76.89	41	乌鲁木齐市	38.41
7	广州市	74.07	42	河池市	38.09
8	杭州市	71.54	43	宁波市	34.17
9	天津市	69.02	44	喀什地区	33.74
10	郑州市	68.96	45	无锡市	32.61
11	兰州市	68.57	46	晋城市	32.18
12	张家界市	68.53	47	清远市	31.33
13	西安市	65.56	48	长沙市	31.32
14	三亚市	65.42	49	珠海市	29.44
15	桂林市	63.27	50	扬州市	28.15
16	普洱市	63.20	51	恩施土家族苗族自治州	27.42
17	丽江市	58.71	52	绍兴市	24.54
18	福州市	55.91	53	湘西土家族苗族自治州	24.49
19	温州市	55.63	54	自贡市	24.48
20	黄山市	55.46	55	汕头市	24.28
21	景德镇市	53.04	56	舟山市	24.22
22	南京市	52.09	57	烟台市	24.19
23	大连市	51.48	58	黑河市	23.72
24	厦门市	51.20	59	呼和浩特市	23.53
25	大理白族自治州	51.06	60	泉州市	22.05
26	玉林市	50.99	61	南昌市	21.93
27	苏州市	49.58	62	海口市	20.81
28	青岛市	48.59	63	乐山市	20.54
29	洛阳市	48.59	64	阜阳市	19.28
30	合肥市	47.38	65	中山市	19.20
31	鹤壁市	46.06	66	南宁市	18.68
32	西双版纳傣族自治州	45.42	67	克拉玛依市	18.50
33	贵阳市	43.70	68	鄂尔多斯市	18.50
34	石家庄市	42.85	69	金华市	18.37
35	沈阳市	41.54	70	郴州市	17.77

序号	城市名称	得分	序号	城市名称	得分
71	长春市	17.11	106	毕节市	6.42
72	铜仁市	16.48	107	平凉市	6.39
73	那曲市	16.40	108	保定市	6.02
74	东莞市	16.16	109	萍乡市	5.90
75	泰安市	15.47	110	玉树藏族自治州	5.88
76	甘孜藏族自治州	14.61	111	银川市	5.55
77	漳州市	14.41	112	昭通市	5.53
78	常州市	14.14	113	张掖市	5.48
79	九江市	14.02	114	铜陵市	5.38
80	安阳市	13.79	115	潮州市	5.32
81	江门市	13.60	116	文山壮族苗族自治州	5.07
82	太原市	12.31	117	襄阳市	4.97
83	宁德市	11.68	118	潍坊市	4.61
84	赣州市	11.62	119	十堰市	4.48
85	大同市	11.53	120	连云港市	4.34
86	唐山市	11.18	121	甘南藏族自治州	3.97
87	黄石市	10.92	122	岳阳市	3.88
88	威海市	10.82	123	和田地区	3.88
89	锦州市	10.66	124	菏泽市	3.53
90	梧州市	10.52	125	徐州市	3.17
91	呼伦贝尔市	10.42	126	莆田市	3.06
92	柳州市	10.38	127	新乡市	2.96
93	肇庆市	10.26	128	咸阳市	2.70
94	吐鲁番市	9.90	129	佳木斯市	2.65
95	开封市	9.14	130	锡林郭勒盟	2.61
96	西宁市	8.58	131	济宁市	2.55
97	酒泉市	8.29	132	嘉峪关市	2.48
98	秦皇岛市	8.00	133	泸州市	2.39
99	台州市	7.21	134	运城市	2.38
100	泰州市	7.21	135	海西蒙古族藏族自治州	2.32
101	天水市	7.06	136	上饶市	1.81
102	南通市	7.00	137	黔东南苗族侗族自治州	1.80
103	宜昌市	6.84	138	阿拉善盟	1.74
104	凉山彝族自治州	6.79	139	衡阳市	1.54
105	眉山市	6.42	140	张家口市	1.49

续表

序号	城市名称	得分	序号	城市名称	得分
141	临汾市	1.45	176	延边朝鲜族自治州	0.45
142	梅州市	1.44	177	白山市	0.44
143	镇江市	1.42	178	钦州市	0.42
144	楚雄彝族自治州	1.35	179	南平市	0.41
145	渭南市	1.32	180	丽水市	0.40
146	昌都市	1.28	181	临夏回族自治州	0.37
147	伊春市	1.17	182	贵港市	0.36
148	大庆市	1.13	183	保山市	0.31
149	丹东市	1.06	184	林芝市	0.31
150	湖州市	1.01	185	东营市	0.29
151	宜春市	1.01	186	平顶山市	0.26
152	黄冈市	0.99	187	韶关市	0.24
153	盐城市	0.96	188	淮南市	0.23
154	汉中市	0.95	189	揭阳市	0.22
155	枣庄市	0.94	190	嘉兴市	0.22
156	安康市	0.93	191	黔南布依族苗族自治州	0.21
157	防城港市	0.88	192	常德市	0.21
158	荆州市	0.87	193	鞍山市	0.20
159	承德市	0.86	194	德州市	0.19
160	安顺市	0.85	195	贺州市	0.17
161	海北藏族自治州	0.85	196	盘锦市	0.17
162	孝感市	0.82	197	巴中市	0.16
163	齐齐哈尔市	0.80	198	葫芦岛市	0.15
164	遂宁市	0.80	199	三明市	0.15
165	咸宁市	0.79	200	大兴安岭地区	0.14
166	日照市	0.78	201	怀化市	0.12
167	绵阳市	0.71	202	儋州市	0.12
168	忻州市	0.68	203	株洲市	0.12
169	日喀则市	0.62	204	茂名市	0.12
170	中卫市	0.62	205	临沧市	0.09
171	沧州市	0.61	206	遵义市	0.09
172	六盘水市	0.61	207	德宏傣族景颇族自治州	0.09
173	廊坊市	0.59	208	牡丹江市	0.08
174	云浮市	0.52	209	广元市	0.08
175	湛江市	0.51	210	怒江傈僳族自治州	0.07

序号	城市名称	得分	序号	城市名称	得分
211	包头市	0.07	224	周口市	0.03
212	淮安市	0.06	225	通辽市	0.03
213	赤峰市	0.06	226	陇南市	0.03
214	营口市	0.05	227	宿迁市	0.02
215	安庆市	0.05	228	南充市	0.02
216	吉林市	0.05	229	昌吉回族自治州	0.02
217	迪庆藏族自治州	0.04	230	焦作市	0.02
218	许昌市	0.04	231	博尔塔拉蒙古自治州	0.02
219	果洛藏族自治州	0.04	232	曲靖市	0.01
220	巴音郭楞蒙古自治州	0.04	233	北海市	0.01
221	来宾市	0.04	234	亳州市	0.01
222	衡水市	0.03	235	三门峡市	0.01
223	吕梁市	0.03			

（二）中国不同行政级别城市的 TikTok 传播力指数分布

1. 直辖市、省会城市及计划单列市 TikTok 传播力指数分布

我国 36 座直辖市、省会城市及计划单列市 TikTok 传播力指数排名靠前的城市分别为北京市、上海市、武汉市、成都市、重庆市、深圳市、广州市、杭州市、天津市、郑州市。36 座城市的平均指数为 47.13，传播力指数最高的城市与最低的城市相差较大，呈现不均衡的特点。

表 28　直辖市、省会城市及计划单列市 TikTok 传播力指数

序号	城市名称	得分	序号	城市名称	得分
1	北京市	100.00	12	西安市	65.56
2	上海市	98.33	13	福州市	55.91
3	武汉市	96.89	14	南京市	52.09
4	成都市	83.40	15	大连市	51.48
5	重庆市	77.33	16	厦门市	51.20
6	深圳市	76.89	17	青岛市	48.59
7	广州市	74.07	18	合肥市	47.38
8	杭州市	71.54	19	贵阳市	43.70
9	天津市	69.02	20	石家庄市	42.85
10	郑州市	68.96	21	沈阳市	41.54
11	兰州市	68.57	22	哈尔滨市	39.80

序号	城市名称	得分	序号	城市名称	得分
23	昆明市	39.23	29	海口市	20.81
24	乌鲁木齐市	38.41	30	南宁市	18.68
25	宁波市	34.17	31	长春市	17.11
26	长沙市	31.32	32	太原市	12.31
27	呼和浩特市	23.53	33	西宁市	8.58
28	南昌市	21.93	34	银川市	5.55

2. 普通地级市（自治州、地区、盟）TikTok 传播力指数排名

301 座普通地级市（自治州、地区、盟）TikTok 传播力指数排名靠前的分别为张家界市、三亚市、桂林市、普洱市、丽江市、温州市、黄山市、景德镇市、大理白族自治州、玉林市。301 座普通地级市（自治州、地区、盟）中有 100 座城市的传播力指数为 0，平均指数为 6.63。

表 29　普通地级市（自治州、地区、盟）TikTok 传播力指数

序号	城市名称	得分	序号	城市名称	得分
1	张家界市	68.53	21	晋城市	32.18
2	三亚市	65.42	22	清远市	31.33
3	桂林市	63.27	23	珠海市	29.44
4	普洱市	63.20	24	扬州市	28.15
5	丽江市	58.71	25	恩施土家族苗族自治州	27.42
6	温州市	55.63	26	绍兴市	24.54
7	黄山市	55.46	27	湘西土家族苗族自治州	24.49
8	景德镇市	53.04	28	自贡市	24.48
9	大理白族自治州	51.06	29	汕头市	24.28
10	玉林市	50.99	30	舟山市	24.22
11	苏州市	49.58	31	烟台市	24.19
12	洛阳市	48.59	32	黑河市	23.72
13	鹤壁市	46.06	33	泉州市	22.05
14	西双版纳傣族自治州	45.42	34	乐山市	20.54
15	阳江市	40.43	35	阜阳市	19.28
16	惠州市	39.80	36	中山市	19.20
17	佛山市	39.61	37	克拉玛依市	18.50
18	河池市	38.09	38	鄂尔多斯市	18.50
19	喀什地区	33.74	39	金华市	18.37
20	无锡市	32.61	40	郴州市	17.77

序号	城市名称	得分	序号	城市名称	得分
41	铜仁市	16.48	76	萍乡市	5.90
42	那曲市	16.40	77	玉树藏族自治州	5.88
43	东莞市	16.16	78	昭通市	5.53
44	泰安市	15.47	79	张掖市	5.48
45	甘孜藏族自治州	14.61	80	铜陵市	5.38
46	漳州市	14.41	81	潮州市	5.32
47	常州市	14.14	82	文山壮族苗族自治州	5.07
48	九江市	14.02	83	襄阳市	4.97
49	安阳市	13.79	84	潍坊市	4.61
50	江门市	13.60	85	十堰市	4.48
51	宁德市	11.68	86	连云港市	4.34
52	赣州市	11.62	87	甘南藏族自治州	3.97
53	大同市	11.53	88	岳阳市	3.88
54	唐山市	11.18	89	和田地区	3.88
55	黄石市	10.92	90	菏泽市	3.53
56	威海市	10.82	91	徐州市	3.17
57	锦州市	10.66	92	莆田市	3.06
58	梧州市	10.52	93	新乡市	2.96
59	呼伦贝尔市	10.42	94	咸阳市	2.70
60	柳州市	10.38	95	佳木斯市	2.65
61	肇庆市	10.26	96	锡林郭勒盟	2.61
62	吐鲁番市	9.90	97	济宁市	2.55
63	开封市	9.14	98	嘉峪关市	2.48
64	酒泉市	8.29	99	泸州市	2.39
65	秦皇岛市	8.00	100	运城市	2.38
66	台州市	7.21	101	海西蒙古族藏族自治州	2.32
67	泰州市	7.21	102	上饶市	1.81
68	天水市	7.06	103	黔东南苗族侗族自治州	1.80
69	南通市	7.00	104	阿拉善盟	1.74
70	宜昌市	6.84	105	衡阳市	1.54
71	凉山彝族自治州	6.79	106	张家口市	1.49
72	眉山市	6.42	107	临汾市	1.45
73	毕节市	6.42	108	梅州市	1.44
74	平凉市	6.39	109	镇江市	1.42
75	保定市	6.02	110	楚雄彝族自治州	1.35

序号	城市名称	得分	序号	城市名称	得分
111	渭南市	1.32	146	丽水市	0.40
112	昌都市	1.28	147	临夏回族自治州	0.37
113	伊春市	1.17	148	贵港市	0.36
114	大庆市	1.13	149	保山市	0.31
115	丹东市	1.06	150	林芝市	0.31
116	湖州市	1.01	151	东营市	0.29
117	宜春市	1.01	152	平顶山市	0.26
118	黄冈市	0.99	153	韶关市	0.24
119	盐城市	0.96	154	淮南市	0.23
120	汉中市	0.95	155	揭阳市	0.22
121	枣庄市	0.94	156	嘉兴市	0.22
122	安康市	0.93	157	黔南布依族苗族自治州	0.21
123	防城港市	0.88	158	常德市	0.21
124	荆州市	0.87	159	鞍山市	0.20
125	承德市	0.86	160	德州市	0.19
126	安顺市	0.85	161	贺州市	0.17
127	海北藏族自治州	0.85	162	盘锦市	0.17
128	孝感市	0.82	163	巴中市	0.16
129	齐齐哈尔市	0.80	164	葫芦岛市	0.15
130	遂宁市	0.80	165	三明市	0.15
131	咸宁市	0.79	166	大兴安岭地区	0.14
132	日照市	0.78	167	怀化市	0.12
133	绵阳市	0.71	168	儋州市	0.12
134	忻州市	0.68	169	株洲市	0.12
135	日喀则市	0.62	170	茂名市	0.12
136	中卫市	0.62	171	临沧市	0.09
137	沧州市	0.61	172	遵义市	0.09
138	六盘水市	0.61	173	德宏傣族景颇族自治州	0.09
139	廊坊市	0.59	174	牡丹江市	0.08
140	云浮市	0.52	175	广元市	0.08
141	湛江市	0.51	176	怒江傈僳族自治州	0.07
142	延边朝鲜族自治州	0.45	177	包头市	0.07
143	白山市	0.44	178	淮安市	0.06
144	钦州市	0.42	179	赤峰市	0.06
145	南平市	0.41	180	营口市	0.05

序号	城市名称	得分	序号	城市名称	得分
181	安庆市	0.05	192	陇南市	0.03
182	吉林市	0.05	193	宿迁市	0.02
183	迪庆藏族自治州	0.04	194	南充市	0.02
184	许昌市	0.04	195	昌吉回族自治州	0.02
185	果洛藏族自治州	0.04	196	焦作市	0.02
186	巴音郭楞蒙古自治州	0.04	197	博尔塔拉蒙古自治州	0.02
187	来宾市	0.04	198	曲靖市	0.01
188	衡水市	0.03	199	北海市	0.01
189	吕梁市	0.03	200	亳州市	0.01
190	周口市	0.03	201	三门峡市	0.01
191	通辽市	0.03			

（三）中国不同经济圈城市的 TikTok 传播力指数分布

为考察我国城市集群的海外网络传播力建设情况，本报告重点分析了四大经济圈的城市传播力指数分布情况。四大经济圈中，珠三角城市的平均 TikTok 传播力指数最高，均值为 35.45，其后是长三角经济圈（20.21）和京津冀经济圈（18.17）城市，成渝地区双城经济圈的传播力指数均值最低，仅为 13.51。

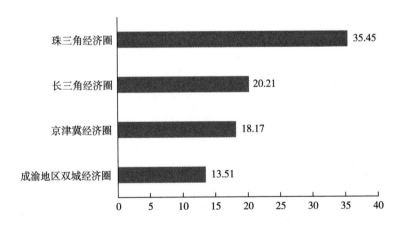

图 37　不同经济圈城市平均 TikTok 传播力指数

在京津冀经济圈中，TikTok 传播力指数排名靠前的城市分别是北京市、天津市、石家庄市，这 3 座城市的传播力远高于经济圈内其他城市，内部城市的传播力差异较大，北京市在 TikTok 平台上的传播力远高于区域内其他城市。

表 30　京津冀经济圈城市的 TikTok 传播力指数

序号	城市名称	得分	序号	城市名称	得分
1	北京市	100	7	保定市	6.02
2	天津市	69.02	8	张家口市	1.49
3	石家庄市	42.85	9	承德市	0.86
4	安阳市	13.79	10	沧州市	0.61
5	唐山市	11.18	11	廊坊市	0.59
6	秦皇岛市	8.00	12	衡水市	0.03

在长三角经济圈中，TikTok 传播力指数排名靠前的城市分别为上海市、杭州市、南京市、苏州市、合肥市。上海市 TikTok 传播力位居第 1 位，杭州市、南京市、苏州市、合肥市的传播力也保持着良好的势头。相较而言，长三角经济圈内部城市的 TikTok 传播力同样呈现两极分化的特点。

表 31　长三角经济圈城市的 TikTok 传播力指数

序号	城市名称	得分	序号	城市名称	得分
1	上海市	98.33	12	常州市	14.14
2	杭州市	71.54	13	台州市	7.21
3	南京市	52.09	14	泰州市	7.21
4	苏州市	49.58	15	南通市	7.00
5	合肥市	47.38	16	铜陵市	5.38
6	宁波市	34.17	17	镇江市	1.42
7	无锡市	32.61	18	湖州市	1.01
8	扬州市	28.15	19	盐城市	0.96
9	绍兴市	24.54	20	嘉兴市	0.22
10	舟山市	24.22	21	安庆市	0.05
11	金华市	18.37			

在珠三角经济圈包含的 9 座地级市中，TikTok 传播力指数排名靠前的城市是深圳市、广州市、惠州市。深圳市和广州市作为珠三角经济圈的核心城市，呈现较高的海外传播力水平。

表 32　珠三角经济圈城市的 TikTok 传播力指数

序号	城市名称	得分	序号	城市名称	得分
1	深圳市	76.89	3	惠州市	39.80
2	广州市	74.07	4	佛山市	39.61

序号	城市名称	得分	序号	城市名称	得分
5	珠海市	29.44	8	江门市	13.60
6	中山市	19.20	9	肇庆市	10.26
7	东莞市	16.16			

在成渝地区双城经济圈中，成都市和重庆市的 TikTok 传播力指数占据绝对优势，自贡市和乐山市紧随其后。但经济圈内部的大部分普通地级市传播力依然较为薄弱。

表 33　成渝经济圈城市的 TikTok 传播力指数

序号	城市名称	得分	序号	城市名称	得分
1	成都市	83.40	6	泸州市	2.39
2	重庆市	77.33	7	遂宁市	0.80
3	自贡市	24.48	8	绵阳市	0.71
4	乐山市	20.54	9	南充市	0.02
5	眉山市	6.42			

（四）TikTok 平台城市案例分析

1. 成都市：独特符号语言构建时尚之都

成都市地处我国西南部，是四川省省会、成渝经济圈的核心城市。成都市在 2021 年 TikTok 平台传播力指数的排名中位列第 4 位，在省会城市中排名第 2 位，仅次于武汉市。TikTok 平台中以"成都"为标签的视频主要呈现发布主体多元共生、内容符号聚焦明显、风格平易近人等特点，在一定程度上可以视为成都市传播力较强的原因。

TikTok 平台以"成都"为标签的内容池中，从传播主体来看，既有"China Cultural Center in Cairo"等机构账号，也有取得关注较多的"FashionStyleNew"等个人账号。传播路径呈现扁平化、分布式的特征，这在一定程度上得益于短视频平台的内容生产相较于纯文本内容生产门槛更低，每个用户都可以运用自己的镜头呈现感兴趣的事物，技术赋权使得用户拥有更加平等的分享与对话空间，针对特定话题形成"趣缘"群体，从而实现跨文化传播。

从传播内容来看，TikTok 平台以"成都"为标签的视频在符号生产上主要有熊猫、时尚与城市景观三大指向。成都市大熊猫繁育基地成为众多视频的"生产现场"，熊猫成为此类视频赢得用户高参与度的原因之一，用户在围观中产生情感共振，并触发用户主动参与传播。2020 年 11 月 21 日，康泰纳仕中国旗下时尚产业媒体 Vogue Business in China 在成都发布 2020《新时尚之都指数报告》，成都市被评选为"新时尚之都"。与时尚相关的符号生产活动搭乘视频化呈现方式，能够给予用户强烈的感官刺激，满足用户的审美需求。在此类视频中，春熙路、宽窄巷子成为网红打卡地，时尚爱好者、汉服爱好者以及穿搭博主成为主要符号，各类时尚街拍类视频迅速获得了年轻人的青睐。此外，成都市的地铁站、3D 户外屏幕等绚丽的城市景观也是吸引海外用户的重要视频符号。就此，"符号生产"与"城市形象传播"形成相互推动、相互促进的关系。

这 3 种符号生产方式之所以能够聚集较多的用户注意力，也在于此类符号拥有生活化、低意识形态化的特征。这种平易近人的视频内容更容易引起广泛的传播与讨论。但需要考虑的是，当用户对某类符号产生审美疲劳后，如何持续保持内容的热度，应是成都市作为网红城市下一步应考虑的问题。

图 38 "Chengdu"标签下的视频内容

2. 张家界市：镜头语言下的奇丽景观

张家界市位于我国湖南省，拥有天门山国家森林公园、大峡谷景区等众多旅游景点。在 TikTok 传播力指数排名中，张家界居第 12 位，在 301 座普通地级市（自治州、地区、盟）居第 1 位。在 TikTok 平台以"张家界"为标签的视频主要呈现以风景为核心内容、以情感为传播因子、以普通用户为发布主体的特征。

在传播内容上，张家界市天门山的雄奇的山峰、野生的猴子、少数民族文化是主要的视频符号。除"天然存在"外，张家界景区建立的玻璃栈桥、超高直梯都成功地吸引了大量用户的互动。以景点为特色的城市传播既需要对既有自然资源展开传播，也需要主动打造景区特色、创造话题热点。

在传播机制上，情感化的符号语言触发了用户的传播和讨论。"你喜欢这里的风景吗？""这就是世界上最高的户外直梯！"在视频所搭配的文字中，大多为带有强烈情感倾向的文字，而非单纯的叙述，如对景色的赞叹、对新奇事物的恐惧等。在情感化语言的感染下，此类视频激发了大量用户的点赞与评论。因此，引起良好传播效果的因素除视觉呈现外，也需要语言中的情感触发。

在传播主体上，个体用户占绝大多数，专业和官方机构发布的视频相对较少。以景点为特色的城市视频传播可以激发海外用户的好奇心、共情心，能够打破"圈层"，引发更大范围的讨论。另外，视频生产同样需要政府部门、专业机构参与到内容生产中，提供更加优质的视频内容，以期更好地实现城市形象的"自我建设"，扩大传播范围。

图39 "Zhangjiajie"标签下的视频内容

3. 景德镇市：优秀传统文化符号的视频"活化"

景德镇市位于我国江西省，因宋代盛产质地优良的青白瓷，故以皇帝年号命名城市，现代较多被誉为"瓷器之都"。在 TikTok 平台传播力指数中，景德镇市排名第21位，与排在其之前的地级市（自治州、地区、盟）相比，景德镇市并非依靠自然资源或城市景点作为主要传播符号，而是依靠"瓷器"这一文化符号。古代中国就曾以"瓷器"作为对外传播符号，在当下的传播语境中，物质符号的作用逐渐隐去，取而代之的是视频的影像符号。视频语言为海外用户了解中国文化提供了窗口，也为城市对外传播提供了新的契机。在现代视频技术的加持下，"瓷器"符号在网络世界中"再现"了其强大影响力，实现了新时期中国文化符号的对外传播。以"景德镇"为标签的内容池中，大量视频是围绕"瓷器"这一文化符号展开构建的，主要包括知识讲解、符号呈现、用户体验三大类别。视频技术将实在的文化符号"虚拟化"，在影响力上则实现了文化资源的"活化"，这对于具有中国优秀文化符号的城市传播来说具有重要现实意义。

图 40　"Jingdezhen"标签下的视频内容

八、结论与分析

（一）北京市海外网络传播力首次超越上海市位居第 1

2021 年，我国 337 座城市（自治州、地区、盟）海外网络传播力综合指数排名靠前的依次为北京市、上海市、武汉市、广州市、深圳市、成都市、重庆市、杭州市、南京市、天津市。

我国 301 座普通地级市（自治州、地区、盟）海外网络传播力排名靠前的依次为三亚市、张家界市、苏州市、喀什地区、桂林市、珠海市、西双版纳傣族自治州、恩施土家族苗族自治州、洛阳市、温州市。

从各省份的平均传播力综合指数来看，排名靠前的省份（不包括直辖市）依次为浙江省、广东省、海南省、福建省、江苏省、云南省、湖北省、山东省、新疆维吾尔自治区、河南省。31 个省份中有 7 个省份的省会城市不是区域内最高分。

（二）城市传播力差距较大，头部效应明显

综合来看，我国 337 座城市，北京、上海、武汉、广州、深圳和成都等头部城市的海外网络传播力排名与往年相比具有相对稳定性。与直辖市、省会城市及计划单列市相比，普通地级市（自治州、地区、盟）的平均海外网络传播力明显偏低。即使是属于同一行政级别的城市，其传播力综合指数也存在比较大的差异。

从传播力综合指数来看，30 分以上的普通地级市（自治州、地区、盟）仅有 9 座，占比为 2.99%；在 36 座直辖市、省会城市及计划单列市中，有 29 座城市在 30 分以上，

占比为 80.56%。

分平台来看，头部城市在 Google、Twitter、YouTube 和 TikTok 各平台上都存在着较高的传播力指数，城市对外传播的媒体矩阵构建情况较好。分经济圈来看，京津冀经济圈中，北京市的传播力指数独占鳌头；长三角经济圈中，上海市、杭州市、南京市、宁波市呈现"一超多强"的格局；珠三角经济圈中，广州市和深圳市是该区域的"两极"；成渝经济圈中，成都市和重庆市是传播力"双核"。

（三）北京、珠海、昆明等城市注重利用大型节事塑造城市品牌，提高海外网络传播力

在对外传播过程中，不少城市都注重举办电影节（大同市、三亚市）、时装周（北京市、上海市）、航空航天展（珠海市）、全运会（西安市）、生物多样性大会（昆明市）等国际性的大型节事，这种惯例性的年度盛事往往能吸引国际社会的持续关注和报道。例如，两年一度的中国国际航空航天博览会在珠海市举办，吸引了国内外众多军迷的关注，在 Twitter 上掀起了一波关于珠海市的军事热潮。参与此类国际性节事的国外组织和个人更可能加深对城市的印象，提升对城市的好感，从而树立良好的城市品牌和口碑。

（四）重庆、上海等城市借助"外国人视角"建构立体的城市国际形象

城市对外传播越来越多使用"外国人视角"来刻画城市形象。在 IO Interactive 发行的《杀手 3》游戏中，第 4 章地图以重庆为背景，琳琅满目的霓虹招牌突出都市化的特征，加强了重庆"夜生活"、"商业化"的国际印象。澎湃新闻打造名为"Sixth Tone"的国际平台，吸纳了来自 *The Wall Street Journal* 和美联社的海外媒体人以及哈佛大学、牛津大学等国际名校新闻专业的年轻人，借助他们的眼睛观察和描述中国城市生活，从西方普通人视角讲述"小而美"的中国城市故事。随着上海市精神卫生中心刻有医院名字的月饼在网上走红，Sixth Tone 的记者 Bibek Bhandari 撰稿指出网民在社交媒体上评论和分享月饼的相关信息，实际上是在表达对医院的支持和对心理健康问题的关注。此类报道视角和模式既符合海外观众的兴趣、更容易被接受和理解，也向海外世界展现了一个生动、真实、立体的中国城市形象。

（五）北京、上海、南京、大同等城市的叙事方式注重引发海外社交媒体用户的情感共鸣

传播效能的实现除依赖宏大叙事、特色符号外，也同样依赖情感的认同，生活化的视角更能够拉近与用户的距离。一些社交媒体账号常常发布蕴藏民国时期老北京胡同和上海外滩景色等城市记忆的老照片，吸引海外用户对古老东方特色历史的欣赏和品味。在 Twitter 上有国外用户发布对于南京人民曾在战争中饱受苦难的悲悯与同情，由此引发网友对"反战"这一人类共同命题的思考。大同市在报道考古队最新发掘的恋人墓时，从"相拥 1500 年""生同衾，死同穴"的爱情角度进行报道，将原本普通的考古事件渲染成

跨越千年的浪漫爱情，引发海外用户关注。这种共情式的传播能够跨越文化和地域的藩篱，激发海外用户的普遍共鸣，让城市形象"随风潜入夜，润物细无声"地深入人心。

（六）杭州、潍坊、厦门等城市借助个性化标签塑造差异化的城市形象

城市对外传播的一个重点在于提升城市的辨识度，许多城市的对外传播具有强烈的"标签意识"，通过为城市"贴标签"突出自身特色。例如，杭州市政府出台电竞产业扶持政策，致力于打造"电竞之都"；风筝发源地潍坊市被海外用户称为"风筝的故乡"；厦门鼓浪屿被称为"海上花园"，突出其地理位置的特殊性以及旅游资源的丰富性。这些标签高度概括了城市的特色与亮点，便于用户记忆与传播，有助于提升自身传播力。

（七）成都、张家界、景德镇等城市充分利用 TikTok 短视频平台传播传统与时尚文化，以及自然景观

TikTok 平台中以"成都"为标签的视频在符号生产上主要有熊猫、时尚与城市景观三大指向。机构账号"ccc_ cario"（China Cultural Center in Cairo）非常关注成都文化，个人账号"FashionStyleNew"重点关注成都时尚，也有大量个人账号聚焦于成都的地铁站、3D 户外屏幕等绚丽的城市景观。春熙路、宽窄巷子成为网红打卡地，时尚爱好者、汉服爱好者以及穿搭博主成为主要符号，各类时尚街拍类视频获得青年人青睐，符号生产与城市形象传播形成相互推动、相互促进的关系。

张家界市的 TikTok 平台传播力指数在 301 座普通地级市（自治州、地区、盟）中位居第 1。天门山的雄奇山峰、玻璃栈道、超高直梯、野猴是主要的视频符号，成功吸引大量用户的互动。以景点为特色的旅游城市既需要传播已有的旅游资源，也需要主动打造景区特色、创造话题热点，才能获得用户的广泛关注。此外，张家界市在 TikTok 上的海外传播主体多为个体账号，在城市亮点突出的前提下，依靠用户之间的互动也能获得较高传播力。

以"景德镇"为标签的内容池中，大量视频围绕"瓷器"这一文化符号展开创作，可分为知识讲解、符号呈现、亲身体验三大类别。其中，与大型瓷器生产现场、陶瓷精美制作工艺有关的视频获得大量用户的关注。

（八）许多城市的对外传播表现为单向的输出，缺少与海外用户的互动

在全国 337 座城市中，有部分城市在四大平台上没有对外传播的账号，在已有的城市官方账号中，存在内容更新不及时、缺乏创意、与用户互动性不强等问题。缺乏对海外用户的洞察，忽视互联网传播的规律，这很可能是造成部分地级市在多个平台的传播力指数都较低的重要原因。城市的海外传播如何在内容创作上实现从"有"到"优"、构建能够呈现自身特点的对外传播路径是当前急需解决的问题。

（九） 城市对外传播的内容和形式同质化，创新性有待提高

对外传播同质化的现象集中表现在旅游城市中，一些旅游城市的对外传播内容符号较为单一，往往是一系列以山川风景为主的宣传短片，镜头更多对准城市自然地理景观，缺乏对城市人文历史的关注。这种同质化的传播内容和表现形式容易使用户产生审美疲劳，既不能展现自身特色、提高城市辨识度，也难以给用户留下深刻的印象。